江苏文库 研究编
江苏历代文化名人传

江苏文脉整理与研究工程

江苏历代文化名人传·陆龟蒙

王锡九 著

江苏人民出版社

图书在版编目(CIP)数据

江苏历代文化名人传.陆龟蒙/王锡九著.--南京：江苏人民出版社,2019.8
（江苏文库.研究编）
ISBN 978-7-214-23911-2

Ⅰ.①江… Ⅱ.①王… Ⅲ.①文化-名人-列传-江苏②陆龟蒙(？—881)-传记 Ⅳ.①K825.4

中国版本图书馆 CIP 数据核字(2019)第 169239 号

书　　　名	江苏历代文化名人传·陆龟蒙
著　　　者	王锡九
出版统筹	韩　鑫
责任编辑	周晓阳
责任监制	王　娟
装帧设计	姜　嵩
出版发行	江苏人民出版社
出版社地址	南京市湖南路 1 号 A 楼,邮编：210009
出版社网址	http://www.jspph.com
照　　　排	江苏凤凰制版有限公司
印　　　刷	苏州市越洋印刷有限公司
开　　　本	718 毫米×1 000 毫米　1/16
印　　　张	17.5　插页 4
字　　　数	220 千字
版　　　次	2019 年 10 月第 1 版　2019 年 10 月第 1 次印刷
标准书号	ISBN 978-7-214-23911-2
定　　　价	63.00 元

（江苏人民出版社图书凡印装错误可向承印厂调换）

江苏文脉整理与研究工程

总主编

娄勤俭　吴政隆

学术指导委员会

主　　任　周勋初

委　　员　（按姓氏笔画排序）
　　　　　冯其庸　邬书林　张岂之　茅家琦　郁贤皓
　　　　　周勋初　袁行霈　蒋赞初　程毅中　戴　逸

编纂出版委员会

主　　编　王燕文　王　江

副 主 编　赵金松　孙真福　樊和平　莫砺锋

编　　委　（按姓氏笔画排序）
　　　　　　王　江　王卫星　王华宝　王建朗　王燕文
　　　　　　双传学　田汉云　朱玉麒　朱庆葆　全　勤
　　　　　　刘　东　刘西忠　江庆柏　许益军　孙　逊
　　　　　　孙　敏　孙真福　李　扬　李贞强　李昌集
　　　　　　佘江涛　沈卫荣　张乃格　张伯伟　武秀成
　　　　　　范金民　尚庆飞　罗时进　周　琪　周　斌
　　　　　　周建忠　周新国　赵生群　赵金松　胡发贵
　　　　　　胡阿祥　钟振振　姜　建　姜小青　贺云翱
　　　　　　莫砺锋　徐　俊　徐　海　徐之顺　徐小跃
　　　　　　徐兴无　陶思炎　曹玉梅　章寿荣　彭　林
　　　　　　蒋　寅　程章灿　傅康生　赖永海　熊月之
　　　　　　樊和平

分卷主编　徐小跃　姜小青（书目编）
　　　　　　周勋初　程章灿（文献编）
　　　　　　莫砺锋　徐兴无（精华编）
　　　　　　茅家琦　江庆柏（史料编）
　　　　　　左健伟　张乃格（方志编）
　　　　　　樊和平　刘德海（研究编）

出版说明

江苏文化源远流长,历久弥新,文化经典与历史文献层出不穷,典藏丰富;文化巨匠代有人出,彪炳史册,在中华民族乃至整个人类文明的发展史上有着相当重要的地位。为了在新时代里科学把握江苏文化的内涵与特征,彰显江苏文化对中华优秀传统文化作出的贡献,增强文化自信,江苏省委省政府决定组织全省首个大型文化发展工程"江苏文脉整理与研究"。通过工程的实施,梳理江苏文脉资源,总结江苏文化发展的历史规律,再现江苏历史上的"文化高地",为当代江苏把准脉动,探明趋势,勾画蓝图。

组织编纂大型江苏历史文献总集《江苏文库》,是"江苏文脉整理与研究工程"的重要工作。《文库》以"编纂整理古今文献,梳理再现名人名作,探究追溯文化脉络,打造江苏文化名片"为宗旨,分六编集中呈现:

(一)书目编。完整著录历史上江苏籍学人的著述及其历史记录,全面反映江苏图书馆的图书典藏情况。

(二)文献编。收录历代江苏籍学人的代表性著作,集中呈现自历史开端至一九一一年的江苏文化文本,呈现"江苏文化"的整体景观。

(三)精华编。选取历代江苏籍学人著述中对中外文化产生重要影响、在文化学术史上具有经典性代表性的作品进行整理。并从中选取十余种,组织海外汉学家,翻译成各国文字,作为江苏对外文化交流的标志性文化成果。

(四)方志编。从江苏现存各级各类旧志中选择价值较高、保存较好的志书,以充分发挥地方志资治、存史、教化等作用,保存江苏的地方文献与历史文化记忆。

(五)史料编。收录有关江苏地方史料类文献,反映江苏各地历史地理、政治经济、文化教育、宗教艺术、社会生活、风土民情等。

(六)研究编。组织、编纂当代学者研究、撰写的江苏文化研究著作。

文献、史料、方志三编属于基础文献,以影印方式出版,旨在提供原始文献,以满足学术研究需要;书目、精华、研究三编,以排印方式出版,既能满足学术研究的基本需求,又能满足全民阅读的基本需求。

"江苏文脉整理与研究工程"工作委员会

江苏文库·研究编编纂人员

主　编

樊和平　刘德海

副主编

徐之顺　姜　建　王卫星　胡发贵　胡传胜　刘西忠

一脉千古成江河

——江苏文库·研究编序言

樊和平

"江苏文脉整理与研究工程"是江苏文化史上继往开来的一个浩大工程。与当下方兴未艾的全国性"文库热"相比,江苏文脉工程有三个基本特点:一是全面系统的整理;二是"整理"与"研究"同步;三是以"文脉"为主题。在"书目编—文献编—精华编—史料编—方志编—研究编"的体系结构中,"研究编"是十分独特的板块,因为它是试图超越"修典"而推进文化传承创新的一种学术努力。

"盛世修典"之说不知起源于何时,不过语词结构已经表明"盛世"与"修典"之间的某种互释甚至共谋,以及由此而衍生的复杂文化心态。历史已经表明,"修典"在建构巨大历史功勋的同时,也包含内在的巨大文化风险,最基本的是"入典"的选择风险。《四库全书》的文化贡献不言自明,但最终其收书的数量竟与禁书、毁书、改书的数量大致相当,还有高出近一倍的书目被宣判为无价值。"入典"可能将一个时代的局限甚至选择者个人的局限放大为历史的文化局限,也可能由此扼杀文化多样性而产生文化专断。另一个更为潜在和深刻的风险,是对待传统的文化态度。文献整理,尤其是地域典籍的整理,在理念和战略上面临的最大考验,是以何种心态对待文化传统。当今之世,无论对个体还是社会,传统已经不仅是文化根源,而且是文化和经济发展的资源甚至资本。然而一旦传统成为资源和资本,邂逅市场逻辑的推波助澜,就面临沦为消费和运作对象的风险,从而以一种消费主义和工具主义的文化态度对待文化传统和文献整理。当传统成为消费和运作的对象,其文化价值不仅可能被误读误用,而且也可能在对传统的消费中使文化坐吃山空,造就出文化上的纨绔子弟,更可能在市场运作中使文化不断被糟蹋。"江苏文脉整理与研究工程"的"整理工程"以全面系统的整理的战略应对可能存在的第一种风险,即入典选择的风险;以"研究工程"应对第二种可能的风险,即消费主义与工具主义的风险。我们不仅是既往传统的继承者,更应当是未来传统的创造者;现代人的使命,不仅是继承优秀传统,更应当创造新的优秀传统,这便是传统的创造性转化与创新性发展的真义。诚然,创造传统任重道远,需要经过坚忍不拔的卓越努力和大浪淘沙般的历史积淀,但对"江苏文脉整理与研究工程"而言,无论如何必须在"整理"的同时开启"研究"的千里之行,在研究中继承和发展传统。这便是"研究编"的价值和使命所在,也是"江苏文脉整理与研究工程"在"文库热"中于顶层设计层面的拔群之处。

一 倾听来自历史深处的文化脉动

20世纪是文化大发现的世纪,20世纪以来西方世界最重要的战略,就是文化战略。20世纪20年代,德国社会学家马克斯·韦伯的《新教伦理与资本主义精神》,揭示了西方资本主义文明的文化密码,这就是"新教伦理"及其所造就的"资本主义精神",由此建构"新教伦理+资本主义"的所谓"理想类型",为西方资本主义进行了文化论证尤其是伦理论证,奠定了20世纪以后西方中心论的文化基础。20世纪70年代,哈佛大学教授丹尼尔·贝尔的《资本主义文化矛盾》,揭示了当代资本主义最深刻的矛盾不是经济矛盾,也不是政治矛盾,而是"文化矛盾",其集中表现是宗教释放的伦理冲动与市场释放的经济冲动分离与背离,进而对现代西方文明发出文化预警。20世纪70年代之后,亨廷顿的《文明的冲突与世界秩序的重建》将当今世界的一切冲突归结为文明冲突、文化冲突,将文化上升为西方世界尤其是美国国家战略的高度。以上三部曲构成西方世界尤其是美国文化帝国主义的国家文化战略,正如一些西方学者所发现的那样,时至今日,文化帝国主义被另一个概念代替——"全球化",显而易见,全球化不仅是一种浪潮,更是一种思潮,是西方世界的国家文化战略。文化虽然受经济发展制约甚至被经济发展水平所决定,但回顾从传统到现代的中国文明史,文化问题不仅逻辑地而且历史地成为文明发展的最高最难的问题,正因为如此,文化自信才成为比理论自信、道路自信、制度自信更具基础意义的最重要的自信。

在全球化背景下,文脉整理与研究具有重大的国家文化战略意义,不仅必要,而且急迫。文化遵循与经济社会不同的规律,全球化在造就广泛的全球市场并使全球成为一个"地球村"的同时,内在的最大文明风险和文化风险便是同质性。全球化催生的是一个文化上的独生子女,其可能的镜像是:一种文化风险将是整个世界的风险,一次文化失败将是整个人类的文化失败。文化的本质是什么?梁漱溟先生说,文化就是人的生活的根本样法,文化就是"人化"。丹尼尔·贝尔指出,文化是为人的生命过程提供解释系统,以对付生存困境的一种努力。据此,文化的同质化,最终导致的将是人的同质化,将是民族文化或西方学者所说地方性知识的消解和消失;同时,由于文化是人类应对生存困境的大智慧,或治疗生活世界痼疾的抗体,它所建构的是与自然世界相对应的精神世界和意义世界,文化的同质性将导致人类在面临重大生存困境时智慧资源的贫乏和生命力的苍白,从而将整个人类文明推向空前的高风险。应对全球化的挑战和西方文化帝国主义的国家战略,"江苏文脉整理与研究工程"是整个中华民族浩大文化工程的一部分和具体落实,其战略意义决不止于保存文化记忆的自持和自赏,在这个全球化的高风险正日益逼近的时代,完整地保存地方文化物种,认同文化血脉,畅通文化命脉,不仅可以让我们在遭遇全球化的滔滔洪水之时可以于故乡文化的山脉之巅"一览众山小"地建设自己的精神家园和文化根据地,而且可以在患上全球化的文化感冒甚至某种文化瘟疫之后,不致乞求"西方药"来治"中国病",而是根据自己的文化基因和文化命理,寻找强化自身的文化抗体和文化免疫力之道,其深远意义,犹如在今天这个独生子女时代穿越时光隧道,回首当年我们的"兄弟姐妹那么多"

和父辈们儿孙满堂的那种天伦风光，不只是因为寂寞，而且是为了中华民族大家庭的文化安全和对未来文化风险的抗击能力。

"江苏文脉整理与研究工程"是以江苏这一特殊地域文化为对象的一次集体文化自觉和文化自信，与其他同类文化工程相比，其最具标识意义的是"文脉"理念。"文脉"是什么？它与"文献"和文化传统的关系到底如何？这是"文脉工程"必须解决的基本问题。

庞朴先生曾对"文化传统"与"传统文化"两个概念进行了审慎而严格的区分，认为"传统文化"可能是历史上曾经存在过的一切文化现象，而"文化传统"则是一以贯之的文化道统。在逻辑和历史两个纬度，文化成为传统都必须同时具备三个条件：历史上发生的，一以贯之的，在现实生活中依然发挥作用的。传统当然发生于历史，但历史上发生的一切，从《道德经》《论语》到女人裹小脚，并不都成为传统，即便当今被考古或历史研究所不断发现的现象，也只能说是"文化遗存"，文化成为传统必须在历史长河中一以贯之而成为道统或法统，孔子提供的儒家学说，老子提供的道家智慧，之所以成为传统，就是因为它们始终与中国人的生活世界和精神世界相伴随，并成为人的生命和生活的文化指引。然而，文化并不只存在于文献典籍之中，否则它只是精英们的特权，作为"人的生活的根本样法"和"对付生存困境"的解释系统，它必定存在于芸芸众生的生命和生活之中，由此才可能，也才真正成为传统。《论语》与《道德经》之所以成为传统，不只是因为它们作为经典至今还为人们所学习和研究，而且因为在中国人精神的深层结构中，即便在未读过它们的野夫村妇身上，也存在同样的文化基因。中国人在得意时是儒家，"明知不可为而偏为之"；在失意时是道家，"后退一步天地宽"；在绝望时是佛家，"四大皆空"，从而建立了与自给自足的自然经济结构相匹合的自给自足的文化精神结构，在任何境遇下都不会丧失安身立命的精神基地，这就是传统。文化传统必须也必定是"活"的，是在现实中依然发挥作用的，是构成现代人的文化基因的生命因子。这种与人的生活和生命同在的文化传统就是"脉"，就是"文脉"。

文脉以文献、典籍为载体，但又不止于文献和典籍，而是与负载它的生命及其现实生活息息相关。"文脉"是什么？"文脉"对历史而言是

"血脉",对未来而言是"命脉",对当下而言是"山脉"。"江苏文脉"就是江苏人的文化血脉、文化命脉、文化山脉,是历史、现在、未来江苏人特殊的文化生命、文化标识、文化家园,以及生生不息的文化记忆和文化动力。虽然它们可能以诸种文化典籍和文化传统的方式呈现和延续,但"文脉工程"致力探寻和发现的则是跃动于这些典籍和传统,也跃动于江苏人生命之中的那种文化脉动。"江苏文脉整理与研究工程"的最大特点就在于它是"文脉工程"而不是一般的"文化工程",更不是"文库工程"。"文化工程""文库工程"可能只是一般的文化挖掘与整理,而"文脉工程"则是与地域的文化生命深切相通,贯穿地域的历史、现在与未来的生命工程。

"江苏文脉整理与研究工程"是"整理"与"研究"的璧合,在"研究工程"中能否、如何倾听到来自历史深处的文化脉动,关键是处理好"文献"与"文脉"的关系。"整理工程"是对文脉的客观呈现,而"研究工程"则是对文脉的自觉揭示,若想取得成功,必须学会在"文献"中倾听和发现"文脉"。"文献"如何呈现"文脉"?文献是人类文明尤其是人类文化记忆的特殊形态,也是人类信息交换和信息传播的特殊方式。回首人类文明史,到目前为止,大致经历了三种信息方式。最基本也是最原初的是口口交流的信息方式,在这种信息方式中,信息发布者和信息传播者都同时在场,它是人的生命直接和整体在场并对话的信息传播方式,是从语言到身体、情感的全息参与,是生命与生命之间的直接沟通,但具有很大的时空局限。印刷术的产生大大扩展了人类信息交换的广度和深度,不仅可以以文字的方式与不在场的对象交换信息,而且可以以文献的方式与不同时代、不同时空的人们交换信息,这便是第二种信息方式,即以印刷为媒介的信息方式或印刷信息方式。第三种信息方式便是现代社会以电子网络技术为媒介的信息方式,即电子信息方式。文献与典籍是印刷信息方式的特殊形态,它将人类文化史和文明史上具有特殊价值的信息以印刷媒介的方式保存下来,供后人学习和研究,从而积淀为传统。文字本质上是人的生命的表达符号,所谓"诗言志"便是指向生命本身。然而由于它以文字为中介,一旦成为文献,便离开原有的时空背景,并与创作它的生命个体相分离,于是便需要解读,在解读中便可能发生误读,但无论如何,解读的对象并不只是文字本身,而是文字背后的生命现象。

文献尤其是典籍是不同时代人们对于文化精华的集体记忆,它们不仅经受过不同时代人们的共同选择,而且经受过大浪淘沙的历史洗礼,因而其中不仅有创造它的那个个体或文化英雄如老子、孔子的生命表达,而且有传播和接受它的那个民族的文化脉动,是负载它的那个民族的文化生命,这种文化生命一言以蔽之便是文化传统。正因为如此,作为集体记忆的精华,文献和典籍是个体和集体的文化脉动的客观形态,关键在于,必须学会倾听和揭示来自远方的生命旋律。由于它们巨大的时空跨度,往往不能直接把脉,而需要具有一种"悬丝诊脉"的卓越倾听能力。同时,为了把握真实的文化脉动,不仅需要对文献和典籍即"文本"进行研究,而且需要对创造它们的主体包括创作的个体和传播接受的集体的生命即"人物"进行研究。正如席勒所说,每个人都是时代的产儿,那些卓越的哲学家和有抱负的文学家却可能成为一切时代的同代人。文字一旦成为文献或典籍,便意味着创作它的个体成为一切时代的同代人,但无论如何,文献和它们的创造者首先是某个时代的产儿,因而要在浩如烟海的文献和典籍中倾听到来自传统深处的文化脉动,还需要将它们还原到民族的文化生命之中,形成文化发展的"精神的历史"。由此,文本研究、人物研究、学派流派研究、历史研究,便成为"文脉研究工程"的学术构造和逻辑结构。

二 中国文化传统中的江苏文脉

江苏文脉是中国文化传统的一部分,二者之间的关系并不只是部分与整体的关系,借助宋明理学的话语,是"理一"与"分殊"的关系。文脉与文化传统是民族生命的文化表达和自觉体现,如果只将它们理解为部分与整体的关系,那么江苏文脉只是中国文化传统或整个中华文化脉统中的一个构造,只是中华文化生命体中的一个器官。朱熹曾以佛家的"月映万川"诠释"理一分殊"。朗月高照,江河湖泊中水月熠熠,此番景象的哲学本真便是"一月普现一切水,一切水月一月摄"。天空中的"一月"与江河中的"一切水月"之间的关系是"分享"关系,不是分享了"一月"的某一部分,而是全部。江苏文脉与中国文化传统之间的关系便是"理一分殊",中国文化传统是"理一",江苏文脉是"分殊",正因为如此,关于江苏文脉的研究必须在与整个中国文化传统的关系中整体性地把握和展开。其中,文化与地域的关系、江苏文化在中华文化发展中的贡献和地位,是两个基本课题。

到目前为止的一切人类文明的大格局基本上都是由以山河为标志的地理环境造就的,从轴心文明时代的四大文明古国,到"五大洲四大洋"的地理区隔,再到中国山东—山西、广东—广西、河南—河北,江苏的苏南—苏北的文化与经济差异,山河在其中具有基础性意义。在这个意义上,可以将在此以前的一切文明称为"山河文明"。如今,科技经济发展迎来一个"高"时代:高铁、高速公路、电子高速公路……正在并将继续推倒由山河造就的一切文明界碑,即将造就甚至正在造就一个"后山河时代"。"后山河时代"的最后一道屏障,"山河时代"遗赠给"后山河时代"的最宝贵的文明资源,便是地域文化。在这个意义上,江苏文脉的整理与研究,不仅可以为经过全球化席卷之后的同质化世界留下弥足珍贵的"文化大熊猫",而且可以在未来的芸芸众生饱尝"独上高楼,望尽天涯路"的孤独之后,缔造一个"蓦然回首"的文化故乡,从中可以鸟瞰文化与世界关系的真谛。江苏独特的地域环境与江苏文化、江苏文脉之间的关系,已经不是所谓"一方水土一方人"所能表达,可以说,地脉、水脉、山脉与江苏文脉之间的关系,已经是一脉相承。

我们通过考察和反思发现,水系,地势,山势,大海,是对江苏文脉尤其是文化性格产生重大影响的地理因素。露水不显山,大江大河入大海,低平而辽阔,黄河改道,这一切的一切与其说是自然画卷和自然事件,不如说是江苏文脉的大地摇篮和文化宿命的历史必然,它们孕生和哺育了江苏文明,延绵了江苏文脉。历史学家发现,江苏是中国唯一同时拥有大海、大江、大湖、大平原的省份,有全国第一大河长江,第二大河黄河(故道),第三大河淮河,世界第一大人工河大运河,全国第三大淡水湖太湖,全国第四大淡水湖洪泽湖。江苏也是全国地势最低平的一个省区,绝大部分地区在海拔 50 米以下,少量低山丘陵大多分布于省际边缘,最高峰即连云港云台山的玉女峰也只有 625 米。丰沛而开放的水系和低平而辽阔的地势馈赠给江苏的不只是得天独厚的宜居,更沉潜、更深刻的是独特的文化性格和文脉传统,它们是对江苏地域文化产生重大影响的两个基本自然元素。

不少学者指证江苏文化具有水文化特性,而在众多水系中又具长江文化的特性。"水"的文化特性是什么?"老聃贵柔",老子尚水,以水演绎世界真谛和人生大智慧。"天下莫柔弱于水,而攻坚强者莫之能胜。"柔弱胜刚强,是水的品质和力量。西方文明史上第一个哲学家和科学家泰勒斯向全世界宣告的第一个大智慧便是:水是万物的始基。辽阔的平原在中国也许还有很多,却没有像江苏这样"处下"。老子也曾以大海揭示"处下"的智慧:"江海所以能为百谷王者,以其善下之,故能为百谷王。"历史上江苏的文化作品、江苏人的文化性格,相当程度上演绎了这种"水性"与"处下"的气质与智慧。历史上相当时期黄河曾经从江苏入海,然而黄河改道、黄河夺淮,几番自然力量或人力所为,最终黄河在江苏留下的只是一个"故道"的背影。黄河在江苏的改道当然是一个自然事件或历史事件,但我们也可能甚至毋宁将它当作一个文化事件,数次改道,偶然之中有必然,从中可以发现和佐证江苏文脉的"长江"守望和江南气质。不仅江苏的地脉"露水不显山",而且江苏的文化作品,江苏人的文化性格,一句话,江苏文脉,也是"露水不显山",虽不是"壁立千仞",却是"有容乃大"。一般说来,充沛的水系,广阔的平原,往往造就自给自足的自我封闭,然而,江苏东临大海,无论长江、淮河,还是历史上的黄河,都从这里入大海,归大海,不只昭示江苏的开放,而且演绎江苏文化、江苏文脉、江苏人海纳百川的博大和静水深流的仁厚。

黄河与长江好似中华文脉的动脉与静脉,也好似人的身体中的任督二脉,以长江文化为基色的江苏文化在中华文脉的缔造和绵延中作出了杰出贡献。有学者指出,在中国文明史上,长江文化每每在黄河文化衰弱之后承担起"救亡图存"的重任。人们常说南京古都不少为小朝廷,其实这正是"救亡图存"的反证,"天下兴亡,匹夫有责"的口号首先由江苏人顾炎武喊出,偶然之中有必然。学界关于江苏文化有三次高峰或三次大贡献,与两次大贡献之说。第一次高峰是开启于秦汉之际的汉文化,第二次高峰是六朝文化,第三次高峰是明清文化。人们已对六朝文化与明清文化两大高峰对中国文化的贡献基本达成共识,但江苏的汉文化高峰及其贡献也应当得到承认,而且三次文化高峰都发生于中国社会的大转折时期,对中国文化的承续作出了重大贡献。在秦汉之际的大变革和大一统国家的建构中,不仅在江苏大地上曾经演绎了波澜壮阔的对后来中国文明产生深远影响的历史史诗,而且演绎这些历史史诗的主角刘邦、项羽、韩信等都是江苏人,他们虽然自身不是文化人,但无疑对中国文化产生了深远影响。董仲舒提出"罢黜百家,独尊儒术"的主张,奠定了大一统的思想和文化基础,他本人虽不是江苏人,却在江苏留下印迹十多年。江苏的汉文化高峰对中国文化的最大贡献,一言概之即"大一统",包括政治上的大一统和思想文化上的大一统。六朝被公认为中国文化发展的高峰,不少学者将它与古罗马文明相提并论,而六朝文化的中心在江苏、在南京。以南京为核心的六朝文化发生于三国之后的大动乱,它接纳大量流入南方的北方士族,使南北方文化合流,为保存和发展中国文化作出了杰出贡献。明朝是中国历史上第一次在南京,也是第一次在江苏建立统一的帝国都城,江苏的经济文化在全国处于举足轻重的地位,扬州学派、泰州学派、常州学派,形成明清时代中国文化的江苏气象,形成江苏文化对中国文化的第三次重大贡献。三大高峰是江苏的文化贡献,在重大历史转折关头或者民族国家危难之际挺身而出,海纳百川,则是江苏文化的精神和品质,这就是江苏文脉。也正因为如此,江苏文化和江苏文脉在"匹夫有责"的担当精神中总是透逸出某种深沉的忧患意识。

　　江苏文脉对中国文化的独特贡献及其特殊精神气质在文化经典中得到充分体现。中国四大文学名著,其中三大名著的作者都来自江苏,这就是《西游记》《红楼梦》《水浒》,其实《三国演义》也与江苏深切相关,虽然罗贯中不是江苏人,但却以江苏为重要的时空背景之一。四大名著中不仅有明显的江苏文化的元素,甚至有深刻的江苏地域文化的基因。《西游记》到底是悲剧还是喜剧?仔细反思便会发现,《西游记》就是文学版的《清明上河图》。《清明上河图》表面呈现一幅盛世生活画卷,实际却是一幅"盛世危情图",空虚的城防,懈怠的守城士兵……被繁华遗忘的是正在悄悄到来的深刻危机。《西游记》以唐僧西天取经渲染大唐的繁盛和开放,然而在经济的极盛之巅,中国人的精神世界却空前贫乏,贫乏得需要派一个和尚不远万里,请来印度的佛教,坐上中国意识形态的宝座,入主中国人的精神世界。口袋富了,脑袋空了,这是不折不扣的悲剧。然而,《西游记》的智慧,江苏文化的智慧,是将悲剧当作喜剧写,在喜剧的形式中潜隐悲剧的主题,就像《清明上河图》将空虚的城防和懈怠的士兵淹没于繁华的海洋一样。《西游记》喜剧与悲剧的二重性,隐喻了江苏文脉的忧患意识,而在对大唐盛世,对唐僧取经的一片颂歌中,深藏悲剧的潜主题,正是江苏文脉"匹夫有责"的担当精神和文化智慧的体现。鲁迅说,真正的悲剧是把美好的东西撕碎了给人看,《西游记》是在喜剧形式的背后撕碎了大唐时代人的精神世界的深刻悲剧。把悲剧当作喜剧写,喜剧当作悲剧读,正是江苏文化、江苏文脉的大智慧和特殊气质所在,也是当今江苏文脉转化发展的重要创新点所在。正因为如此,"江苏文脉研究"必须以深刻的哲学洞察力和深厚的文化功力,倾听来自历史深处的江苏文化的脉动,读懂江苏,触摸江苏文脉。

三　通血脉,知命脉,仰望山脉

江苏文化的巨大魅力和强大生命力,是在数千年发展中已经形成一种传统、一种脉动,不仅是一种客观呈现的文化,而且是一种深植个体生命和集体记忆的生生不息的文脉。这种文化和文脉不仅成为共同的价值认同,而且已经成为一种地域文化胎记。在精神领域,在文化领域,江苏不仅有灿若星河的文学家,而且有彪炳史册的思想家、学问家,更有数不尽的才子骚客。长江在这片土地上流连,黄河在这片土地上改道,淮河在这片土地上滋润,太湖在这片土地上一展胸怀。一代代中国人,一代代江苏人,在这里缔造了文化长江、文化黄河、文化淮河、文化太湖,演绎了波澜壮阔的历史诗篇,这便是江苏文脉。

为了在全球化时代完整地保存江苏文脉这一独特地域文化的集体记忆,以在"后山河时代"为人类缔造精神家园提供根源与资源,为了继承弘扬并创造性转化、创新性发展中国优秀传统文化,2016年江苏启动了"江苏文脉整理与研究工程"。根据"文脉"的理念,我们将研究工程或"研究编"的顶层设计以一句话表达:"通血脉,知命脉,仰望山脉"。由此将整个工程分为五个结构:江苏文化通史、江苏历代文化名人传、江苏文化专门史、江苏地方文化史、江苏文化史专题。

"江苏文化通史"的要义是"通血脉",关键词是"通"。"通"的要义,首先是江苏文化与中国文明的息息相通,与人类文明的息息相通,由此才能有民族感或"中国感",也才有世界眼光,因而必须进行关于"中国文化传统中的江苏文脉"的整体性研究;其次是江苏文脉中诸文化结构之间的"通",由此才是"江苏",才有"江苏味";再次是历史上各个重要历史时期文化发展之间的"通",由此才能构成"史",才有历史感;最后是与江苏人的生命与生活的"通",由此"江苏文脉"才能真正成为江苏人的文化血脉、文化命脉和文化山脉。达到以上"四通","江苏文化通史"才是真正的"通"史。

"江苏文化专门史"和"江苏文化史专题"的要义是"知命脉",关键词是"专",即"专门"与"专题"。"江苏文化专门史"在框架上分为物质文化史、精神文化史、制度文化史、特色文化史等,深入研究各类专门史,总体思路是系统研究和特色研究相结合,系统研究整体性地呈现江苏历史上的重要文化史,如哲学史、文学史、艺术史等,为了保证基本的完整性,我们根据国务院学科分类目录进行选择;特色研究着力研究历史上具有江苏特色的历史,如民间工艺史、昆曲史等。"江苏文化史专题"着力研究江苏历史上具有全国性影响的各种学派、流派,如扬州学派、泰州学派、常州学派等。

"江苏地方文化史"的要义是"血脉延伸和勾连",关键词是"地方"。"江苏地方文化史"以现省辖市区域划分为界,13市各市一卷。每卷上编为地方文化通史,讲述地方整体历史脉络中的文化历史分期演化和内在结构流变,注重把握文化运动规律和发展脉络,定位于地方文化总体性研究；下编为地方文化专题史，按照科学技术、教育科举、文学语言、宗教文化等专题划分，以一定逻辑结构聚焦对地方文化板块加以具体呈现，定位于凸显文化专题特色。每卷都是对一个地方文化的总结和梳理，这是江苏文化血脉的伸展和渗入，是江苏文化多样性、丰富性的生动呈现和重要载体。

"江苏历代文化名人传"的要义是"仰望山脉"，关键词是"文化"。它不是一般性地为江苏历朝历代的"名人"作传，而只是为文化意义上的名人作传。为此，传主或者自身就是文化人并为中国文化的发展、为江苏文脉的积累积淀作出了重要贡献；或者虽然自身主要不是文化人而是政治家、社会活动家等，但对中国文化发展具有重大影响。如何对历史人物进行文化倾听、文化诠释、文化理解，是"文化名人传"的最大难点，也是其最有意义的方面。江苏历史上的文化名人汗牛充栋，"文化名人传"计划为100位江苏文化名人作传，为呈现江苏文化名人的整体画卷，同时编辑出版一部"江苏文化名人辞典"，集中介绍历史上的江苏文化名人1000位左右。

"江苏文脉研究工程"最重要也是最困难的工作是如何寻找和组建一支专门化的学术研究团队，并进行学术组织和管理。它与"整理工程"不同，所有研究都必须原创，而不是对历史文献的整理。由于工程浩大，学术要求高，而专门从事江苏文化、江苏文脉研究的学者又特别少，高端学者更是屈指可数，因而只能步步为营，在摸索中前行。到目前为止，在学术的组织与管理方面大致经历了三个阶段。第一阶段是启动阶段，由于我们对相关研究在学术上可能达到的深度与高度缺乏足够的把握，所以先聘请一些大家、名家领衔相关课题研究，并进行相关学术研讨；第二阶段大胆推进，一年以后，我们感觉积累了一定经验，于是各结构负责人深入高校和其他学术机构，比较广泛地进行选题和研究专家的确认和委托；第三阶段与省哲学社会科学规划办合作，在全省乃至全国范围内进行选题征集和课题申报。为了扩大研究的影响，我们在《明清小说研究》《世界华文文学论坛》设立专门的栏目，系统介绍相关研究成果，推进学术研究。

一脉千古成江河，"茫茫九派流中国"。江苏文脉研究的千里之行已经迈出第一步,历史馈赠我们一次千载难逢的宝贵机遇,让我们巡天遥看,一览江苏数千年文化银河的无限风光,对创造江苏文化、缔造江苏文脉的先行者们献上心灵的鞠躬。面对奔涌如黄河、悠远如长江的江苏文脉,我们惟有以跋涉探索之心,怵惕敬畏之情,且行且进,循着爱因斯坦的"引力波",不断走近并播放来自江苏文脉深处的或澎湃,或激越,或温婉静穆的天籁之音。

我们一直在努力;

我们将一直努力!

目 录

上 编

第一章　家世、生年与卒年 …………………………………… 003
  第一节　家世 ………………………………………………… 003
  第二节　生年 ………………………………………………… 008
  第三节　卒年 ………………………………………………… 011

第二章　"十载江南"的漫游生活 …………………………… 014
  第一节　青少年时期的生活 ………………………………… 014
  第二节　大中后期的宣州之游 ……………………………… 016
  第三节　瓯越之游 …………………………………………… 019
  第四节　咸通二年的饶州之行 ……………………………… 021
  第五节　咸通四年的京口之游 ……………………………… 023
  第六节　咸通六年的睦州之行与咸通七年的"南浮桐江" …… 026

第三章　应试与北游京洛 ……………………………………… 030
  第一节　应试问题略述 ……………………………………… 030
  第二节　北游京洛的诗歌创作 ……………………………… 034

第四章　松陵唱和时期 ………………………………………… 039
  第一节　松陵唱和的基本情况 ……………………………… 039
  第二节　皮陆交契是松陵唱和的思想基础和动因 ………… 042

第三节　松陵唱和时期陆龟蒙的隐逸情怀 …………………… 045

第五章　咸通最后两年 ………………………………………………… 049
　　第一节　从张抟于湖州 …………………………………………… 050
　　第二节　寄怀华阳山人 …………………………………………… 051

第六章　从乾符初年到中和初年 ……………………………………… 054
　　第一节　结识吴融及与罗隐、颜荛的交谊 ……………………… 054
　　第二节　乾符二年、三年从张抟于庐州、苏州 ………………… 058
　　第三节　乾符四年从郑仁规于湖州 ……………………………… 061
　　第四节　与李蔚、卢携的关系及拾遗之召 ……………………… 063
　　第五节　乾符五年至六年春隐居甫里 …………………………… 066
　　第六节　乾符六年重到震泽 ……………………………………… 071
　　第七节　广明元年再居甫里 ……………………………………… 076
　　第八节　最后的岁月 ……………………………………………… 079
　　第九节　纂集《笠泽丛书》 ……………………………………… 082

第七章　"江湖散人"宗风的深远影响 ……………………………… 086

下　编

第一章　"十载江南"时期的诗歌创作 ……………………………… 105
　　第一节　"十载江南"时期诗歌的思想内容 …………………… 105
　　第二节　"十载江南"时期诗歌的艺术特色 …………………… 109

第二章　松陵唱和时期的诗歌创作 …………………………………… 113
　　第一节　松陵唱和时期诗歌的基本内容 ………………………… 114
　　第二节　松陵唱和时期诗歌的艺术特色 ………………………… 117

第三章　《笠泽丛书》时期的诗歌创作 ……………………………… 124
　　第一节　"江湖散人"的隐逸情怀 ……………………………… 124
　　第二节　"百忧"丛集的感愤情怀 ……………………………… 129
　　第三节　关心民生疾苦和忧愤国事的情怀 ……………………… 133

第四节　《笠泽丛书》创作时期诗歌的艺术特色 …………… 137

第四章　陆龟蒙诗歌艺术综论 ………………………………… 141
　　第一节　以"赋"法为诗 ………………………………………… 142
　　第二节　追求奇异险怪的风尚 ………………………………… 144
　　第三节　"触处成诗"、"驰骛新奇"的风尚 …………………… 146
　　第四节　追求"平淡"的诗风 …………………………………… 148
　　第五节　浑沦俊爽的诗风 ……………………………………… 150
　　第六节　多方转益的创获 ……………………………………… 153

第五章　陆龟蒙的散文 ………………………………………… 161
　　第一节　序 ……………………………………………………… 161
　　第二节　传（附：赞、哀祭文） ………………………………… 167
　　第三节　铭 ……………………………………………………… 169
　　第四节　记叙文 ………………………………………………… 171
　　第五节　议论文 ………………………………………………… 180

第六章　陆龟蒙的赋 …………………………………………… 185

第七章　陆龟蒙的学术思想 …………………………………… 197
　　第一节　尊《六经》与经史之分 ……………………………… 197
　　第二节　儒家道统论 …………………………………………… 201
　　第三节　尊崇《春秋》 …………………………………………… 204
　　第四节　敬佩扬雄的思想 ……………………………………… 206
　　第五节　对佛禅和仙道的看法 ………………………………… 209

第八章　陆龟蒙的文学理论 …………………………………… 212
　　第一节　全面、深刻的诗歌发展史论 ………………………… 212
　　第二节　尊经明道、风雅美刺与提倡形式声韵之美 ………… 218
　　第三节　重视反映民生疾苦的乐府民歌诗论 ………………… 223
　　第四节　"发愤著书"与"缓忧"、"自怡"、"自遣"说 ………… 224
　　第五节　提倡"题目佳境"，追求逼真的艺术境界 …………… 228

第六节　提倡"抉擿刻削"与奇险变怪的诗风 ………………… 230
第七节　主张质朴自然，提倡"平淡"说 ………………………… 233
第八节　尚"才"论与"以学问为诗" ……………………………… 236

陆龟蒙年谱 ……………………………………………………………… 240

主要参考文献 …………………………………………………………… 247

上 编

第一章　家世、生年与卒年

第一节　家世

陆龟蒙的家世显赫，但从他的曾祖父辈开始，已经渐及衰落了。毕竟曾经历过辉煌，所以，陆龟蒙仍心心念念记在心中，引以为自豪。他不时会想起与自己并不是同一个族谱支脉的远祖陆机。他在《袭美先辈以龟蒙所献五百言，既蒙见和，复示荣唱，至于千字，提奖之重，蔑有称实，再抒鄙怀，用伸酬谢》诗里说："吾祖仗才力，革车蒙虎皮。"自注："士衡《文赋》。"陆机字士衡，西晋著名诗人，文学理论家。所著《文赋》，体现了当时诗文理论的最高水平，在中国文学批评史上产生了极大的影响，故龟蒙津津乐道。又在《和吴中书事寄汉南裴尚书》诗里说："三泖凉波渔蕝动，五茸春草雉媒娇。"自注："远祖士衡对晋武帝以三泖冬温夏凉。"通过有关远祖陆机的逸事来赞美吴中的风物。

在陆龟蒙的家乡苏州（今江苏省苏州市），世代流传的"郁林石"的故事，既是对三国时东吴的吴郡（苏州在当时的名称）人陆绩为政廉洁的追怀赞美，也表现了古代人续缵谱系，重视家族世德门风的传统。因为陆绩是苏州人，自然也是陆龟蒙更远的远祖。从历史记载来看，陆绩有著名的"怀橘"的爱母故事，却不见"郁林石"故事。《三国志·吴书·陆绩传》：

　　陆绩字公纪，吴郡吴人也。父康，汉末为庐江太守。绩年六岁,于九江见袁术。术出橘,绩怀三枚,去,拜辞堕地,术谓曰:"陆郎作宾客而怀橘乎?"绩跪答曰:"欲归遗母。"术大奇之。……孙权统事,辟为奏曹掾,以直道见惮,出为郁林太守,加偏将军,给兵二千人。

"郁林石"的故事虽然不见记载于史籍,但在陆龟蒙的家乡苏州,应当是民间世代传诵的佳话。南北宋之交的苏州昆山人龚明之撰《中吴纪闻》一书,专门记载中吴地区的风土人情、遗闻逸事、人物言行以及社会状况。其书第三卷《郁林石》一节:

> 陆龟蒙居临顿里,其门有巨石。远祖(陆)绩,为郁林太守,罢归无装,舟轻不可越海,取石为重。人称其廉,号"郁林石"。

这个故事有一定的可靠性。即使纯为民间的传闻之词,它也表现了人们旌扬为政廉洁的美好愿望,同时还表现了古代人慎终追远的优良传统。应当是基于这种原因,欧阳修、宋祁《新唐书·陆龟蒙传》也详载此事:

> 陆氏在姑苏,其门有巨石。远祖绩尝事吴为郁林太守,罢归无装,舟轻不可越海,取石为重。人称其廉,号"郁林石",世保其居云。

这段话与上引《中吴纪闻》的文字基本相同。从成书时间上来说,大概前者是撷取后者而成;但从本源上来说,后者是将民间传闻载入史册,而前者则是又将它恢复为民间传说的性质。这也可说是所谓的"《新唐书》喜取小说"[①]的例证之一。

上面就陆绩、陆机二人有关事迹所作的简要叙述,可以说明,陆龟蒙的家世是很显耀的。陆氏家族本来就是三国、晋代以来苏州地区的名族。陆机《吴趋行》诗里说:"属城咸有士,吴邑最为多。八族未足侈,四姓实名家。"明确说当时苏州的"八族"比不上"四姓"。据《文选》(卷二十八)此诗注释引张勃《吴录》曰:"八族:陈、桓、吕、窦、公孙、司马、

---

① 陆游:《跋松陵倡和集》,《陆游集·渭南文集》(卷三十),中华书局1976年版。

徐、傅也。四姓：朱、张、顾、陆也。"《世说新语·赏誉》云："吴四姓，旧目云：'张文、朱武、陆忠、顾厚。'"刘孝标注引《吴录·士林》说："吴郡有顾、陆、朱、张为四姓。三国之间，四姓盛焉。"此类记载，都反复告诉我们：陆氏家族，从三国、晋代起，就是苏州的一个大族。这个家族的谱系，历南、北朝而至唐代，绵延不绝。在初、盛唐时期，又出现了一段辉煌时期。之后，有所衰落，直至晚唐大诗人陆龟蒙和稍后的昭宗时宰相陆希声。这样的一个家族谱系，就是所谓始自东晋吴郡陆氏"太尉枝"。这一谱系的详细情况，可参《新唐书》（卷七十三下）《宰相世系表》（三下）。它在唐代任过宰相的族人，上引《新唐书》在陆氏列表的最后，很简要地说："陆氏宰相六人。丹徒枝有敦信；太尉枝有元方、象先、希声；侍郎枝有扆、贽。"

很显然，对于入唐以来的先祖，陆龟蒙引以为荣耀的，当然就是陆元方和陆象先了。他的《奉酬袭美先辈吴中苦雨一百韵见寄》诗中说：

> 家为唐臣来，奕世唯稷卨。只垂清白风，凛凛自贻厥。犹残赐书在，编简苦断绝。其间忠孝字，万古光不灭。孱孙诚瞀昧，有志常挣挣。敢云嗣良弓，但欲终守节。（原注：龟蒙五代祖、六代祖，皇朝继在台辅。）

"六代祖"指陆元方，"五代祖"指陆象先。《新唐书》（卷一百九十六）《陆龟蒙传》："陆龟蒙字鲁望，元方七世孙也。"这里的"六代"和"七世"的不同，只能有一种解释才是正确的。查上引《新唐书·宰相世系表》：陆元方生五子：陆象先（初名景初）、陆景倩、陆景融、陆景献、陆景裔；陆景倩子陆溥；陆溥三子：陆序、陆厚、陆康；陆康二子：陆孝甄（真）、陆正兴；陆正兴子陆宾虞；陆宾虞子陆龟蒙。从陆元方到陆龟蒙恰好是"七世"，而陆龟蒙在诗中是将自己这一代不计在内，称陆元方是自己的"六代祖"，无疑也是正确的。

陆元方、陆象先，《旧唐书》（卷八十八）、《新唐书》（卷一百一十六）均有传。陆元方，字希仲。初擢明经，又应八科举。累迁监察御史、凤阁舍人。武后长寿二年（693年），拜鸾台侍郎、同平章事，即宰相。因忤武则天曾被贬官，后又再为宰相。

陆元方的长子陆象先（665—736年），本名景初。"象先"是唐睿宗的赐名。应制举，高第，授扬州参军，迁监察御史，历殿中侍御史、中书舍人、大理少卿，授中书侍郎。睿宗景云二年（711年）进同中书门下平章事，即宰相。开元二十四卒，谥曰文贞。

陆象先的四个弟弟，都有令名，颇得时誉。《旧唐书》（卷八十八）《陆象先传》云：

> 象先弟景倩，历监察御史。景融，历大理正、荥阳郡太守、河南尹、兵吏部侍郎、左右丞、工部尚书、东都留守、襄阳郡太守、陈留郡太守，并兼采访使。景献，历殿中侍御史、屯田员外郎。景裔，河南令、库部郎中。皆有美誉。僧一行少时，尝与象先昆弟相善，常谓人曰："陆氏兄弟皆有才行，古之荀、陈，无以加也。"其为当时所称如此。

审上文我们详列的从陆元方至陆龟蒙的世系，可知陆龟蒙嫡系的"五代祖"不是陆象先，而是陆景倩，而陆龟蒙是陆象先的五代侄孙。《新唐书》（卷一百一十六）《陆象先传》（附陆景倩传）：

> 弟景倩为扶沟丞。河南按察使毕构覆州县殿最，欲必得实。有吏言状曰："某强清，某诈清，惟景倩曰真清。"终监察御史。

可见，陆景倩也是一位有时誉的清官。陆景倩子陆溥，曾官少府少监，爵平昌县男。陆溥三子陆康，官泽州刺史。陆康次子陆正兴，是陆龟蒙的祖父，未见任过什么官职。陆正兴子陆宾虞，字昭卿，官侍御史。对于他的仕历，孙光宪的记述稍为详细一些。他所著《北梦琐言》（卷六）《陆龟蒙追赠》条云：

> 唐吴郡陆龟蒙，字鲁望，旧名族也。其父宾虞，进士甲科，浙东从事、侍御史。

很显然，从陆龟蒙祖父陆正兴起，家道明显地衰落了。陆龟蒙在诗文里对于祖父、父亲，只提到要继承他们的儒素事业。"少小不好弄，逡巡奉弓箕。"[①]对于兄弟姐妹，则没有只言片字。而对于妻子儿女，只是笼统

---

① 陆龟蒙：《袭美先辈以龟蒙所献五百言，既蒙见和，复示荣唱，至于千字，褒有称实，再抒鄙怀，用伸酬谢》，《松陵集校注》卷一，中华书局2018年版。

地提到，从未作过具体描述。如《读〈襄阳耆旧传〉，因作诗五百言寄皮袭美》："既被邻里轻，亦为妻子陋。"《甫里先生传》："吾一布衣耳，不勤劬，何以为妻子之天乎？"①《送小鸡山樵人序》："予家大小之口二十。"②《南泾渔父》诗："南泾有渔父，往往携稚造。"③"稚"，稚子，指自己的儿子。他的《登高文》更是以"予"和"稚子"对话的形式成文的。这些例子，都只是点到而已。只有《笠泽丛书序》中说得详细一点："伯男儿才三尺许长，嗝齿犹未遍。教以药剂，象梧子大小，外研墨沌笔，供纸札而已。"明潘基庆辑《古逸书》（卷二十八）《陆龟蒙〈祝牛宫辞〉》条下注云："妻蒋氏，善属文，亦嗜酒。"未云何据，我们也不得而知。可以这样说，到陆龟蒙的时候，其直系的家族是衰落了。与他大体同时的陆希声，还做过唐昭宗朝的宰相，但他是陆龟蒙这一家族的旁族支脉了。对于陆龟蒙而言，正如他在《幽居赋》（并序）里所说："虽家风未泯，而世德全衰。门等韦平，材兼魏邴。"

陆龟蒙的一生，主要在他的家乡苏州隐居中度过。他少读《六经》，尤明《春秋》；后又攻文，成为晚唐的诗文大家之一。他在早年也曾有过建立事功的志向，他在晚年所作的《幽居赋》中说："初张蓬矢，尝逞志于四方。"为此，他曾经有十年左右的时间，漫游江南，结交朋友，创造时誉，希望得以进取。但因为社会动荡，时局混乱，他的应举求仕半途而废。大约从咸通十一年（870年），亦即"松陵唱和"时期开始，他已经绝意于功名，虽然思想上偶尔也会产生一些矛盾纠结。他曾经给自己起过几个名号，其含义都是表明自外于仕进，隐逸江湖，逍遥度日。考察起来，他最早给自己起的，并且使用的时间最长，一直用到晚年的名号，就是咸通十一年在与皮日休的唱和中出现的"天随子"。《奉和袭美太湖诗二十首·缥缈峰》："身为大块客，自号天随子。"而皮日休《太湖诗二十首》（并序）说："遂为诗二十章以志其事，兼寄天随子。"就在同一个时期，陆龟蒙《渔具诗》（并序）、《樵人十咏》（并序），皮日休在《添渔具诗》（并序）、《酒中十咏》（并序）、《茶中杂咏》（并序）等诗或诗序中，多次

---

① 陆龟蒙：《笠泽丛书》卷一，四库全书本。
② 陆龟蒙：《笠泽丛书》卷二，四库全书本。
③ 陆龟蒙：《笠泽丛书》卷四，四库全书本。

称陆龟蒙为"天随子"。直到陆龟蒙的晚年,他还反复自称"天随子"。如《战秋辞》:"天随子爽骙情栗",《田舍赋》:"天随子愀然而吁",《杞菊赋》(并序):"天随子宅荒,少墙屋、多隙地"等等,都是显例。晚年时期,陆龟蒙再为自己添了几个名号。一是因为他的散诞,而被人称作"散人",他索性就以"江湖散人"自目,并且为此而作了《江湖散人传》、《江湖散人歌》。这就是他自己说的"人谓之江湖散人,先生乃著《江湖散人传》而歌咏之"。二是他仿效陶渊明《五柳先生传》、王绩《五斗先生传》、白居易《醉吟先生传》等例子,作《甫里先生传》一文,因而自号"甫里先生"。同时,在这篇文章中,他还将自己类比为涪翁、渔父、江上丈人。文中说:"(先生)不传姓名,无有得之者,岂涪翁、渔父、江上丈人之流者乎?"陆龟蒙的这些名号,足以表明他的心迹,也确实显示了他的一生的基本生活状况。

第二节 生年

陆龟蒙的生年,没有确切的记载,所以直到今天,学术界也没有一个大家公认的定论。这里,我们依据他本人的诗、文,再参考其他一些资料,作出基本的推断。

陆龟蒙《送豆卢处士谒宗丞相序》:

> (豆卢处士)一旦访龟蒙曰:"吴中兵荒来,人不足犬豕之食,安能遂退藏耶?吾从子相天下矣,吾西而见之。"龟蒙曰:"丈人外族之门人实作良辅,今复家有丞相,必以房、魏之道致君中兴,是内外有德于四海也,此行徒东归乎?昔丞相未升甲科时,年才弱冠,龟蒙幸得参游中,以兄事之,许与胶固,形于歌咏。及丞相为朝钜儒,居侍从之列,龟蒙江湖边,病不能起。一耒而耕,一船而渔。"①

题目中的"宗丞相",《笠泽丛书》和《甫里集》各种版本多作"宋",《全唐

---

① 何锡光:《陆龟蒙全集校注》(卷十六),凤凰出版社2014年版。

文》则无"宗"字。详审文义,文中反复说"豆卢处士"的"从子相天下"、"家有丞相",显然,这个丞相不应姓"宋",而应当姓"豆卢"。清人许槤校《笠泽丛书》(九卷)、《附考》(一卷),嘉庆二十四年许氏古韵阁刻本,在其书末的《附考》中云:"(《送豆卢处士谒宗丞相叙》)宋本无'宗'字,各本'宗'讹'宋',以何本(指其参校本何煌本)正,案丞相豆卢瑑也。""宗"字就是"同宗"的意思。这是极有说服力的,可作为定论。据此,我们查阅《新唐书》(卷六十三)《宰相表》(下):"(乾符)五年戊戌,五月丁酉,(郑)畋、(卢)携并罢为太子宾客,分司东都。翰林学士承旨、户部侍郎豆卢瑑为兵部侍郎,吏部侍郎崔沆为户部侍郎,并同中书门下平章事。"又云:"广明元年庚子,黄巢杀(豆卢)瑑、(崔)沆。"乾符五年是公元878年,广明元年是公元880年。陆龟蒙的这篇文章,作于乾符五年下半年或乾符六年的可能性最大。

在确定了文中所说的丞相是豆卢瑑之后,我们从文中知道,陆龟蒙早在青年时期与他是有过一段密切的交游的,后来,豆卢瑑进入仕途,而陆龟蒙则隐逸家乡。据《旧唐书》(卷一百七十七)《豆卢瑑传》记载:"(豆卢)瑑,(宣宗)大中十三年亦登进士科。"大中十三年是公元859年。上引陆龟蒙的文中说他在豆卢瑑"未升甲科时,年才弱冠,龟蒙幸得参游中,以兄事之",我们暂且以豆卢瑑是在"年才弱冠"的第二年,也就是二十一岁就考中进士来算,那么,从大中十三年往上推二十年,即武宗开成四年(839年),就是豆卢瑑的生年了。"年才弱冠",《笠泽丛书》、《全唐文》又作"年才出弱冠"。那么,豆卢瑑进士登第最顺利的年龄就是二十二岁了,这样他的生年就是开成三年(838年)了。而龟蒙"以兄事之",我们假定龟蒙只比豆卢瑑小一、二岁,这样,就可以推定陆龟蒙的生年当在武宗开成四年(839年)、会昌元年(841年)之间。如果大胆一点,我们不妨就将陆龟蒙的生年定在会昌元年(841年),也未尝不可。

李锋《陆龟蒙生卒年考》一文,也是根据上述陆龟蒙文和《旧唐书·豆卢瑑传》,认为"龟蒙以兄事豆卢瑑必小于豆卢,但得以从豆卢而游,又应在成童之后,弱冠以前,也就是讲,龟蒙应比豆卢小1至6岁"。又说:"豆卢瑑所生必在开成三年以前。而龟蒙最多比豆卢小6岁,所以,龟蒙之生年再往后推6年,即必生于会昌四年(844年)以前。"①所说固不无道理,但似不必假设"小1至6岁"这样的时间界限。

陆龟蒙曾在咸通十年(869年)前往北方的京洛,应咸通十一年(870年)春天的进士科举。因为庞勋叛乱的缘故,唐懿宗于咸通十年十二月下诏停止科举一年。陆龟蒙无可奈何,只得南归家乡苏州。相关情况,可参阅第三章《应举与北游京洛》。这里要说的是,他的《京口与友生话别》长篇五古,应该是陆龟蒙离开京口(即今江苏省镇江市),渡江北上,远赴京洛,进京赶考,与友人离别之作。诗的开头就说:

> 共是悲秋客,相逢恨不堪。雁频辞蓟北,人尚在江南。名利机初发,樵渔事先谙。

结尾两句云:

> 别离犹得在,秋鬓未鬖鬖。

这些使我们有理由相信,此诗暗用了西晋潘岳《秋兴赋》(并序)中"余春秋三十有二,始见二毛",赋中"斑鬓彭以承弁兮,素发飒以垂领"的句子,说明陆龟蒙尽管"悲秋",但在年龄上还未到"三十有二",不过相差也不太远了。如果他才二十岁多一点,恐怕也不至于联想到潘岳了。按我们上文将陆龟蒙的生年定在会昌元年(841年)来说的话,咸通十年(869年)这一年,他应该是虚岁二十九岁。他在诗中这样说,是正确的表述,而我们对他的生年的推测,大概也就近于事实了。我们再看他《奉和江南书情二十韵寄秘阁韦校书贻之、商洛宋先辈垂文二同年次韵》诗中云:"不堪潘子鬓,愁促易髟髟。"意思是说自己虽然未到潘岳"三十有二,始见二毛"的年龄,但因为穷愁,却也使鬓发既长又白了。此诗作于咸通十一年,离作者"二毛之年"不远,所以又说到潘岳,引以自喻。

---

① 李锋:《陆龟蒙生卒年考》,《古籍整理研究学刊》,1989年第3期。

第三节　卒年

陆龟蒙的卒年，同样也没有确切的记载。较早记载陆龟蒙卒年的是五代王定保，其所著《唐摭言》（卷十）《韦庄奏请追赠不及第人近代者》云：

> 陆龟蒙字鲁望，三吴人也。……中和初，遘疾而终。

稍后，孙光宪《北梦琐言》（卷六）《陆龟蒙追赠》云：

> 唐吴郡陆龟蒙，字鲁望，旧名族也。……丞相李公蔚、卢公携景重之。罗给事《寄陆龟蒙》诗云："龙楼李丞相，昔岁仰高文。黄阁今无主，青山竟不焚。"盖尝有征聘之意。唐末以左拾遗授之，诏下之日，疾终。

这里，李、卢"尝有征聘之意"，与"唐末以左拾遗授之"，显然不是一件事。后来，欧阳修、宋祁《新唐书》（卷一百九十六）《隐逸传·陆龟蒙传》则说：

> 陆龟蒙字鲁望，元方七世孙也。……后以高士诏，不至。李蔚、卢携素与善，及当国，召拜左拾遗。诏方下，龟蒙卒。

这则记载中，明确说李、卢"当国"，拜陆龟蒙为左拾遗，未及赴任，陆龟蒙就去世了。依据史料考证，这种说法是错误的。最早对此进行辩驳的，是南宋人林希逸，他的《甫里先生文集序》云：

> 然史称卢携、李蔚素与善，及当国，召拜拾遗，诏方下而先生卒。以史考之，卢、李皆相于乾符元年，五年皆罢。而《笠泽丛书》自序乃曰："乾符六年，卧病笠泽。"是二人既罢而先生犹无恙也。若曰六年之冬携尝再相，则与李蔚无与矣。

我们从推定陆龟蒙卒年上来说，因为他在乾符六年还编辑了自己的诗文集《笠泽丛书》，所以就根本不可能在李、卢先后任宰相的乾符年间（乾符这个年号只有六年）就谢世了。林希逸的这个意见，受到了清代学者的高度认可。如朱鹤龄《书〈笠泽丛书〉后》云：

> 先生没年，唐史不载，但云："卢携、李蔚素与善，及当国，召拜拾遗，诏方下而卒。"考卢、李相于乾符元、二年间，五年皆罢。而《丛书》自序乃云："乾符六年春，卧病笠泽。"是二人罢时，先生尚在也。若曰六年冬携再相，则与蔚无与。宋人林希逸固已疑之。①

清代乾嘉学派的著名学者钱大昕，也曾对卢携、李蔚任宰相时，陆龟蒙是否被召为拾遗，以及相关而及的陆龟蒙不可能在乾符年间去世的问题，发表过意见，可参读其《西溪别墅记》②、《〈笠泽丛书〉跋》③等文章。

以上诸家的论证方法都是一样的，就是通过检核《新唐书》卢携、李蔚的本传，以及《宰相表》等史料，再对勘《笠泽丛书》自序，就陆龟蒙卒年这一问题，得出了一个比较一致的结论，即在乾符六年（879年）尚活在人间。

王定保关于陆龟蒙"中和初，遘疾而终"的说法，值得我们注意，此话应该是比较合乎事实的。在"松陵唱和"的创作活动于咸通十二年春结束之后（参本书上编第四章《松陵唱和时期》第一节《松陵唱和的基本情况》），按情理推测，陆龟蒙应该是随即将他与皮日休等人的唱和之作，编辑成为诗集，并请皮日休作序，皮氏在序中将其命名为《松陵集》。接着，在咸通十三年，陆龟蒙即从张抟于湖州，乾符二年、三年又随从张抟于庐州、苏州，乾符四年又从郑仁规于湖州（请参本书后面的有关章节），说明这几年陆龟蒙为了谋生而奔波，身体状况应当还是可以的。但到乾符六年春，陆龟蒙就患重病而卧床了。他的《笠泽丛书序》云：

> 自乾符六年春，卧病于笠泽之滨。败屋数间，盖蠹书十馀箧。……体中不堪羸耗，时亦隐几强坐。

陆龟蒙在这时确实是患有沉疴了。大约写作于稍后的《自遣诗三十首》（并序）说："故疾未平，厌厌卧田舍中，农夫日以耒耜事相聒。"其第七首

---

① 朱鹤龄：《愚庵小集》（卷十三），《清人别集丛刊》影印本，上海古籍出版社1980年版。
② 钱大昕：《潜研堂文集》（卷二十一），《四部丛刊》本。
③ 钱大昕：《潜研堂文集》（卷三十一），《四部丛刊》本。

诗云：

> 长叹人间发易华，暗将心事许烟霞。
> 病来前约分明在，药鼎书囊便是家。

此时的陆龟蒙，实际年龄并不大，还不足四十岁，但他确乎陷入病痛之中了。缘于此，将他的《自怜赋》（并序）中所说"余抱病三年于衡泌之下"的话，理解作"乾符六年"以来的"三年"，就有相当的合理性了。如果将乾符六年计在内，"三年"则到了中和元年（881年），如不计在内，则是中和二年了。傅璇琮主编《唐才子传校笺》（卷八）《陆龟蒙》云：

> 自乾符六年春得病，抱病三年则撰《自怜赋》，时当在中和二年春，其时虽尚能执笔，然孱弱已甚，殆于是年夏秋之间卒。《唐摭言》云："中和初遘疾卒。"《唐诗纪事》亦有云："中和初遇疾而卒。"中和共五年，中和二年得谓中和初（且中和元年系七月改元），是则龟蒙卒于中和二年（八八二）。

在现有的资料下，陆龟蒙的卒年也只能作出如此的推定了。那么，陆龟蒙约生于唐武宗会昌元年（841年），卒于唐僖宗中和二年（882年），享年虚岁四十二岁，可谓是在贫病中英年早逝了。

陆龟蒙去世以后，按照孙光宪《北梦琐言》（卷六）《陆龟蒙追赠》的记述："吴侍郎融传贻史，右补阙韦庄撰诔文，相国陆希声撰碑文，给事中颜荛书。"但是，吴融所作的传记、韦庄的诔文、陆希声的碑文、颜荛书（据王定保《唐摭言》卷十，颜荛曾作陆龟蒙墓志）都不见流传。只有吴融《奠陆龟蒙文》流传至今，文见《全唐文》（卷八二〇）。颜荛对陆龟蒙的情谊深厚。《北梦琐言》（卷六）《颜给事墓铭》云："颜给事荛，谪官没于湖外。尝自草墓志，性躁急，不能容物。其志词云：'寓于东吴，与吴郡陆龟蒙为诗文之交，一纪无渝。龟蒙卒，为其就木至穴，情礼不缺。'"陆龟蒙作为晚唐著名文士，在当时颇有影响，时人吴融、殷文圭、曹松、罗隐、尚颜、齐己等都有题赠寄怀之作，可见一斑。稍后，韦庄曾上奏朝廷，请求将包括陆龟蒙在内的十数人追赠为进士及第，并各赠补阙、拾遗之官。奏章题为《乞追赐李贺皇甫松等进士及第奏》，文见《全唐文》（卷八八九）。

第二章 "十载江南"的漫游生活

第一节 青少年时期的生活

在叙述陆龟蒙"十载江南"的漫游生活之前,我们先简要说一下他的青少年时期的生活。陆龟蒙青少年时期的生活,我们知之甚少,比较详尽的情况更是付诸阙如。我们通过比勘,大致可以这样说,从陆龟蒙出生的会昌元年(841年)到他与豆卢瑑等人结伴游历宣州的大中十一、十二年的十七八年间,他应当是主要在家乡苏州度过的,这是刻苦攻读的生活阶段,也是青少年时期的生活。但是,这当中,陆龟蒙曾在溧阳(今江苏省溧阳市)生活过一段时间。他的《书〈李贺小传〉后》云:"予为儿童时,在溧阳闻白头书佐言,孟东野贞元中以前秀才,家贫,受溧阳尉"云云。"白头书佐"即一位年老头白、在当时溧阳县府管理文书档案的佐吏,文中详记他的话,叙述孟郊当年在溧阳时经常游览该县的名胜,"苦吟"作诗,以致"曹务多弛废"的往事。陆龟蒙自说是"儿童时",但他能将当年所听闻的故事,回忆得如此详细,大约应该在十岁左右了。此时期,陆龟蒙的家庭境况,虽然说从其祖父陆正兴开始,已经颇为衰落了,但他毕竟出生在曾有过显宦荣耀的官宦儒素之家,读书是他这个时期的基本生活的必然内容。他读的书,一是儒家经典,二是诗、文、赋等文章,这些都是以后应举考试,进入仕途,必不可少的基础知识和基本技能。陆龟蒙在儒家经典上,尤为精通《春秋》,当然是此时打下的基础;他能成为晚唐时期诗歌、散文、赋等文学体裁的重要作家,自然在这个时期已经饱读前贤作品,训练有素了。孙光宪《北梦琐言》(卷六)说:"龟蒙幼精六籍,弱冠攻文。"王定保《唐摭言》(卷十)也说:"陆龟蒙字鲁望,三吴人也。幼而聪悟,文学之外,尤善谈笑。常体江、谢赋事,名振江左。"欧阳修、宋祁《新唐书》(卷一百九十六)《陆龟蒙传》则说:"龟蒙少高放,通《六经》大义,尤明《春秋》。"以上三条材料,都较早地对陆龟蒙青少年时期的生活作出了概括性的描述。

中国古代的文人,在谈论读书时,总是先经后文,重经轻文。这是从汉代形成的文化传统,历二千多年而没有根本性的改变,也可以说这是中国文化精神之一。陆龟蒙在谈自己青少年时期的攻读生活时,同样是如此。陆龟蒙于咸通十一年春天作《袭美先辈以龟蒙所献五百言,既蒙见和,复示荣唱,至于千字,提奖之重,蔑有称实,再抒鄙怀,用伸酬谢》诗,在诗中谈到自己早年生活时说:"余生落其下,亦值文明时。少小不好弄,逡巡奉弓箕。虽然苦贫贱,未省亲嚅哃。秋倚抱风桂,晓烹承露葵。穷年只败袍,积日无晨炊。"陆龟蒙早年继承家风世德,刻苦读书,虽然贫穷,却矢志不渝的情形,斑斑可见。作于咸通十一年夏天的《奉酬袭美先辈吴中苦雨一百韵见寄》诗,再次对自己十多年苦读儒家经典的少年生活,作了比较具体的描述:"家为唐臣来,奕世唯稷卨。只垂青白风,凛凛自贻厥。……屠孙诚瞢昧,有志常撑揳。敢云嗣良弓,但欲终守节。喧哗不入耳,谗佞不挂舌。仰咏尧舜言,俯遵周孔辙。所贪既仁义,岂暇理生活。纵有旧田园,抛来亦芜没。因之成否塞,十载真契阔。冻骭一襜褕,饥肠少糠籺。甘心付天壤,委分任回斡。"生动形象地写出了自己青少年时期刻苦攻读儒家经籍的生活情形。

直到晚年,收在《笠泽丛书》里的《复友生论文书》和《甫里先生传》两篇重要文章中,陆龟蒙仍然强调读书首先要读儒家经典,至于一般的文章,只要根据所要表达的对象,如实将其写出来就可以了。《复友生论文书》云:

> 况仆少不攻文章,止读古圣人书。诵其言,思行其道而未得者也。每涵咀义味,独坐日昃。案上有一杯藜羹,如五鼎七牢馈于左右,加之以撞金石,《万》羽籥也。

可见,陆龟蒙在青少年时期穷年饱读"古圣人书",津津有味,乐此不疲。晚年将其作为读书经验的不二法门,介绍给朋友。在同一篇文章中,陆龟蒙还具体地谈到当年所读的儒家经典。他说:"我自小读《六经》、孟轲、扬雄之书,颇有熟者。求文之指趣规矩,无出于此。"《甫里先生传》中还是在强调要读儒家经典的一贯思想,"好读古圣人书,探六籍,识大义,就中乐《春秋》,抉摘微旨。见文中子王仲淹所为书云:'《三传》作而《春秋》散',深以为然。"虽然这是陆龟蒙对自己一生读书的经验总结,青少年时期自应包括在内,而且正是在这一时期打下的坚实基础。

第二节　大中后期的宣州之游

　　大约从唐宣宗大中十一、十二年起,陆龟蒙开始了"十载江南"的漫游时期。这种漫游经历,在唐代文人的生活中,它既是游览山水,熟悉各地风俗民情的体验,也是广泛交友,造成时誉,进入仕途的途径之一。陆龟蒙"十载江南"的生活,也有这两方面的因素。不过,在陆龟蒙本人特殊的人生经历中,这一阶段的生活,为他以后走上"江湖散人"的道路,形成恣肆散诞的基本人格,起到了至关重要的作用。

　　陆龟蒙对自己这一段"十载江南"的生活,在"松陵唱和"时期作过自我评述,皮日休也作过赞扬。龟蒙《严子重以诗游于名胜间旧矣,余晚于江南相遇,甚乐。不幸且没,袭美作诗序而吊之,其名真不朽矣,又何戚其死哉。余因息悲而为之和》诗云:"每值江南日落春,十年诗酒爱逢君。芙蓉湖上吟船倚,翡翠岩前醉马分。""十年诗酒"既是龟蒙与严氏的交游,庶几也是龟蒙自己"十载江南"的生活。芙蓉湖,又名上湖、射贵湖、无锡湖,在今江苏省无锡市境内,已湮没不存。翡翠岩,当在今安徽省绩溪县,地属皖南,历史上也是"三吴"地区。皮日休《奉和龟蒙秋赋有期因寄袭美》诗云:"十载江南尽是闲,客儿诗句满人间。"简要概括了陆龟蒙十年江南的漫游生活。陆龟蒙《奉和新秋即事三首》(其二)云:"帆楫衣裳尽钓徒,往来踪迹遍三吴。闲中展卷兴亡小,醉后题诗点画粗。"同样也写出了自己十年遍游"三吴"的江南,诗酒潇洒的漫游生活。而他的另一首七言绝句《奉和春夕酒醒》诗："几年无事傍江湖,醉倒黄公旧酒垆。觉后不知明月上,满身花影倩人扶。"更对自己差不多十年的江南漫游生活作了极好的揭示和概括。正如刘学锴师说:"陆龟蒙是唐代著名的隐逸诗人。他曾作《江湖散人歌并传》,自称'散人者,散诞之人也。心散、意散、形散、神散'。这首《和袭美春夕酒醒》,不妨说是一幅江湖散人的自画像。……陆龟蒙的和诗,虽也写酒醒后的情态,却不拘于题目和原唱,而是通过对自己几年来生活状态的艺术概括和春夕酒醒情态的描写,画出'江湖散人'任情散诞、潇洒风流的精神风貌,较之皮日休的原唱,显然进入了更高的精神境界。"[①]我们要附说几句的是,"江湖散人"虽然是陆龟蒙在晚年为自己起的号,但这种人格形象和精神风貌,却是从他"十载江南"的漫游生活时期开始形成的,而大中十一、十二年的宣州之游则是这一时期生活的起点,自然也起到很大的作用。陆龟蒙在唐宣宗大中年间的后期,即十一、十二年间游历宣州,我们是根据他早年与豆卢琢的交游而推定的。第一章第二节《生年》里,我们引述陆龟蒙《送豆卢处士谒宗丞相序》一文中的话,再据《新唐书·豆卢琢传》中说他大中十三年进士及第的话,从而确定陆龟蒙约生于唐武宗会昌元年(841年)。不妨再来完整地考察一下该文中有关陆龟蒙与豆卢琢交游的叙述:

> 昔丞相未升甲科时,年才弱冠,龟蒙幸得参游中。以兄事之,许与胶固,形于歌咏。及丞相为朝钜儒,居侍从之列,龟蒙江湖边,病不能起。一耒而耕,一船而渔。……今丞相方筑太平之基,架群材,立清庙。丈人承间宴语幽仄,试丞相意,复念以小谢城北,秋霖声高,中夜对榻,有苦吟生耶?

"小谢城"即唐代宣州,今安徽省宣城市。南朝齐代著名诗人谢朓曾官宣州太守。在文学史上,谢灵运被称作"大谢",谢朓则被称作"小谢",故此处将宣州称作"小谢城"。我们认为:陆龟蒙在文中回忆到的当年与豆卢琢同游"小谢城北,秋霖声高,中夜对榻"的情形,最有可能就是

[①] 刘学锴:《唐诗选注评鉴》,中州古籍出版社2013年版。

发生在豆卢瑑进士及第前的大中十一、十二年之间。此时,豆卢瑑"年才弱冠",而陆龟蒙大约十七、十八岁,他们都很年轻,心气高,"许与胶固,形于歌咏,"是很自然的心情。可惜的是,陆龟蒙的这些"少作"都没有能够流传下来,致使我们无法了解其诗歌创作的实际情况。不过,他有一首七言绝句《江城夜泊》诗:

> 漏移寒箭丁丁急,月挂虚弓霭霭明。
> 此夜离魂堪射断,更须江笛两三声。

诗所写是秋夜泊船"江城",寂静凄清中触发起寂寞无聊的客愁"离魂"。这个"江城"大概就是指宣州。李白《秋登宣城谢朓北楼》诗:"江城如画里,山晚望晴空。"就直接以"江城"指宣州,其原因是宣州有宛溪、句溪绕城流过。

虽然游览宣州时没有留下多少作品,但陆龟蒙这次的宣州之行其实历时还比较长,宣州的山水名胜,他都尽情饱览了,而且他在宣州时还不忘读书问学,结交朋友。这些,都给他留下了深刻的印象,以致他不能忘怀。所以,他后来回忆这段生活,饱含深情地创作了一些诗篇,使我们了解了他这一段生活的具体情况。七绝《寄友》诗云:

> 敬亭寒夜溪声里,同听先生讲《太玄》。
> 上得云梯不回首,钓竿犹在五湖边。

敬亭山,是宣州的山名,因谢朓《游敬亭山》,特别是李白《独坐敬亭山》而著名,成为宣州的风景名胜之地。此诗回忆当年与友人在"寒夜溪声里"于敬亭山听讲《太玄》的往事,写得平实而具体。陆龟蒙回忆这一段游历生活最有名的作品,无疑就是那首名篇佳作《怀宛陵旧游》:

> 陵阳佳地昔年游,谢朓青山李白楼。
> 唯有日斜溪上思,酒旗风影落春流。

此诗怀念旧游之地宣州(宣州在汉代名宛陵),前二句只是简单的点时(昔年)、点地(陵阳;即指宣州)、点名胜(青山、楼)、点人名(谢朓、李白),但融汇在一起,却构成了一幅风景秀丽、富有悠久的历史文化传统和深厚的人文气息的江南名城的图景。后二句只抓住夕阳、溪水、"酒旗"、"风影",来描写刻画作者游览宣州时所留下的"最为鲜明深刻、最富诗情画意的印象和感受","那情景,该是何等地牵人思绪!""不但宛陵佳景如在目前,而且诗人的怀旧之情也自见言外。"①

第三节 瓯越之游

"瓯越"是一个历史地理名词,本指广大的南方地区,此处主要指今浙江、福建的部分地区。更直接地说,在本节主要是指唐代的越州(今浙江绍兴市)、杭州(今浙江杭州市)一带地区。陆龟蒙的瓯越之游,他自己在诗歌里曾经有过表述。《读〈襄阳耆旧传〉因作诗五百言寄皮袭美》诗云:"持冠适瓯越,敢怨不得售。窘若晒沙鱼,悲如哭霜狖。""持冠"既是用典,也是借以说自己已经成人,希望求职谋生,但结果是毫无所获,所以不免伤心痛苦。对陆龟蒙的瓯越之游,宋人胡宿在《甫里先生碑铭》里也有记述:"于是上会稽(今绍兴市山名)探禹穴,由临安(今杭州市)访仙室。"所以,陆龟蒙的瓯越之游应是他的生平履历中的一个事实。但这一段游历是在什么时候发生的呢?根据他自己所说的"持冠"二字,我们认为,这个用典是含有他已成人的意思的。古人以二十岁为成人,行冠礼,称为"弱冠"。缘于此,陆龟蒙的瓯越之游,似乎就在他二十岁左右的一段时间里。按照我们在上文《生年》一节里推定陆龟蒙出生于会昌元年(841年)来算的话,他的二十虚岁在大中十四年(860年,即咸通元年,此年十一月改元),他的瓯越之游可能恰恰就在这一年。

陆龟蒙到了成人的年龄,首先就去了瓯越的绍兴、杭州一带,应该是有一个客观的优先因素:其父曾在当时作为浙东观察使治所的越州任过官职,而杭州则是往来途中的必经之地。关于这一点,史籍的记载很清楚。孙光宪《北梦琐言》(卷六)《陆龟蒙追赠》条云:"(陆龟蒙)其父宾虞,进士甲科,浙东从事、侍御史,家于苏台。"《新唐书》(卷一百九十

---

① 刘学锴:《唐诗选注评鉴》,中州古籍出版社2013年版。

六)《陆龟蒙传》则云:"(龟蒙)父宾虞,以文历侍御史。"《唐诗纪事》(卷六十四)《陆龟蒙》条云:"字鲁望。父宾虞,浙东从事,居苏台。"可惜的是,瓯越之行并没有达到目的,他"持冠""不得售",穷困窘迫,感伤悲怨,心痛不已。这使陆龟蒙感受到了世事的艰难辛苦。

陆龟蒙在越州期间,留下了一些诗歌作品,最显著当属两首诗。《秘色越器》诗云:

> 九秋风露越窑开,夺得千峰翠色来。
> 好向中宵盛沆瀣,共嵇中散斗遗杯。

此诗是后人了解瓷器史上越瓷的珍贵材料,让我们知道了越瓷的制造时间、基本特色,引起了历代人们的关注和重视。宋人赵令畤《侯鲭录》(卷六)《秘色瓷器》条云:"今之秘色瓷器,世言钱氏有国,越州烧进,为供奉之物,臣庶不得用之,故云秘色。比见陆龟蒙《进越器》诗云(诗略),乃知唐时已有秘色,非自钱氏始。"也有人说诗的前二句把越器碧绿的"翠色"比喻形容得工致巧妙,"可谓妙于形容,唐时谓之'秘色'者也。"①

还有一首也是七言绝句的《范蠡》:

> 平吴专越祸胎深,岂是功成有去心。
> 勾践不知嫌鸟喙,归来犹自铸良金。

春秋时越国的国王勾践和宰臣范蠡的史事,就发生在当时作为越国国都的越州。此诗以议论为诗,一反后人有关这一题材的作品大多认为范蠡是"功成身退",隐逸江湖的主旨,而是着重强调范蠡功高震主而招来灾祸的新意。诗的后二句更是嘲讽越王勾践不懂范蠡乘舟浮海,离他而去的深意,反而在后来还用黄金铸造范蠡像,以表示怀念之意。立论深刻,寓意精警。

---

① 王士禛:《带经堂诗话》(卷二十二),人民文学出版社1963年版。

第四节 咸通二年的饶州之行

陆龟蒙大约在唐懿宗咸通初有一次饶州(今江西省波阳县)之行。如果要说得更大胆、更肯定一点的话,此次饶州之游应当在咸通二年(861年)。检陆龟蒙的生平资料,有关他的饶州之行,有两条记述。欧阳修、宋祁《新唐书》(卷一百九十六)《隐逸传·陆龟蒙传》云:

> (龟蒙)尝至饶州,三日无所诣。刺史蔡京率官属就见之,龟蒙不乐,拂衣去。

另一条见计有功《唐诗纪事》(卷六十四)《陆龟蒙》,文字与上引《新唐书》无异,应是抄录《新唐书》而成。

陆龟蒙的生平履历中有一次饶州之行,我们应该相信史书的这一记载。那么,他的此次游历究竟发生在什么时候呢?通过比勘蔡京晚年的仕历,我们认为,时间应当是咸通二年。宣宗大中十四年(本年十一月懿宗改元咸通元年),蔡京在抚州(今江西省抚州市)刺史任上,有资料可证。《庐山记》(卷五):"《东林寺经藏院碑阴记》(《全唐文》卷七百六十题为《李肇东林寺碑阴记》),朝议郎检校尚书□部郎使持节抚州诸军事守抚州刺史兼侍御史柱国赐绯鱼袋蔡京撰,大中十四年五月二十九日建。"可谓确切不疑。咸通三年,蔡京早已另有他任。《资治通鉴》(卷二百五十)《懿宗咸通三年》:"(二月)左庶子蔡京,性贪虐多诈,时相以为有吏才,奏遣制置岭南事。三月,京还,奏事称旨,……夏,四月,……蔡京奏请分岭南为两道节度;从之。……寻以岭南节度使韦宙为东道节度使,以蔡京为西道节度使。……(八月,蔡京)遂为邕州军士所逐,……敕贬崖州司户,不肯之官;还,至零陵,敕赐自尽。"时间当在该年九月。这样说来,蔡京任饶州刺史的时间,无疑应当是咸通二年,陆龟蒙的饶州之行,也应当就在这一年。他的这次饶州之行,看来是一次干谒之旅,拜见蔡京,希望谋一个职位(一般只能是佐吏幕僚)的。但蔡京怠慢了他,而陆龟蒙的性格散诞率直,不愿意低三下四,委曲求全,到了三天以后,未能见到蔡京这位刺史大人,竟然就拂衣而去了。

陆龟蒙此次的饶州之行，我们未能找到他确切在此期间写作的诗文作品。但有一篇著名的《马当山铭》可能写于此行的往返途中。虽然该文收录在《笠泽丛书》中，是龟蒙晚年所纂集，收录的作品也绝大多数写作于乾符年间，但不排除他收录早年作品的可能性。更何况《笠泽丛书》在后世的流传过程中版本复杂，《北梦琐言》说是"五卷"，《崇文总目》、《新唐书·陆龟蒙传》说是"三卷"，樊开则说是收录作品"八十馀篇"，所刻蜀本则为七卷，直到南宋陈振孙《直斋书录解题》、晁公武《郡斋读书志》才著录为"四卷"。回过头来看陆龟蒙自己的《笠泽丛书序》只是说各类作品"往往杂发，不类不次，混而载之，得称为丛书"。这个情况可以说明，在陆龟蒙生前，《笠泽丛书》可能并不是一个定本，恐怕更不可能有一个刻本。所以，后来的人们增添篇目，重作编次的可能性是确实存在的。有鉴于此，我们姑且将《马当山铭》的写作时间定在陆龟蒙的饶州之行期间，也是可以说得通的。

马当山在今江西彭泽县的长江岸边，山势陡峭险峻。《元和郡县图志》（卷二十八）《江州彭泽县》："马当山，在县东北一百里。横入大江，甚为险绝，往来多覆溺之惧。"陆龟蒙途经此地，有感而发，写下了《马当山铭》。正因为他的这篇作品，使得人们早在北宋时就在此建造了鲁望亭，对他表示敬仰和怀念。黄庭坚作有《题马当山鲁望亭四首》，其第一首《元亮》诗云"马当一曲孤烟"句下，南宋史容《山谷外集诗注》曰："按《寻阳志》：'马当山，在江州彭泽县西四十里，高八十丈，其下无底，有庙封为上元水府。'陆龟蒙，字鲁望，有《马当山铭》，大概言：太行、吕梁、马当，'合是三险而为一，未敌小人方寸之包藏。'名亭曰鲁望。"其第四首《陆鲁望》诗云："欲问勒铭遗墨"，史容注云："即《马当铭》。"从黄庭坚的诗和史容的注可以看出，宋代人是认为陆龟蒙遨游马当山，从而才有了他的《马当山铭》的。这就为我们将《马当山铭》系于陆龟蒙饶州之行期间，提供了十分有用的材料。

第五节 咸通四年的京口之游

陆龟蒙的京口(今江苏省镇江市)之游,在他的诗或诗序里说得很清楚。但究竟是什么时间,却没有确切的记载。陆龟蒙有《润州江口送人谒池阳卫郎中》七律一首。润州,也就是京口。池阳,唐代池州(今安徽省池州市)治所。卫郎中,卫氏当曾在朝廷任过郎中之职,故称。但他现在应是池州刺史。唐人重京官,又视朝中郎官为清要之职,此诗是一个例证。据郁贤皓先生《唐刺史考全编》(附编)《江南西道·池州》:"卫某,咸通四年"任刺史。主要是依据池州人顾云《上池州卫郎中启》,以及同是池州人的武瓘《九日卫使君筵上作》诗和他进士及第于咸通四年等相关资料进行勘证得出的结论,切实可据。所以,陆龟蒙这首诗中的"卫郎中"应当就是这位池州刺史。他于咸通四年任此职,那么龟蒙这首送人前往拜谒的诗作于咸通四年,也就确切无疑了。正如诗题所示,陆龟蒙此时是在京口的江边送人,而他该年游历京口,同样也是完全可以肯定的事情了。陆龟蒙在松陵唱和时,还不时地回忆起自己当年登北固山、学道茅山等游历京口时的一些活动和情事。例如他在咸通十一年作的两首诗可以说明这一点。《和南阳润卿将归雷平》:"真仙若降如相问,曾步星罡学醮坛。"雷平,山名,是今江苏省句容县茅山旁的一座小山,在唐代地属京口(润州)。《奉和袭美重玄寺双矮桧》:"更忆早秋登北固,海门苍翠出晴波。"北固山,在今江苏省镇江市。

陆龟蒙的这次京口之游,至少有三点值得注意:游历时间长,游历范围广,诗歌作品多。先说游历时间长。《句曲山朝真词二首》(并序):

> 岁三月十八日,句曲山道士朝真于大茅峰上,学神仙有至自千万里者。余距华阳洞天程止信宿,尘约不能遂去。驰神旦旦,忽若载升矣。

我们不知道此时的陆龟蒙是从家乡苏州直接前往茅山,还是先前已在润州生活了一段时间,但至少在茅山道教三月十八日重大节日前两天,他已在润州境内了。也就是说,至迟在此时陆龟蒙已经开始了京口之

游。直到这一年的秋天,他仍然生活在润州。《润州送人往长洲》诗云:

> 秋来频上向吴亭,每上思归意剩生。
> 废苑池台烟里色,夜村蓑笠雨中声。
> 汀洲月下菱船疾,杨柳风高酒旆轻。
> 君往松江多少日,为尝鲈鲙与莼羹。

久客京口,使他送友人前往属于自己家乡苏州的长洲时,不免产生了强烈的思乡情怀。诗的中间四句,通过描写长洲苑一带的风光景色,景中含情,情景交融,抒发了深厚的家乡情结。至于陆龟蒙此次游历京口究竟有多长时间,我们无法确切地弄清楚这一点。但是,我们大致上可以推测,陆龟蒙在咸通四年当年的秋、冬离开了京口,返回了家乡苏州。他的《寄茅山何道士》诗云:"况是曾同宿,相违便隔年。"庶几可证。

其次是游历的范围广。因为停留的时间长,前去地方多,所以范围比较广,也就是很自然的事情了。这一点,我们仅从他的一些诗题上,就能够看出来。比如京口(润州),有《京口》、《润州送人往长洲》、《润州江口送人谒池阳卫郎中》、《算山》等诗;茅山,有《句曲山朝真词二首》《洞宫秋》等诗;丹阳,即今江苏省丹阳市,唐代属润州,有《荆溪早景题杜秀才水亭》诗,题中的荆溪当在今丹阳市境内;丹徒,即今江苏省丹徒县,唐代也属润州,如《庆封宅古井行》,诗题中的庆封宅古井,就在丹徒县境内;上元,唐代县名,即今江苏省南京市,唐代属润州,有《景阳宫井》诗,景阳宫,是南朝皇城(台城)里的一座宫殿,在宫殿旁的古井即名景阳宫井。以上这些诗篇虽然题材各异,但我们从其所点到的地名来考察,可知陆龟蒙游历京口,并不是仅仅局限在这座城里,而是游览了润州所管辖的其他许多地方,赏景探胜,怀古慨今。

再次是作品多。作品的数量多,题材多样,内容丰富,诗歌形式也有多种,表现出此时的陆龟蒙已经成为一位有自己的特点的诗人了。简单地总结概括一下,此时陆龟蒙的诗歌作品,至少有以下几个方面的内容。送别之作。表现离情别绪,上文已谈过的《润州送人往长洲》、《润州江口送人谒池阳卫郎中》等诗是显例。写景之作。比较单纯的游览写景之作如《荆溪早景题杜秀才水亭》诗。怀古之作。此类作品较多。这与润州(包括当时所辖的丹徒、丹阳、句容、上元等县)是历史悠久,人文景观很多又很著名是有关系的。主要的篇名,我们在上文已经提到了,如《京口》、《算山》、《庆封宅古井行》、《景阳宫井》等诗。它们在艺术表现上也达到了较高的水平,有一定的特色。如《算山》:

> 水绕苍山固护来,当时盘踞实雄才。
> 周郎计策清宵定,曹氏楼船白昼灰。
> 五十八年争虎视,三千馀骑骋龙媒。
> 何如今日家天下,闾阖门临万国开。

诗的首二句由算山的山水雄奇险峻,想到历史上的英雄豪杰在此驰骋战场,大展宏图。诗的中间四句则叙写三国周瑜以来直至南朝的历史往事。叙中有赞。最后二句则由怀古转到咏今,高度赞美唐王朝的四海为家、天下一统,表现了作者的社会历史观。《京口》诗艺术成就更高,抒情性更浓厚。诗云:

> 江干古渡伤离情,断山零落春潮平。
> 东风料峭客帆远,落叶夕阳天际明。
> 战舸昔浮千骑去,钓舟今载一翁轻。
> 可怜宋帝筹帷处,苍翠无烟草自生。

诗的前半部分主要通过描写江边"古渡"所见到的凄清落寞的情景,渲染出一种惆怅迷茫的情绪。后半部分则是两两对照着写来,总是以历史情景与眼前景象对比转换,通过今昔的强烈对举,显现出怀古伤今的沧桑感。

京口,以及它邻近的扬州(当时的淮南道治所)、上元县(今江苏省南京市,当时隶属于润州,即京口)等地,在南朝时期,是南朝乐府民歌的兴盛地。它在形式上多为五言四句的短篇,所以又有"小乐府"之称。陆龟蒙诗歌也有一批内容上或形式上与之相同的作品。我们可以认为,它们应当产生于陆龟蒙游历京口期间,是他效仿南朝乐府民歌、甚至还有些新创的成果。如《子夜四时歌》(春、夏、秋、冬)四首,均是五言绝句,其第一句依次是:"山连翠羽屏"、"兰眼抬路斜"、"凉汉清沉寥"、"南云走冷圭"。还有他的《乐府杂咏六首》,《乐府诗集》(卷一百)录入,也是五言绝句,风格上明显是南朝民歌的特色;内容上或咏物,或表现闺怨,同样是"小乐府"的特点。陆龟蒙还有《江南曲五首》,题目源自汉乐府,中间经南朝梁武帝萧衍等人的改造创新,而陆龟蒙又作了进一步的推衍,超越前人。《乐府诗集》(卷二十六)《江南》解题云:

> 《乐府解题》曰:"《江南》古辞,盖美芳晨丽景,嬉游得时。若梁简文'桂楫晚应旋',[唯]歌游戏也。"按梁武帝作《江南弄》以代西曲,有《采莲》、《采菱》,盖出于此。唐陆龟蒙又广古辞为五解云。

古人往往将诗歌的四句称作一解。陆龟蒙《江南曲五首》,每首都是五言四句的绝句体,一首可以称作"一解",故五首称为"五解"。从这段话可以看出,《乐府诗集》的编者郭茂倩,对于陆龟蒙在拓展《江南曲》上的贡献,是很赞许的。

第六节 咸通六年的睦州之行与咸通七年的"南浮桐江"

陆龟蒙咸通六年(865年)的睦州(今浙江省建德市)之行,咸通七年(866年)"南浮桐江"而至桐庐,在他的作品里是可以找到确证的。

陆龟蒙《引泉》(题下原注:睦州龙兴观老君院作)诗云:

> 上嗣位六载,吾宗刺桐川。
> 余来拜旌戟,诏下之明年。
> 是时春三月,绕郭花蝉联。
> 岚盘百万髻,上插黄金钿。
> 授以道士馆,置榻于东偏。
> 满院声碧树,空堂影老仙。

"上"指唐懿宗李漼,于大中十三年(859年)八月登帝位,公元860年11月改元咸通。"六载",六年。从大中十三年至咸通五年就是六年。说明诗中的"吾宗"是在咸通五年来睦州任刺史的。"桐川",即指睦州,因其境内有桐溪,故称之。郁贤皓主编的《唐刺史考》定刺史陆塘,依据是《严州图经》云:"陆塘,咸通五年十二月五日自盐铁江淮知后金部郎中拜。"并引陆龟蒙这首诗作为证据之一。

陆龟蒙还有一首诗，应当也作于同时期。这就是七言律诗《新定陪太守一百五夜南馆玩月》。诗中云："风雨教春处处伤，一宵云尽见沧浪。""却嫌殷浩南楼夕，一带秋声入恨长。""新定"就是睦州，唐玄宗天宝元年改为新定郡（乾元元年复为睦州）。"一百五夜"，寒食节之夜。从冬至节到寒食节计有一百零五天，故称。这与上诗所云："是时春三月"完全吻合。同时，上诗中也用到了"新定"这一名称。诗云："新定山角角，乌龙独巉然。除非净晴日，不见苍崖巅。"更可证两诗当为同时之作。而《引泉》诗中"诏下之明年"毫无疑问是指咸通六年。这是陆龟蒙该年睦州之行的确证。

此次陆龟蒙睦州之行的目的，可能是干谒同宗的刺史陆墉。但究竟是否如此，以及最终的结果怎么样，由于没有材料可以证说，自然也就不得而知了。《唐才子传校笺》（卷八）《陆龟蒙》条云："龟蒙于咸通六年（八六五）曾入睦州刺史陆墉幕。"纯属臆测，没有什么根据。《唐才子传校笺》（补正）已作了驳正，云："但可证知龟蒙曾至睦州拜谒陆墉，不可据定其为陆墉辟署。"陈尚君先生《皮日休、陆龟蒙及其友人的佚诗》（2018年8月复旦大学主办唐代文学学会年会暨国际学术研讨会论文集）云："（龟蒙）也试过科举，咸通六年至睦州取解，即不复应试。"则认为龟蒙是为了"取解"而至睦州的。唐代的举子由州、府选送入京应试，称为"解"、"取解"。但尚君先生未列出所依据的材料，我们也不得而知。

陆龟蒙在咸通七年（866年）有一次"南浮桐江（即桐庐江）"的桐庐之行。因为唐代的桐庐县属于睦州管辖，是不是他的这次桐庐之行就是上述睦州之行的延续呢？我们根据陆龟蒙晚年所作的一篇诗序推断，它应该有别于陆龟蒙的睦州之行，是一次单独的行旅。《丁隐君歌》（并序）：

> 隐君姓丁氏，字翰之，济阳人也，名飞举。读老子、庄周书，善养生，能鼓琴。居钱塘龙泓洞之左右，或曰憩馆耳。别业在深山中，非得得行，不可适到其下。畜妻子，事耕稼，如常人。余尝南浮桐江，途而诣龙泓憩馆获见，纶巾布裘，貌古而意澹。好古文，乐闻

>歌诗,见待加厚。因曰:"他时愿为山中仆丁。"笑而不应。问之年,曰:"七十二。"当咸通丙戌岁①,逮今十四年矣。

文中明确点出了时间,"咸通丙戌岁",即咸通七年,公元866年。"逮今十四年矣",从咸通七年向下顺数十四年,即乾符六年(879年)。古人说的是头尾都算在内的虚年。这就是说,陆龟蒙"南浮桐江"是咸通七年的事情。这段话,陆龟蒙详述自己当年在"南浮桐江"的途中,经由钱塘(今浙江省杭州市),前去郊外灵隐山下的龙泓洞拜谒丁隐君的往事。"桐江",桐庐江,在今浙江省桐庐县。陆龟蒙的这次旅行有明确的目的,那就是到桐庐县,去游览桐庐江,欣赏山水风光,追怀先贤。这些内容,在他的作品里都有所表现。《严光钓台》应是作于此时期的一首诗。诗云:

>片帆竿外揖清风,石立云孤万古中。
>不是狂奴为故态,仲华争得黑头公。

东汉人严光,字子陵。早先与东汉光武帝刘秀为同学。刘秀称帝后,严光却去桐庐江边的富春山隐居。他常于江边垂钓,"钓台"就是他当年的垂钓处。"狂奴故态"是光武帝对严光的评说之词。"仲华"是邓禹的字。邓禹依随刘秀,后来做了朝廷重臣。此诗的大意,就是诗人乘船在桐庐江上,看到严光钓台的情景,钦敬、怀念他不追逐权势,情愿隐逸,当一个隐士的清高脱俗的气节和风范。

陆龟蒙还有一首七言绝句《钓车》,也是"南浮桐江"期间的作品。诗云:

>小轮轻线妙无双,曾伴幽人酒一缸。
>洛客见时如有问,辗烟冲雨过桐江。

"钓车",又称轮钩、钓轮,一种以轮子缠络牵引钓线的捕鱼器具。陆龟蒙在这次的游历中,应该确实在此得到过一个钓车,在稍后的松陵唱和期间,他还多次写到过。如《奉酬袭美先辈吴中苦雨一百韵见寄》诗中

---

① 丙戌:原作丙午。咸通无此年。何锡光《陆龟蒙全集校注》(卷十七)、傅璇琮主编《唐才子传校笺》(卷八)均作丙戌,从之。

云:"笠泽卧孤云,桐江钓明月。"再如《龟蒙顷自桐江得一钓车,以袭美乐烟波之思,因出以为玩,俄辱三篇,复抒酬答》,其中第二首云:"曾招渔侣下清浔,独茧初随一锤深,细碾烟华无辙迹,静含风力有车音。"可见,陆龟蒙还曾用这只钓车垂钓过呢。皮日休的原唱诗《鲁望以轮钩相示,缅怀高致,因作三篇》,第一首云:"七里滩波喧一舍,五云溪月静三更。"第三首云:"三寻丝带桐江烂,一寸钩含笠泽腥。""七里滩"也就是严光钓台所在之地。皮日休在诗中也反复指出陆龟蒙的这只钓车曾在桐江垂钓过,实际上也从侧面证实了陆龟蒙的桐江之行。

陆龟蒙的桐江之行是在咸通七年的哪个月份到达的呢?今天已不得而知。但他在当年的秋天仍在桐庐,却是有诗可证的。本节上引陈尚君先生的文章中,据明初编纂的《永乐琴书集成》卷十九、卷二十,录陆龟蒙佚诗二首,其一《桐江秋夜听琴》诗云:

天近秋风爽气生,蕊珠人会七弦鸣。
木摇残雨欹危绿,滩递重冈迤逦清。
合有游鱼棹烟藻,不唯灵鹤觉风棂。
溪边月坠云收好,谁为丹台刻姓名。

诗应是秋夜听道士(蕊珠人)弹琴而作。诗中次联通过自然景象的描写刻画,和三联移情于"游鱼"、"灵鹤"的拟写,表现了琴声的美好和极强的感染力。这显然是一首龟蒙在桐江所作的诗篇。

第三章　应试与北游京洛

第一节　应试问题略述

在咸通七年的桐江之行结束以后,从种种蛛丝马迹来看,陆龟蒙从咸通八年到咸通十年的三年间,应是在家乡苏州刻苦攻读,准备应试,参加科举了。陆龟蒙《袭美先辈以龟蒙所献五百言,既蒙见和,复示荣唱,至于千字,提奖之重,蔑有称实,再抒鄙怀,用伸酬谢》诗云:

> 远访卖药客,闲寻捕鱼师。
> 归来蠹编上,得以含情窥。
> 抗韵吟比雅,覃思念棁摛。
> 因知昭明前,剖石呈清琪。
> 又嗟昭明后,败叶埋芳蕤。
> 纵有月旦评,未能天下知。

这首诗作于松陵唱和开始不久的咸通十一年(870年)春夏间。此处所引是诗中的一段。开头两句说他"远访"、"闲寻"云云,是概括叙写自己"十载江南"的漫游生活。"归来"以下,大意说自己归乡之后,刻苦读书,练习写作,思考问题,对于"昭明前"、"昭明后"的文学发展,无论"清琪"的精华,还是"败叶"的糟粕,都有了深切的了解。我们以为,这一节诗告诉我们:陆龟蒙为了应试,曾经做了精细的准备,对前代诗文广泛阅读，也有了自己的心得。

但是，陆龟蒙的应试，最终因为社会的动荡和时事的混乱而失败了。早在陆龟蒙应试的前一年（咸通九年）的秋天，新城（今浙江省富阳县）人罗隐，拟赴京城长安应试，途经苏州，因为庞勋在徐州一带作乱，兵连祸结，滞留在苏州，未能进京应明年（咸通十年）春试，他有《徐寇南逼感事献江南知己次韵》诗云："云横晋国尘应暗，路转吴江信不通。今日便成卢子谅，满襟珠泪堕霜风。"这年知礼部贡举王凝。如再结合阅读罗隐《投湖南王大夫启》，并查核《登科记考》，罗隐因战乱险阻未能赴京应试之事，就十分清楚了。想不到一年后，陆龟蒙也遭遇了比罗隐更不堪的事情。庞勋之乱虽然在咸通十年九月就已经被平定，但经历整整一年的大乱以后，对国家造成重大伤害。特别是广大的淮海地区，战后一片萧条凄凉的景象。当时途经此地的诗人吴融有感而发，写下了《彭门用兵后经汴路三首》其二云："隋堤风物已凄凉，堤下仍多旧战场。"其三云："风吹白草人行少，月落空城鬼啸长。"不难想见，这场战乱的破坏性是多么巨大。正是在这样的社会背景下，朝廷到了咸通十年十二月，才下旨停止咸通十一年的举试。"诏以兵戈才罢，且务抚宁，其礼部贡举，宜权停一年。"①唐代的礼部举试，一般情况下乡贡进士照例在头一年的十月二十五日前在长安（有时在洛阳）集中，考试多在正月举行，二月放榜。根据这个举试的基本要求，我们可以想象，陆龟蒙作为乡贡进士，也应该在咸通十年十月二十五日前已经到达京城了。但直到十二月朝廷才下诏停止贡举一年，陆龟蒙只得铩羽而归，回到故乡苏州了。从此以后，陆龟蒙似乎没有再次参加贡举。《新唐书》（卷一百九十六）《陆龟蒙传》说："举进士，一不中，往从湖州刺史张抟游。"尽管"举进士"与"从湖州"两件事在时间上还隔着他与皮日休等人的松陵唱和一年多的时间，但所说的大体上符合事实。

陆龟蒙在咸通十年秋离开家乡苏州，途经京口（今江苏省镇江市），渡江北上进京应试，在他的诗歌里也有所反映。他的五言古诗《京口与友生话别》开头一节云：

---

① 《旧唐书》（卷十九上）《懿宗纪》。

> 共是悲秋客，相逢恨不堪。
> 雁频辞蓟北，人尚在江南。
> 名利机初发，樵渔事先谙。

很明显，大雁南飞，客人北行。这位客人就是在京口与友人告别的作者陆龟蒙。他北行的目的是"名利机初发"，那不是去京城参加科举考试又是什么呢？后来，陆龟蒙还在《纪梦游甘露寺》诗中云："昔卧嵩高云，云窗正寒夕。披裘忽生梦，似到空王宅。""嵩高"，即嵩高山，在今河南省洛阳市附近的登封市。这说明陆龟蒙曾到过洛阳、嵩山一带游历。他大概也是在咸通十年北上京洛应试期间前往嵩山游览的。他在梦中游润州（今江苏省镇江市）的甘露寺，表明他由于朝廷停止贡举，应试失败，身在北方，心却回到了江南。因为陆龟蒙曾在咸通四年有京口之游，肯定游过此寺，而他北上、南归，此地又是必经之途，故而梦游了这个胜境。正因如此，我们才有理由推测，陆龟蒙当年是到达了京城的。更进一步，我们也就可以认为陆龟蒙诗歌里有关京城长安、洛阳以及邺城的题材的作品，就应该创作于这一次应试期间。

咸通十年秋，前往北方的京城应次年春的举试，结果因朝廷的战乱刚平定，"且务抚宁"的理由而停止，对陆龟蒙是一个重大打击，他在松陵唱和期间，反复提及此事，可谓是耿耿于怀，颇为悲伤心痛。据《资治通鉴》（卷二百五十二）记载：咸通十一年正月，朝廷因平定庞勋之乱而大赦天下，陆龟蒙听闻这一消息后，作《徐方平后闻赦因寄袭美》诗云：

> 新春旒扆御翬轩，海内初传涣汗恩。
> 秦狱已收为厉气，瘴江初返未招魂。
> 英材尽作龙蛇蛰，战地多成虎豹村。
> 除却数般伤痛外，不知何事及王孙。

诗在第五句下原注云："时停贡举。"朝廷"停贡举"，使得天下"英才"屈居草野，不能施展抱负，实现人生理想，陆龟蒙为此而伤心！而他自己正是这当中的一分子。

据《旧唐书》（卷十九上）《懿宗纪》：咸通十一年四月，朝廷下诏恢复明年的贡举。"去年属以用军之际，权停贡举一年，今既去戈，却宜仍旧。"尽管如此,陆龟蒙在本年六月的作品《奉酬袭美先辈吴中苦雨一百韵见寄》诗,仍然对今年朝廷"停贡举"的缘由,他自己虽应试而无功,落寞返回家乡的整个过程,作出了很完整的叙写。诗中云:

> 踪迹尚吴门,梦魂先魏阙。
> 寻闻天子诏,赫怒诛叛卒。
> 宵旰悯烝黎,谟明问征伐。
> 王师虽继下,贼垒未即拔。
> 此时淮海波,半是生人血。
> 霜戈驱少壮,败屋弃赢耋。
> 践蹋比尘埃,焚烧同稿秸。
> 吾皇自神圣,执事皆间杰。
> 射策亦何为,春卿遂聊辍。
> 伊余将贡技,未有耻可刷。
> 却问渔樵津,重耕烟雨墢。
> 诸侯急兵食,冗剩方剪截。
> 不可抱词章,巡门事干谒。
> 归来闉蓬樧,壁立空竖褐。
> 暖手抱孤烟,披书向残雪。
> 幽忧和愤懑,忽愁自惊蹶。
> 文兮乏寸毫,武也无尺铁。
> 平生所韬蓄,到死不开豁。
> 念此令人悲,翕然生内热。

这一场举试的经历,真是让陆龟蒙伤透了心,所以他才会如此翔实、深切地表述出来。再回过头说,朝廷既然已经下诏恢复举试了,陆龟蒙不是可以再次参加应试吗?是的。唐代诗人里,三五次乃至十次参加科举考试的人,并不鲜见。陆龟蒙的友人罗隐就是"十上不中第"的举子。从现存陆龟蒙诗文看,他原是有意参加咸通十二年的进士考试的,他的《秋赋有期因寄袭美》(原注:时将主试贡士)诗云:

云似无心水似闲,忽思名在贡书间。
烟霞鹿弁聊悬著,邻里渔舠暂解还。
文草病来犹满箧,药苗衰后即离山。
广寒宫树枝多少,风送高低便可攀。

诗见《松陵集》(卷八),应作于咸通十一年秋。诗意很清楚,陆龟蒙打算参加乡贡的举试,"忽思名在贡书间",自己的姓名在苏州向朝廷举荐本地乡贡进士的文书中。他希望得到皮日休的举荐,使自己便能进士及第。诗的末两句就点明了这层意思。皮日休的和诗,也作了积极回应,既高度赞赏陆龟蒙的文才、时誉,也相信他北上京城应试,一定会取得成功。皮日休《奉和次韵》诗云:"十载江南尽是闲,客儿诗句满人间。君侯闻誉亲邀得,乡老知名不放还。应带瓦花经汴水,更携云实出包山。太微宫里环冈树,无限瑶枝待尔攀。"但此事到此为止,没有了下文。我们没有发现与此事有关的其他材料。更进一步说,我们再也没有发现陆龟蒙此后意欲参加举试的任何资料了。他大概真是应进士考试"一不中"以后,就放弃了。这一点,在他大概作于咸通十一年前后的《杂讽九首》(横笛鸣秋风)诗中表述得很明白:"分已诺烟霞,全遗事干谒。"从此就决意走隐逸的人生道路了。这与他的朋友罗隐十次应进士科举,名落孙山,仍不放弃,孜孜以求,确实是完全不同。但陆龟蒙毕竟曾在咸通十年秋北上京城,前去参加咸通十一年的举试,只是因为朝廷停止了当年的贡举而无果。后来,在他编纂的《松陵集》的第一首诗里,他自署"乡贡进士",皮日休在《松陵集序》里说:"有进士陆龟蒙字鲁望者。"这符合唐人的习惯称呼,也是合乎事实的。

第二节　北游京洛的诗歌创作

在上一节,我们根据陆龟蒙诗歌里的一些表述,推定他在咸通十年秋冬有一次北行京洛,参加举试。虽然应试因朝廷"停贡举"而无果,但陆龟蒙利用这次北行的机会,还是在西京长安、东都洛阳,以及其他一些地方进行游览,并且创作了大量的诗歌,无疑是陆龟蒙诗歌创作有特点的一个短暂时期。《汉宫词》诗云：

> 招灵阁上霓旌绝，柏梁台中珠翠稠。
> 一身三十六宫夜，露滴玉盘青桂秋。

诗中的"招灵阁"、"柏梁台"都是有关汉武帝的典故。"三十六宫"虽是泛指宫殿之多，但联系班固《西都赋》："离宫别馆，三十六所"的话，也可以说是汉武帝的典故。诗的语言清丽，格调明快。主旨上则是讽刺汉武帝耽于享乐，追求长命成仙的荒诞。这是要联系汉武帝其人其事，透过诗的字里行间来理解的。颇为历代论者关注的《宫人斜》也当是此时期的作品。诗云：

> 草著愁烟似不春，晚莺哀怨问行人。
> 须知一种埋香骨，犹胜昭君作虏尘。

"宫人斜"，唐人特指后宫妃嫔死后的埋葬之地。宋敏求《春明退朝录》（卷上）："唐内人墓，谓之'宫人斜'，四仲遣使者祭之。"原注："见唐人文集。"此诗善于更进一层立意，精警剀切，宋蔡正孙说："此诗超出意外。"① "草著愁烟"云云，移情于物，烟云笼罩的草木，可见丛冢荒芜凄凉的景色，表达出诗人悲伤愁苦的情绪，充满了对那些宫女的伤悼之情。

中晚唐人对盛唐时代总是充满了追怀、神往、感慨、哀伤的复杂感情。正如杜甫《忆昔二首》诗里所说的"忆昔开元全盛日"，她怎能不让人魂牵梦绕，又叹息悲慨呢？陆龟蒙《开元杂题七首》诗也很突出地表现了这样的感情。它们集中写的就是唐玄宗李隆基开元年间的人、事、物等方面的内容。如《玉龙子》咏美玉雕成的"玉龙子"，据郑处诲《明皇杂录》（卷上），它是玄宗为"太平天子"的象征物，可以逢旱祈雨，非常灵验。诗意有赞颂玄宗创造了太平盛世的意蕴。《照夜白》咏玄宗所乘的骏马。诗中提及周穆王乘八骏向瑶池拜见西王母，对玄宗似赞寓讽。《舞马》诗咏玄宗时歌舞享乐之奢侈，训练百匹舞马供玄宗享乐，显然是意在讽刺。《杂伎》诗则咏玄宗在皇宫里观赏各种技艺杂耍，极尽寻欢作乐之事（可参读《明皇杂录》卷下）。《雪衣女》诗，实咏白色羽毛的能

---

① 蔡正孙：《诗林广记》（前集卷九），中华书局1982年版。

言鹦鹉。也可见玄宗贪图玩乐的极端程度。《绣岭宫》咏玄宗在骊山上的行宫,《汤泉》则咏玄宗在骊山上建造的以汤池为中心的华清宫。综上简述,可以体会出,陆龟蒙对开元的往事追怀不已,在看似赞颂褒扬之中,还是寓有讽劝之意的,可谓以颂为讽,似颂实讽。我们认为,陆龟蒙的这组诗,在结体、构思、风尚上,可能受到他的乡先贤,并且他对之有深入了解的张祜的启发和影响。张祜有吟咏玄宗的系列诗,如《集灵台二首》《阿鸨汤》《马嵬归》《马嵬坡》《太真香囊子》《散花楼》《雨霖铃》等等,稍作比较,似乎可以体味到它们之间的相近之处。

陆龟蒙的京洛之行,曾经游览了东京洛阳,我们在上文已经提及。洛阳附近的连昌宫,曾是盛唐时期繁荣昌盛的历史见证,中晚唐诗人游览洛阳时,常常付诸吟咏。陆龟蒙也作了《连昌宫词二首》,其一题目为《门》,其二为《阶》,都是七绝,构思上又都是实写它们的破败荒凉,反衬暗示出当年的豪奢繁盛,追怀伤悼之情渗透在字里行间。与元稹《连昌宫词》运用长篇七言歌行的形式,通过"宫边老翁为余泣"的翔实具体、细致深入的叙写,以今昔对比的方式忆昔慨今,追念开元盛世,在构思上是不同的。即使是与张祜《连昌宫词》诗比较起来,虽然采用的都是七绝形式,但构思上也大为不同。张祜的诗总是先点出昔日繁盛的细节,随之与今日寂寞凄清的境界画面形成正面的对照,表现它的昔盛今衰。陆龟蒙的两首诗与之相比,要更为蕴藉含蓄,韵味悠长。

陆龟蒙的这次北行,应当主要在京洛一带游览,但也去过更远更广阔的一些名胜地区。如他有《邺宫词二首》,是两首七绝,前一首咏魏武帝曹操,后一首咏后赵君主石季龙。邺宫,指邺城宫殿。邺城在今河北省临漳县,曹操曾以此为都,后来后赵石季龙在此建都,大建宫殿,荒淫亡国。因此这地方也称邺都。陆龟蒙写作这二首具有怀古性质的诗歌,应该是到过此地而创作的。

陆龟蒙的组诗《杂讽九首》,我们附带在这里谈一下。何锡光认为:"据'童麋来触犀','横笛鸣秋风','东南有狂兕'等篇,庞勋起事尚未平定,当作于咸通十一年九月以前。"[1]这个说法值得参考。依《资治通鉴》

---

[1] 何锡光:《陆龟蒙全集校注》卷三,凤凰出版社2015年版。

(卷二百五十一)庞勋之乱发生于咸通九年十月十七日,至咸通十年九月十九日平定,历时整一年。有鉴于诗中反复表达希望平叛的强烈愿望,我们认为这组诗可能作于庞勋叛乱期间,最迟到咸通十一年春正、二月为止。因为这以后,陆龟蒙已结识皮日休,两人很快成为诗友,进行了一年多的"松陵唱和"。这组诗如作于松陵唱和期间,皮日休应当会有和作。但是这种情况没有发生,最大可能性是因为这组诗写作于咸通十年至咸通十一年年初。皮日休《松陵集序》里说:"有进士陆龟蒙字鲁望者,以其业见造,凡数编。"这组《杂讽九首》诗,或许就在这"数编"之内吧。这组诗在内容上,主要集中在三个方面。首先是渴望平定叛乱,社会安定,天下太平。如其一(红蚕缘枯桑)云:"人争捩其臂,羿矢亦不中。""凶门尚儿戏,战血波澒溶。"其二(童麋来触犀)云:"年来横干戈,未见拔城邑。"其五(东南有狂兕)云:"东南有狂兕,猎者西北矢。""如能出奇计,坐可平贼垒。"其八(横笛鸣秋风)云:"募为敢死士,去以枭叛卒。"摘录这些诗句,可以看出其基本旨意。其次是渴望建功立业和失志穷困的悲哀,以及贤能被谗,邪曲害贤的愤慨。它们有时单独表现出来,有时则混合在一首诗里,一起表达出来。如其三(鹖鹅惨于冰)云:"斯人道仍闷,不得不鸣呃。当时布衣士,亦作天子客。""可拍伊牧肩,功名被金石。"其四(赤舌可烧城)云:"赤舌可烧城,谗邪易为伍。诗人病之甚,敢俾投豺虎。""非是既相参,重瞳亦为瞽。"其六(有蘖何青青)云:"有蘖何青青,空城雪霜里。千林尽枯槁,苦节独不死。""大厦若抡才,亭亭托君子。"其七(左右佩剑者)云:"左右佩剑者,彼此亦相笑。趋时与闭门,喧寂不同调。潜机取声利,自许臻乎妙。""伊圣不吾欺,谁能守蓬藋。"其九(朝为壮士歌)云:"朝为壮士歌,暮为壮士歌。壮士心独苦,傍人谓之何。""捷可博飞狖,健能超橐驼。""严霜冻大泽,僵龙不如蛇。"可以说,第二方面的意旨表现得比第一点还要更频繁、更充分。第三是偶尔表达了隐居山林的情趣,如其八(横笛鸣秋风)云:"岂无中林士,贯穿学问骨。兵法五十家,浩荡如溟渤。高悬鹿皮睡,清润时依檄。分已诺烟霞,全遗事干谒。"这种思想如此直白明确地表现出来,在陆龟蒙的诗歌里,可以说是第一次。鉴于以上的梳理分析,似乎可以推论,这组诗创作于咸通九年、十年甚至十一年初春,与皮日休结识前的可能性最大。此时的作者，比较关心现实，关注社会动乱，同时也有建功立业的愿望，而对贤能遭受残害则有强烈的愤慨之情。缘于此，有时也有隐逸江湖的想法流露出来。况且，在前面的"十载江南"的干谒与漫游相结合的游历，让隐逸思想早已在他的内心深处萌发了根芽。到了随后而来的"松陵唱和"时期，这种思想就成了他的诗歌创作的主要倾向了。这组诗在写法上，可能受到李贺《感讽五首》、《感讽六首》的启发和影响。它们都是五言古诗的形式，都有较强的现实性，遣词造句都有奇异诡谲的倾向，只是李贺诗更为华美秾丽，而陆龟蒙则较为质朴平实。所以，在艺术风格宗尚上，李贺效法南朝诗歌比较突出，而陆龟蒙近祖盛唐诗人常建，远祧汉魏五言诗的特色比较明显。

第四章　松陵唱和时期

第一节　松陵唱和的基本情况

陆龟蒙于咸通十年秋、冬赴京城长安应进士科考试。因朝廷下诏停止了十一年春的举试,他的应试当然也就随之戛然而止。不过在此期间,他在长安、洛阳、嵩山、邺城等地进行了一番游历。最迟,在咸通十年年末或十一年年初他已返回家乡苏州了。刚好在此时,晚唐的另一位大诗人皮日休到了苏州,任刺史崔璞的从事。他们二人很快结识,并由此拉开了陆龟蒙的生活和诗歌创作的新阶段,产生了唐代文学史上的一段佳话,创造了晚唐诗歌创作的一个新面貌,这就是陆龟蒙、皮日休为代表的松陵唱和。

松陵唱和发生在唐懿宗咸通十一年初,至次年暮春,随着苏州刺史崔璞罢任而结束,历时一年有馀。松陵唱和的主要人物是皮日休和陆龟蒙,他们的作品占百分之九十以上。除了皮、陆以外,尚有其他十馀人也先后参与了松陵唱和。所以,它实际上是以皮、陆为中心的晚唐苏州诗人群体的唱和活动。后来,陆龟蒙将他们的唱和诗编辑成集,请皮日休作序,皮日休将其命名为《松陵集》。因此,文学史上也就将它称之为松陵唱和。

以上概述的总体情况,在皮日休所作《松陵集序》中有详尽的说明:

(咸通)十年,大司谏清河公(崔璞)出牧于吴,日休为郡从事。

居一月,有进士陆龟蒙字鲁望者,以其业见造,凡数编……余遂以词诱之,果复之不移刻。由是风雨晦冥,蓬蒿翳荟,未尝不以其应而为事。苟其词之来,食则辍之而自饫,寝则闻之而必惊。凡一年,为往体各九十三首,今体凡一百九十三首,杂体各三十八首,联句、问答十有八篇在其外,合之凡六百五十八首。南阳广文润卿,陇西侍御德师,或旅泊之际,善其所为,皆以词致。师词之不多,去之速也。大司谏清河公有作,或命之和,亦著焉。其馀则吴中名士,又得三十首。除诗外,有序十九首。总录之,得十通,载诗六百八十五首。①……生(按:指陆龟蒙)既编其词,请于余曰:"尔有文,当为我序。诗道兼十通以名之。"日休曰:"诺。"由是为之序。松江,吴之望也,别名曰松陵,请目之曰《松陵集》。

这一段话,将由苏州刺史崔璞到任,皮日休为其从事(佐吏),结识陆龟蒙后,一见如故,互相唱和,互相推敬,气味相投,以诗往来,进而发展起来的松陵唱和说得非常具体了。序中说:"(咸通)十年,大司谏清河公出牧于吴。"据吴在庆《唐五代文史丛考·皮日休为苏州郡从事及初识陆龟蒙之时间》一文的考证,崔璞是在咸通十年被任命为苏州刺史,到任大约已是咸通十一年初了。皮日休在序中说"居一月",即大约在他任州从事后的一个月左右,陆龟蒙携"数编"自己的作品,去拜见皮日休,开始了他们十分频繁、创作上数量巨大,内容、形式和风格都极具特色的诗歌活动。检《松陵集》(卷六)有陆龟蒙《徐方平后闻赦因寄袭美》诗,皮日休也有《奉和鲁望徐方平后闻赦次韵》之作。"闻赦",指听到因徐州庞勋之乱被平定,朝廷大赦天下的诏命。查《资治通鉴》(卷二百五十二),朝廷下赦诏在咸通十一年正月。那么,陆龟蒙的原唱及皮日休的和作,极可能写作于该年的二月份。这大概是皮、陆松陵唱和最早的作品之一了。如果要参考皮日休《吴中苦雨因书一百韵寄鲁望》诗中所说的话:"半年得酬唱,一日屡往复",那么皮、陆松陵唱和可能在咸通十一年正月即开始。因为这一场"吴中苦雨",以皮日休《太湖诗二十首》

---

① 此处所云诗歌的数量,与《松陵集》的实际情况不尽相符。参拙撰《松陵集校注》,中华书局2018年版。

(并序)所云:"(咸通)十一年夏六月,会大司谏清河公忧霖雨之为患"来参证,是在六月份发生的,届至此时,恰好是"半年"。这样说来,《松陵集》(卷一)开头四首五古长篇唱和诗,就是松陵唱和开端的作品。在随后"凡一年"多一点的时间里,松陵唱和的基本情况,大致可以从两个方面来进行简要说明:一方面是皮、陆二人之间的唱和。这是最为主要的。所以,皮日休在序文中对此作了具体生动的描述,"由是风雨晦冥,蓬蒿翳荟,未尝不以其应而为事。苟其词之来,食则辍之而自饫,寝则闻之而必惊。"可见,他们之间的唱和多么频繁,创作热情多么高涨,献技逞才多么用心!就数量而言,他们二人的作品占《松陵集》六百九十八首诗歌中的六百五十七首。如此爆发性的诗歌创作,当然地成了他们毕生在诗歌创作上的一个高潮期,并且形成了自己的鲜明特色,在文学史上产生了重大影响。唐代文学史上所谓的"皮陆体"、"松陵体",就是指他们在这一时期的诗歌创作而言。另一方面,在这一年多的时间里,先后还有十人参与了松陵唱和,其作品少则一、二首,多则十馀首。他们中有苏州刺史崔璞、浙东观察推官李毅、旅寓吴中的张贲、崔璐、"吴中名士"魏朴、司马都、颜萱、郑璧、羊昭业,以及穑嵩起等人。另外还有一个特殊情况是,本人并未参与松陵唱和,但他们有关苏州的诗篇,因为皮、陆的"追和"而被收录在《松陵集》里的,有颜真卿、李德裕、清远道士、幽独君四人。前后总计起来,除了皮、陆以外,共有十四人。不过,他们的诗歌加在一起,总计只有四十一首,占《松陵集》全部作品不到百分之六。

  鉴于以上的简要叙述,我们不难看出,陆龟蒙和皮日休在松陵唱和中占有绝对的主导地位。稍加分析的话,他们二人收录在《松陵集》里的作品,计六百五十七首,二人共同参与的联句、问答十八首除外,陆龟蒙共三百二十首,皮日休共三百一十九首,总体上可以认为两人有唱必和,作品数量是相等的。皮日休为《松陵集》作序,体现了他在这一唱和群体中的核心作用。而陆龟蒙则在这个唱和活动谢幕不久,就编辑了《松陵集》,搜集的作品如此多,如此全面,体例上也自成一格,也体现出了他的重要作用。更应当值得注意的,历经一千多年,《松陵集》保存至今,是唐人唱和诗总集中现存最完整的一部,成为唐代文学文献中一份珍贵的资料,陆龟蒙的历史贡献不容忽视。至于这部《松陵集》的具体编辑时间,虽然我们没有看到当时留下的确凿材料,但从皮、陆二人不久后的经历来看,应当就在咸通十二年暮春崔璞罢任苏州刺史,松陵唱和活动停止的当年,这个可能性最大。到了咸通十三年,陆龟蒙赴湖州从刺史张抟,而皮日休则在此年春天后赴京任著作局校书郎,他们二人都走上了新的生活旅程了。

对于松陵唱和结束以后皮日休的行止,学术界有不同的说法,而这又关系到《松陵集》的编辑和皮日休作序的时间。我们在此略作介绍,供读者思索参考。傅璇琮主编《唐五代文学编年史》(晚唐卷·唐懿宗咸通十三年)条引皮日休《破山龙堂记》一文文后所署时间云:"咸通十三年二月十九日襄阳皮日休记",论定说:"按此时皮日休尚在常熟,则其入任著作局校书郎当在此时之后。"陈尚君先生《皮日休、陆龟蒙及其友人的佚诗》(见2018年8月复旦大学主办唐代文学学会年会及国际学术研讨会论文集)一文,据五代僧义楚《释氏六帖》(卷二十)揭出皮日休《陈康士琴谱序》,序中云:"乾符二年夏五月,自吴之上京,道出广陵,闻陈先生尽琴道,将师之。"如按照尚君先生文中的新材料,那么,皮日休作《松陵集序》的时间,就可能是在咸通十二年至乾符二年的五年之间了。

第二节　皮陆交契是松陵唱和的思想基础和动因

陆龟蒙与皮日休二人,在松陵唱和以前素不相识。皮日休在咸通十年东游苏州,成为刺史崔璞的从事;而陆龟蒙恰好刚刚参加举试无果而落拓返回故乡苏州,两个人的见面相识,应当说是很自然的事情。但是,他们相识以后,随即就产生了松陵唱和的热闹情景,是需要共同的思想基础和动因的,我们认为,这就在于皮、陆二人的交契。

首先,他们都是落拓沉沦之人。皮日休是"避兵入句吴,穷悴只自跧",①因为庞勋叛乱造成的社会动荡,使得他羁泊江东,入幕为吏。陆龟蒙也是因为这场社会动乱,断送了他的进士应举,使他潦倒困顿,忧愤成疾。"其时心力愤,益使气息惾。永夜更呻吟,空床但皮骨。"②应当说,此时他们的社会遭际和人生境遇,在本质上是非常相似的,使他们完全有可能一拍即合,成为好友。

其次,皮、陆二人共同的人生情趣。在人生境遇潦倒困顿的情况下,皮、陆二人都表现出了放情山水,潇洒出尘,摆脱世俗的情趣。确如皮日休在《奉和鲁望秋日遣怀次韵》诗中所说:"高蹈为时背,幽怀是事兼。神仙君可致,江海我能淹。"而正是在这一时期,陆龟蒙开始自号"天随子"(参其《渔具诗序》、《樵人十咏序》等),活脱脱地表现出了他的脱略世俗,清狂狷介,任由天命,潇洒日月的人生品格。皮、陆二人的唱和诗,之所以会以隐逸闲适为其基本内容,就是他们在这一时期耽于隐逸的人生情趣所决定的。他们在诗里反复作过表白。皮日休《初夏即事寄鲁望》:"各负出俗才,俱怀超世情。"《鲁望读〈襄阳耆旧传〉见赠五百言,……亦诗人无言不酬之义也次韵》云:"两鹤思竞闲,双松格争瘦。"陆龟蒙《北禅院避暑联句》云:"俱怀出尘想,共有吟诗癖。"如此之类的诗句,在《松陵集》里还有很多,它们都显现出皮、陆清高疏放、潇洒脱略的生活趣尚。

第三,是他们对唱和诗在历代文人的交往中所起的作用,有着深入的了解,而且他们愿意身体力行地进行实践,付诸创作。这在上节所引的皮日休《松陵集序》所叙述的他们二人在唱和诗创作中,"以词诱之,果复之不移刻。由是风雨晦冥,蓬蒿翳荟,未尝不以其应而为事"的情景里,已经得到了具体、真切的表达。皮日休还在我们上引的那首长诗里说:"平原陆夫子(按:指陆龟蒙),投刺来翩跹。开卷读数行,为之加敬虔。……向来说文字,尔汝名可联。……相逢得何事,两笼酬唱笺。……吟馀凭几饮,钓罢假蓑眠。终抛岘山业,相共此留连。"在他们

---

① 皮日休:《鲁望昨以五百言见贻,过有褒美,内揣庸陋,弥增愧悚,因成一千言,上述吾唐文物之盛,次叙相得之欢,亦迭和之微旨也》,《松陵集校注》(卷一),中华书局2018年版。
② 陆龟蒙:《奉酬袭美先辈吴中苦雨一百韵见寄》,《松陵集校注》(卷一),中华书局2018年版。

看来,文人聚合,彼此唱和,正体现了"诗人无言不酬之义","叙相得之欢","亦迭和之微旨也"。

第四,就是他们二人间的互相敬重和推崇。皮、陆二人,没有"文人相轻"的毛病,而是互相尊重,互相推崇诗才。松陵唱和历时一年有馀,他们二人各自写作了三百多首诗,没有这种互相推敬倾倒的态度是无法做到的。皮日休在《松陵集序》称赞陆龟蒙是与李商隐、温庭筠鼎足而三的"近代"作家,评价可谓非常高。在《松陵集》(卷十)的《杂体诗序》里,再次激赏陆龟蒙,称赞他"足见其多能也"。陆龟蒙则多次在唱和诗中表达了对皮日休十分推崇、敬重有加的态度。此处只举一例。在《读〈襄阳耆旧传〉,因作诗五百言寄皮袭美》诗中,在列举了历史上襄阳的多位俊才之后,即说:"将生皮夫子,上帝可其奏。并包数公才,用以殿厥后。""乃于文学中,十倍猗顿富。"对皮日休的诗才作了极高的评价。而对自己结识皮日休成为诗友,倍感荣幸,诗中又说道:"驱为文翰侣,弩皂参骥厩。有时谐宫商,自喜真邂逅。道孤情易苦,语直诗还瘦。藻匠如见酬,终身致怀袖。"可谓对皮日休敬重之至。陆龟蒙与皮日休之间这种亲密深厚的交契,清代诗论家余成教曾经通过皮、陆二人的唱和诗里对对方的称述,提出了他的看法。他说:

> 晚唐诗人之相得者,以陆鲁望龟蒙、皮袭美日休为最。陆寄皮云:"将生皮夫子,上帝可其奏。并包数公才,用以殿厥后。"又云:"鹿门先生才,大小无不怡。就彼六籍内,说诗直解颐。不敢负建鼓,惟忧掉降旗。希君念馀勇,挽袖登文阵。"又云:"鹿门皮夫子,气调真俊逸。截海上云鹰,横空下霜鹘。文坛如命将,可以持玉钺。"皮寄陆云:"惟有陆夫子,尽力提客卿。各负出俗才,俱怀超世情。"又云:"相逢似丹漆,相望如胱朒。论业敢并驱,量分合继躅。"又云:"既见陆夫子,弩心却伏厩。结彼世外交,遇之于邂逅。两鹤思竞闲,双松格争瘦。"玩两公往复称述之辞,皆有一种相视莫逆之心。如陆所云:"俱怀出尘想,共有吟诗癖。"皮所云:"我思方沈寥,君词复凄切。"真意孚洽,不比后人之退有后言而面相标榜也。①

---

① 余成教:《石园诗话》卷二,《清诗话续编》三,上海古籍出版社1983年版。

确实,陆龟蒙和皮日休的交契,是有共同的境遇、情趣,以及一致的诗歌创作的追求所决定的,这也就推动了他们在松陵唱和期间大力创作,借以表现自己的人生趣尚和文学爱好。其结果是,以皮、陆为主导的唱和诗结成了《松陵集》,他们二人在一年多一点的时间里各自创作三百多首诗,可见创作热情之高。更可喜的是,他们的唱和诗创作极有特色、极有成就,因此而成为文学史上的一个流派——"松陵诗派",创造出了一种风格——"皮陆体",真可谓唐代诗歌史上的一件大事。

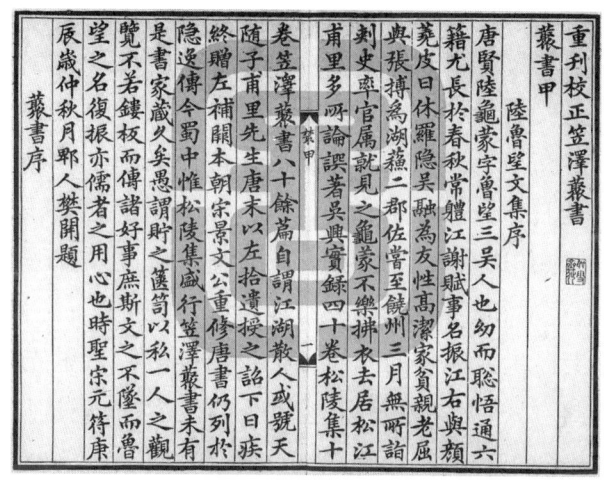

顾氏碧筠草堂刻本《重刊校正笠泽丛书》四卷补遗诗一卷书影

第三节 松陵唱和时期陆龟蒙的隐逸情怀

松陵唱和时期,是作为中国古代以隐逸而著称的"江湖散人"陆龟蒙,在思想上和行为上真心走上隐逸道路的时期。在此以前的"十载江南"时期,他确实漫游了不少地方,江南秀美的山水风光,浓厚的人文气息,深深地熏染了他,对他最终走上隐逸产生了深刻的影响。他后来回忆这一段潇洒浪漫的生活,留下了两首十分著名的诗篇《奉和春夕酒醒》和《怀宛陵旧游》,我们在前面第二章第二节已有论及,不再详述。但同时我们必须认识到,陆龟蒙那一时期的漫游,还有干谒和谋生的目的。而从结果上看,大概都没有得到什么收获。如他在《袭美先辈以龟蒙所献五百言,既蒙见和,复示荣唱,至于千字,提奖之重,蔑有称实,再抒鄙怀,用伸酬谢》诗云:"穷年只败袍,积日无晨炊。远访卖药客,闲寻捕鱼师。"就透出了这一信息。在《奉酬袭美先辈吴中苦雨一百韵见寄》诗中又云:"纵有旧田园,抛来亦芜没。因之成否塞,十载真契阔。冻骭一襜褕,饥肠少糠籺。甘心付天壤,委分任回斡。笠泽卧孤云,桐江钓明月。"更清楚地说明了这个"十载真契阔",无可奈何,听天由命,最后走上"卧云"、"钓月"的隐居生活。所以,"十载江南"时期的生活,还不能说陆龟蒙已经绝意于仕进,走上隐逸生活道路了。

在松陵唱和结束以后,陆龟蒙尽管还先后入张抟、郑仁规幕,但时间都不长,更重要的是,这除了让陆龟蒙可以获得一点微薄的俸禄以供生活之需以外,在本质上并没有改变他作为一名隐士,放浪江湖的实际生活状况。我们在第一章第一节就说过,作为一个隐士,陆龟蒙曾经以给自己起名号的方式来表明自己的心迹,概括自己的江湖生活。这首先就是他在松陵唱和时期,几次三番地自称"天随子";再就是到了乾符年间,他实际上已走入晚年的时候,反复称自己为"甫里先生"、"江湖散人"等。仅从此看来,无论是从陆龟蒙所自认为的,还是从他的实际生活情状来说,松陵唱和时期都应该可以确定为陆龟蒙决心走隐逸生活道路的确立期。

这一时期,陆龟蒙在《松陵集》里保存了几篇诗序以外,没有再留下什么文章。所以,他的隐逸思想以及所显现出的情趣,主要就是在与皮日休的唱和诗中表达出来的。陆龟蒙《奉和新秋即事次韵三首》(其二)云:

帆樯衣裳尽钓徒,往来踪迹遍三吴。
闲中展卷兴亡小,醉后题诗点画粗。
松岛伴谭多道气,竹窗孤梦岂良图。
还须待致升平了,即任扁舟放五湖。

诗的末联是勉励朋友皮日休的,当然也可以说陆龟蒙的心中尚存建立功业的念想,但从全诗的主导情调看,显然是尽力追求潇洒江湖、清闲豪纵的隐逸生活的。在《渔具诗并序》里,陆龟蒙说:"天随子渔于海山之颜有年矣,矢鱼之具,莫不穷极其趣。"他说自己俨然是一位陶醉在江湖之上的老渔父了。所以他在《奉和添渔具五篇》里，反复地表现自己隐逸江湖的啸傲情怀。《渔庵》："华屋莫相非，各随吾所好。"《钓矶》："即此放神情，何劳适吴越。"《箬笠》："不识九衢尘，终年居下洞。"《背篷》："闲从翠微拂，静唱沧浪濯。"陆龟蒙真正是放情于山水之上，醉心地过着隐居江湖的生活。皮日休在唱和诗里对陆龟蒙潇洒江湖的生活，进行了真切的描写、诗意的刻画和高度的概括。他说："朱衣鲋足和蓑睡，谁信人间有利名。"①"白鸟白莲为梦寐，清风清月是家乡。"②

陆龟蒙（包括皮日休等松陵唱和的其他人）的隐逸江湖，是典型的中国古代文人的隐逸生活和文化气息的表现，虽然贫俭清廉，却有浓厚的人文品格和文化精神。在此时期陆龟蒙与皮日休的唱和诗里，这得到了明显而突出的呈现。如在皮日休的笔下，陆龟蒙隐居生活的日常状态是"绕屋新栽竹，堆床手写书"，"压酒移溪石，煎茶拾野巢"，"鹤来添口数，琴到益家资"，"经岁岸乌纱，读书三十车"，"倚杉闲把《易》，烧术静论玄"等等③，这些就是陆龟蒙在松陵唱和时期的生活状况和闲居情趣的写照。这种闲居江湖的生活与文人趣尚紧密地结合在一起的表述，在陆龟蒙自己的笔下，也表现得很充分。他的《奉酬秋晚见题二首》（其二）云：

何事乐渔樵，巾车或倚桡。
和诗盈古箧，赊酒半寒瓢。

渔樵之事与诗酒之趣有机地结合起来，才算得上是真正的"乐事"，这是典型的文人隐逸生活的表现。再如他的《袭美以公斋小宴见招，因代书寄之》诗云：

早云才破漏春阳，野客晨兴喜又忙。
自与酌量煎药水，别教安置晒书床。
依方酿酒愁迟去，借样裁巾怕索将。
唯待数般幽事了，不妨还入少年场。

---

① 皮日休：《鲁望以轮钩相示，缅怀高致，因作三篇》（其一），《松陵集校注》卷七，中华书局2018年版。
② 皮日休：《鲁望以轮钩相示，缅怀高致，因作三篇》（其二），《松陵集校注》卷七，中华书局2018年版。
③ 均见皮日休：《临顿为吴中偏胜之地，陆鲁望居之，不出郛郭，旷若郊墅，余每相访，欵然惜去，因成五言十首，奉题屋壁》，《松陵集校注》卷五，中华书局2018年版。

陆龟蒙自称"野客",一上午既"喜又忙",要做的是"煎药"、"晒书"、"酿酒"、"裁巾"这样的"数般幽事",它们全是一些风流儒雅、疏纵旷达的日常生活情事。这些都表现了闲居的潇洒与文人的高致相结合、相统一的生活情景和人生境界。甚而更有进者,陆龟蒙也经常在唱和诗里,通过描写刻画各种各样的自然界的景与物,以物拟人,表现闲适的生活情趣和高逸的精神气质。所以在陆龟蒙、皮日休的唱和诗里,诸如云、鸟、鱼、菊、竹、松、桂、梅等许多自然物,也就都具有了隐逸的闲适生活和精神气韵的意蕴。这里,我们仅举陆龟蒙《独夜有怀因作吴体寄袭美》诗为例:

> 人吟侧景抱冻竹,鹤梦缺月沉枯梧。
> 清涧无波鹿无魄,白云有根虬有须。
> 云虬涧鹿真逸调,刀名锥利非良图。
> 不然快作燕市饮,笑抚肉枅眠酒垆。

显然,"独夜有怀",孤独寂寞的夜晚,他付诸笔端的竹、鹤、梧、鹿、云、虬等物,都具有清姿逸态,诗人用之来自我比拟、形容幽逸的情怀,抒发高雅的趣尚,透视出强烈浓厚的隐逸文化中的人文意味和精神气质。陆龟蒙的松陵唱和诗,就是他在我们以上三节里所说的人生境遇、皮陆交契以及隐逸情怀的情况下创作出来的,突出地表现了他以及皮日休等人在这一时期的生活状态、思想状态和精神气质,展现出以晚唐时代的苏州为背景的自然景观、民众生活、民情风俗等多方面的实际情形,成为唐代诗歌史上值得重视的一章。

第五章　咸通最后两年

咸通十二年(871年)暮春,苏州刺史崔璞罢任返京。崔璞有辞别诗,陆龟蒙、皮日休则有酬答诗,三首诗均收录在《松陵集》卷九。崔诗题为《蒙恩除替,将还京洛,偶叙所怀,因成六韵,呈军事院诸公、郡中一二秀才》,皮诗题为《谏议以罢郡将归,以六韵赐示,因仵酬献》,陆诗题为《谨和谏议罢郡叙怀六韵》。这次的唱和,好像就成为松陵唱和的终场了。我们无法找到此后松陵唱和仍然延续的确切材料。而陆龟蒙编辑《松陵集》,很可能就在这一年的暮春之后不久。该书的结集,当然说明了晚唐文学史上这一次以皮、陆为主导的诗歌唱和活动也就自然而然地结束了。傅璇琮先生主编《唐五代文学编年史》(晚唐卷)在"唐懿宗咸通十二年"条里说:

　　皮日休、陆龟蒙、张贲等人约于本年秋宴集分韵赋诗,有联句之咏。

将《松陵集》里上述三人为主的"赋得体"的秋、冬宴集之作,都编在咸通十二年,而不是放在咸通十一年。而在叙述中,更将他们的联句诗,也定在咸通十二年所作,略云这些作品"则约为本年秋或冬时相聚之联唱",都是一种推定,并没有资料可以佐证。张贲于咸通十一年秋游历苏州,于冬天靠近腊月返回他学道的茅山,参加道教十二月二日的法会,是有张贲和陆龟蒙的诗篇为证的。张贲游历苏州,与陆龟蒙刚结识时,二人反复唱和。阅读张贲《旅泊吴门呈一二同志》、陆龟蒙《奉洲次韵》(高秋能叩触)等诗,就可以证实张贲是该年秋到苏州游览的。而陆龟蒙的《送润卿博士还华阳》诗云:"何事轻舟近腊回,茅家兄弟欲归来。"原注:"茅司命以三月十八日、十二月二日会于华阳天。"则可以证实张贲离开苏州的时间是该年的十二月前不久。但张贲于咸通十二年又游历苏州,再与皮、陆等人诗酒唱和,却没有片言只字的材料,是很有疑问的事情。所以,我们更倾向于上述三位诗人"宴集分韵赋诗,有联句之咏"的有关诗篇,是在咸通十一年秋、冬创作的。有鉴于此,我们认为,《松陵集》的编辑,大约就是咸通十二年暮春之后不久的事情,它标志着松陵唱和活动的结束。而从咸通十三年,陆龟蒙也就开始进入了新的生活阶段了。

第一节　从张抟于湖州

陆龟蒙从张抟于湖州(今浙江湖州市),唐、宋人均有记述。孙光宪《北梦琐言》卷六《陆龟蒙追赠》条云:

> (龟蒙)性高洁,家贫,思养亲之禄,与张抟为吴兴、庐江二郡卒。

《新唐书》卷一百九十六《隐逸传·陆龟蒙传》云:

> (龟蒙)举进士,一不中,往从湖州刺史张抟游,抟历湖、苏二州,辟以自佐。

计有功《唐诗纪事》卷六十四《陆龟蒙》条云:

> (龟蒙)家贫,与张抟为庐江、吴兴(按:即湖州。湖州曾改吴兴郡)二郡丞。

三书均不言陆龟蒙从张抟于湖州的时间。检郁贤皓先生《唐刺史考》,考定张抟任湖州刺史的时间为咸通十三年(872年)。这与陆龟蒙的生平行事没有窒碍,是可以引以为据的。可惜的是,我们在陆龟蒙的诗歌里没有找到与此相关的材料,无法进行更扎实深入的证说。

陆龟蒙从张抟于湖州的时间有多长,什么时候结束这一段生活的?

我们也不得而知。那么,张抟任湖州刺史的时间又有多长呢?据《唐刺史考》,乾符元年(874年),湖州刺史已由刘植担任。那么,张抟任湖州刺史,主要就在咸通十三年、十四年到乾符元年刘植来接任的这段时间里。陆龟蒙是否自始至终在其幕中任从事,难以论定。

第二节　寄怀华阳山人

陆龟蒙的《甫里集》里收录多首他寄怀华阳山人的诗篇,它们既未收在《松陵集》里,也没有收在乾符六年编成的《笠泽丛书》里。从《松陵集》里的作品来看,这位华阳山人,也就是张贲,于咸通十一年秋从其学道的茅山,旅泊苏州,结识陆龟蒙、皮日休,过从颇密,唱和了不少诗篇。(参《松陵集》卷九张贲《旅泊吴门呈一二同志》、陆龟蒙《奉酬次韵》[高秋能叩触]、皮日休《鲁望示广文先生吴门二章,情格高散,可醒俗态,因追想山中风度,次韵属和,存于诗编,鲁望之命也》等诗。)他于咸通十一年冬天已近腊月的时间,返回茅山参与道教的重大奠礼活动。我们可以设想,在次年暮春松陵唱和活动已告结束以后,陆龟蒙时常想起张贲,因而写作寄怀的诗篇,这就是陆龟蒙多首寄怀华阳山人的诗歌的写作背景。我们认为,这是合乎情理的。仔细审读有关诗篇,它们作于咸通十三年、十四年的可能性要更大一些。陆龟蒙《江南秋怀寄华阳山人》是一首五古长篇。此诗重点是叙写抒发自己的"秋怀",因秋天而产生的困顿潦倒、艰窘悲苦的情怀。从诗的开头数语来看,它是作者远游不得意,决意返回故乡,宁愿过清贫的隐居生活时所作。诗云:

> 栉发凉天曙,含毫故国情。
> 归心一夜极,病体九秋轻。
> 忽起襜褕咏,因悲络纬鸣。
> 逢山即堪隐,何路可图荣。
> 揲策空占命,持竿不钓名。

看来,陆龟蒙决意归隐了。所以,诗中在大段叙写自己的落拓穷困,许国建功只成虚语以后,还是表现出对于归隐江湖的生活的赞美,"贤彦风流远,江湖思绪萦。"但是,仍然忘不了叹息自己的失志和哀伤,"未得文章力,何由俸禄清。""愁长难自剪,歌断有谁赓。"诗到了最后,方言及思念华阳山人张贲:"篆字多阶品,华阳足弟兄。焚香凝一室,尽日思曾城。"从以上简单的介绍,我们认为,这首诗极有可能作于咸通十三年或十四年秋,是作者离开湖州刺史张抟幕,回故乡苏州时所作。本来,陆龟蒙从张抟,就是因为贫穷而谋生的行为,但这种谋生所得菲薄,且又艰辛,最终他还是选择了归隐。

在同一时期,陆龟蒙还罕见地写了一首长篇七言古诗《寄怀华阳道士》。"华阳道士"也就是张贲。此诗不仅在诗体上与上诗是五古不同,而且在题旨上也迥异。上诗"秋怀",重点在抒发自己因秋而生的悲慨情怀;此诗"寄怀",主要则是表达思念华阳道士的朋友情怀。所以此诗的开头就从遥思华阳友人写起:

华阳门外五芝生,餐罢愁君入杳冥。
遥夜独栖还有梦,昔年相见便忘形。

诗的中间则主要写"华阳道士"的山中学道生活,以及略写自己的江湖隐逸生活。最后表示希望能与"华阳道士"再次聚会,随之学道,"频抛俗物心还爽,远忆幽期目剩瞑。见买扁舟束《真诰》,手披仙语任扬舲。""远忆幽期"云云,可证张贲于咸通十一年近腊之时离开苏州,返回茅山以后,未有咸通十二年秋天又重游苏州,与陆龟蒙、皮日休等人秋宴赋诗和联句的事情。

陆龟蒙还有一首七言绝句《洞宫夕》诗云:

月午山空桂花落,华阳道士云衣薄。
石坛香散步虚声,杉云清冷滴栖鹤。

华阳道士张贲学道的茅山,以"洞宫"多而著称。陶弘景《真诰》的记述非常详尽。此诗写华阳道士在秋天深夜的月光下做道教的法事。"步虚"就是道士在高坛上唱经礼赞,同时并伴有凌空舞步的动作的一种宗教仪式。"步虚声",即唱经礼赞的歌声。诗写的山中环境幽雅秀美,气氛静谧安宁,透出一种浓厚的宗教氛围。显然,诗人这样写,对友人张贲是怀有深切的思念之情的。

可以进一步略作说明的是，咸通十一年秋、冬之际，张贲参与松陵唱和活动，让陆龟蒙与张贲结下了深厚的友情。它一直延续多年，在后来的陆龟蒙诗歌里还有所反映。如大约作于乾符六年的《五歌·刈获》诗，叙写该年大旱，庄稼歉收，因饥荒人民流离失所，而官府却"一任流离恣征索"。诗人感叹自己结识学道的华阳道士张贲，可以去茅山投奔他，以餐霞吸露过日子。诗云："平生幸遇华阳客，向日餐霞转肥白。欲卖耕牛弃水田，移家直傍三茅宅。""三茅宅"即指茅家三兄弟（茅盈、茅固、茅衷）学道成仙的茅山居处而言。看似轻松，实是沉痛之语。就事实而言，说明张贲此时仍在茅山学道，而陆龟蒙仍然与他保持着密切的关系，有着深厚的友谊。

第六章 从乾符初年到中和初年

第一节 结识吴融及与罗隐、颜荛的交谊

陆龟蒙的至交好友，有关资料主要列出四人。孙光宪《北梦琐言》卷六《陆龟蒙追赠》云："（龟蒙）与颜荛、皮日休、罗隐、吴融为益友。"下文还提到，陆龟蒙去世后，"吴侍郎融传贻史"，即吴融写了陆龟蒙传记交给官府的史官；"相国陆希声撰碑文，给事中颜荛书。"可惜吴融所作传记、陆希声所作碑文，都散佚不传。倒是吴融所作《奠陆龟蒙文》尚存，现收录在《全唐文》卷八百二十。宋计有功《唐诗纪事》卷六十四《陆龟蒙》条亦云："龟蒙攻文，与颜荛、皮日休、罗隐、吴融友善。"计氏之说应是来自孙光宪的记述。不过，比孙光宪时代略早的王定保，在《唐摭言》卷十说陆龟蒙去世后，"颜荛给事为文志其墓，吴子华（融）奠文千馀言。"可能更准确些，也可见吴融与陆龟蒙的朋友情谊很深厚。

在上述列出的陆龟蒙四名好友中，与皮日休的交好，主要就在咸通十一、十二年的松陵唱和期间。本书上编第四章《松陵唱和时期》已有论列。陆龟蒙与吴融交游往来，究竟始于何时？难以确切论定。吴融是唐代越州（今浙江省绍兴市）人，很有文才。《新唐书》（卷二百三）《文艺传》有传。他与陆龟蒙大约年齿相近而略小数岁。我们在前面第二章《"十载江南"的漫游生活》第三节《瓯越之游》里说到，陆龟蒙大约在咸通元年（860年），即他在二十岁左右游历过吴融的家乡越州，但不知

此时他们是否结识,有了交游来往。不过,后来吴融从越州移居苏州,也在松江之畔有房舍田地,与陆龟蒙隐居之所颇近,他们的来往交好是必然的事情。傅璇琮主编《唐才子传校笺》(卷九)《吴融》条,引吴融两首诗证说他大约在三十岁左右将家从越州移至当时苏州所辖的长洲县。《风雨吟》云:"风骚骚,雨潆潆,长洲苑外荒居深。门外流水流澶漫,河边古木鸣萧森。"《祝风三十二韵》诗云:"我有二顷田,长洲东百里。……松江流其旁,春夏多苦水。……余仍轥轲者,进趋年二纪。……吁余将四十,满望只如此。"原注云:"吾有田在吴,将十祀,耕以为业,终老计。"这样,《校笺》推论说:"据此,则融时年近四十,而此时其置田于吴已将十年,则其徙家至吴约在三十左右。"《唐五代文学编年史》(晚唐卷)则又进一步把吴融移家至苏州长洲县的时间,推定在僖宗乾符元年(874年),文中云:"吴融本年盖已由越州山阴移居松江。"以上的考订,大体上是可以成立的。从吴融的生平行事看,他早年即有诗才,到了僖宗广明(880年)、中和(881—884年)间,虽颇有盛名,但直到龙纪元年(889年)方才登第。因此,我们可以说,吴融移居苏州后的十余年间,是他读书求仕的阶段,应当有较多的时间就居住在苏州。在这样长的时间里,陆龟蒙应当与他常有交往。这里仅略举三事说明一下。

乾符四年(877年),郑仁规任湖州刺史,陆龟蒙往依之(详后本章第三节),吴融也游历湖州,时间大约是该年秋天。此时,陆龟蒙应当也在湖州。可惜未见到他们之间明确地将吴融此行付诸笔端。但是,陆龟蒙有两首诗,即《新秋月夕,客有自远相寻者,作吴体二首以谢》,如果我们将其解释为这个"客"就是吴融,他在乾符四年秋天从苏州前去湖州看望朋友陆龟蒙,陆龟蒙听他介绍了家乡的一些事,加之当时天下混乱,促使陆龟蒙产生了强烈的乡思,是可以说得通的。第一首诗次联云:"因君一话故山事,忆鹤互应深溪声。"末联云:"世间羽檄日夜急,掉臂欲归岩下行。"表述的意思很明白。诗的三联云:"云门老僧定未起,白阁道士遥相迎。""云门",云门寺,在越州。吴融本贯是越州人,后移居苏州,故诗及之。"白阁",终南山山峰名,在唐代京城长安附近。白阁峰下有寺院,贾岛即曾居此。此处谓"客"将北赴京城,求取仕进之意。这与本节下文谈及的陆龟蒙《寄吴融》诗可以互读。

吴融此次在湖州留下了两首诗,《湖州溪楼书献郑员外》诗云:"危槛等飞檐,闲追晚际凉。青林上雨色,白鸟破溪光。目以高须极,心因静更伤。唯公旧相许,早晚待长杨。"显然有干谒之意。离开湖州时,吴融又作《离霅溪感事献郑员外》诗,首联云:"足恨饶悲不自由,萍无根蒂水长流。"则抒发了漂泊迁转蹉跎无成的悲伤痛苦,大概吴融又要远行,以求取功名了吧。

陆龟蒙在乾符年间作《记锦裾》一文,文中详细记叙"古锦裾"华美而繁复的画面,使人如见其物的精致美丽。文末云:"因笔之为辞,继于锦裾之后,俾善诗者赋之。"吴融随即响应,写了《古锦裾六韵》诗,题下自注云:"锦上有鹦鹉、鹤。陆处士有序。"陆处士的序,就是指陆龟蒙的《记锦裾》一文。仅此一端,也可以看出吴融与陆龟蒙的关系是亲密的。

还有一事,值得一提。吴融移居苏州以后,仍然在争取仕进,求取功名,而陆龟蒙在乾符五年后则决意隐居家乡了,二人在出、处上还是迥然不同的。所以,大约在乾符五、六年左右,陆龟蒙作《寄吴融》诗云:

  一夜秋声入井桐,数枝危绿怕西风。
  霏霏晚砌烟华上,浙浙疏帘雨气通。
  君整轮蹄名未了,我依琴鹤病相攻。
  到头江畔从渔事,织作中流万丈罾。

诗的前半写秋夜秋声中凄清萧疏的景物和寂静凄凉的氛围。后半则以吴融奔波劳碌,追求功名,衬托出诗人自己贫俭淡雅的生活情趣,以全部心力投入到织网捕鱼的隐居生活中去的态度。既表达了诗人悉心隐逸的趣尚,也表现了对友人吴融为了追求功名而风尘劳碌的同情。寄赠诗而叙写的重点不在对方而在自己,诗人所要表达的重心也就很巧妙精致地表现出来了。

颜荛与陆龟蒙的情谊深笃。本节开头所引的数条材料虽有异同之处,但在说明二人的交谊上的作用是一样的。在陆龟蒙的生前,他们究竟有哪些具体的交往佚事,现在已经无法知晓了。我们只能根据《松陵集》卷九所录颜荛之弟颜萱所作《过张祜处士丹阳故居》(并序),陆龟蒙《和张处士诗》(并序)了解到一些情况:著名诗人张祜早年寓居苏州,颜萱曾随其兄颜荛造访张祜,张祜对颜萱十分抚爱。陆龟蒙称颜萱为其"友人",而证以本节开头引述的有关资料,陆龟蒙与颜荛也是极好的朋友。陆龟蒙是苏州人,颜氏兄弟的本贯不清楚,但他们寄寓苏州是可以肯定的事实。同在苏州,多有交往,是自然而然的事情。

　　陆龟蒙与罗隐是诗文之友,他们的结识,可能是在咸通九年罗隐经历苏州之时。其时,陆龟蒙正在准备参加州、县考试,争取成为乡贡进士,赴京应试。罗隐是新城(今浙江省富阳县)人。他比陆龟蒙大概要小六、七岁左右。他举进士,十上不第,仕途不顺。罗隐《投湖南王大夫启》云:

　　　某适限徐兵,远留吴会,不得少将鳞鬣,侧望风雷。指函谷以驰诚,遥知气紫;上苏台而送目,空羡河清。

"徐兵"当指咸通九年九月在今江苏省徐州市为中心的淮海地区叛乱的庞勋而言;"吴会"、"苏台",都指苏州。文章痛陈因为庞勋在徐州发动兵乱,而使他为了避难而滞留苏州。"王大夫"为王凝,据《登科记考》(卷二十三),他在咸通十年知礼部贡举。那么,文中罗隐说他滞留吴会而翘首函关,显然是说他本打算赴京应咸通十年举试的。罗隐还有《徐寇南逼感事献江南知己次韵》诗云:

　　　云横晋国尘应暗,路转吴江信不通。
　　　今日便成卢子谅,满襟珠泪堕霜风。

"吴江"即指松江。说明作者时在苏州。而他此次"信不通"而滞留于此,是因为"徐寇南逼",庞勋在徐州叛乱,正在向南侵扰,社会动荡所造成的。这里的"徐寇"与上文的"徐兵"都是指庞勋叛乱;这里的"吴江"与上文的"吴会"、"苏台"也都是指苏州。这一文一诗,足以证明罗隐于咸通九年秋因兵乱而滞留苏州,未能北赴京城参加举试。此时的陆龟蒙正在家乡苏州,准备下一年的进士考试。所以,他们二人此时在苏州结识是非常可能的。

　　罗隐对陆龟蒙的诗才是很推崇的,而对其隐逸江湖则是很敬重赞许的。他的《寄陆龟蒙》诗云:

> 龙楼李丞相,昔岁仰高文。
> 黄阁寻无主,青山竟未焚。
> 夜船乘海月,秋寺伴江云。
> 却恐尘埃里,浮名点污君。

诗题下原注:"李相公在淮南征陆龟蒙诗。"诗中的"李丞相",原注中的"李相公",指李蔚,他很敬重陆龟蒙。据孙光宪《北梦琐言》(卷六)《追赠陆龟蒙》条云:"丞相李公蔚、卢公携景重之。罗给事《寄陆龟蒙》诗云:'龙楼李丞相,昔岁仰高文。黄阁今无主,青山竟不焚。'盖尝有征聘之意。""李相公在淮南"指李蔚任扬州节度使事。据郁贤皓先生《唐刺史考》,时间在咸通十一年(870年)至乾符元年(874年)。而李蔚任丞相的时间,据《新唐书·宰相表》(三下),在乾符二年六月至乾符五年九月。因为李蔚任职扬州时很喜爱陆龟蒙诗,也就很敬重陆龟蒙,所以在他任宰相时曾经想要"征聘"陆龟蒙,任命他做官。但是直到李蔚罢相,此事无果而终,故有诗的三四句"黄阁寻无主,青山竟未焚"云云。这样,我们就可以推定,罗隐的这首诗只能写作于乾符五年九月李蔚罢任宰相之后。不过,罗隐并未因陆龟蒙未能任上一官半职而遗憾。诗的后四句,描写陆龟蒙隐逸江湖的潇洒疏放的生活,给予了高度的肯定和赞扬;而如果他任一官半职,风尘劳碌,小小"浮名"却只能有损于其脱略世俗、清雅高放的隐逸盛名。可见,到了乾符年间,当时人们眼中的陆龟蒙,就完全是一位"江湖散人"的形象了。正因为如此,我们就看到了,大约在乾符以后,时人无论是拜访陆龟蒙,当面呈诗也好,还是未能见面,寄诗抒怀也罢,几乎众口一词,全都称陆龟蒙为"处士"了。如曹松《浙右赠陆处士》《拜访陆处士》,尚颜《怀陆龟蒙处士》,齐己《寄松江陆龟蒙处士》等等,可见一斑。

第二节 乾符二年、三年从张抟于庐州、苏州

从乾符二年至乾符四年,陆龟蒙先后从张抟于庐州(今安徽省合肥市)、苏州,从郑仁规于湖州任佐吏。陆龟蒙自咸通十一年以后,放弃进

士应试,绝意走仕进之路,却于咸通十三年赴湖州任佐吏,随后又连续任庐州、苏州、湖州的佐吏。这是非常低微的小吏职位,陆龟蒙何以还要反复多次地去干这一相同的俗吏呢?比较能够说得通的解释,应当就是谋生之需了。根据陆龟蒙晚年所作的《甫里先生传》,虽然他有一些田地,但地势低洼,又靠近松江边,常受水灾,"先生由是苦饥困",所说当有很大的真实性。这样的情形,对于陆龟蒙来说,出任州府小吏,虽是无奈之举,也得低首为之。其实,这一点,我们在上面第五章《咸通最后两年》第一节《从张抟于湖州》里,就引了孙光宪《北梦琐言》(卷六)《陆龟蒙追赠》条有关陆龟蒙"家贫,思养亲之禄",而从张抟"为吴兴(即湖州)、庐江(即庐州)二郡卒"的话,说明过相同的问题。

张抟任庐州刺史的时间,郁贤皓先生《唐刺史考》定在乾符二年(875年),其依据是《旧唐书》(卷十九下)《僖宗纪》云:"(乾符二年二月)湖州刺史张抟为庐州刺史。"可谓不容置疑。就时间的连续性来说,张抟在咸通十三、十四年,直至乾符元年刘植来接替他,应该一直都在湖州刺史任上;随后,他就转任庐州刺史了。张抟在湖州刺史任上,陆龟蒙做了他的佐吏。现在他任庐州刺史,陆龟蒙仍然跟随他,为庐州的佐吏,可见他们之间的关系是很友好的,情谊深厚。陆龟蒙随张抟于庐江,孙光宪《北梦琐言》(卷六)《陆龟蒙追赠》条、计有功《唐诗纪事》(卷六十四)《陆龟蒙》条都有记述,应该是符合事实的。可惜的是,陆龟蒙的诗文里,没有与庐州有关的作品,他在庐州的详细情况,只能付诸阙如。

张抟任庐州刺史的时间不长,大概只有从乾符二年至乾符三年一年多的时间。据郁贤皓先生《唐刺史考》的考订,张抟于乾符三年又转任苏州刺史了。这样,陆龟蒙当然也就随着张抟回到了家乡苏州。从现存材料看,回到家乡的陆龟蒙,仍然被张抟辟为佐吏。有关这个问题,首先是《新唐书》(卷一百九十六)《隐逸传·陆龟蒙传》云:"往从湖州刺史张抟游,抟历湖、苏二州,辟以自佐。"范成大《吴郡志》(卷十一)《牧守》也说:"张抟,自湖州刺史移苏州,辟陆龟蒙以自佐。"后者应是承前者之说。陆龟蒙为苏州刺史张抟的佐吏,也应当是可以肯定的事实。由于乾符四年苏州刺史已由周慎辞(嗣)接任,张抟此次任苏州刺史,至多也就一年有馀的时间而已。陆龟蒙也只能是在这段时间内任苏州的佐吏。

在乾符三年,陆龟蒙有一首诗、一篇赋值得注意一下。他的《樝李花赋》,题下原注:"乾符三年作。"不可置疑。此赋收录在《笠泽丛书》卷四。此赋盛赞春天的樝李花的鲜艳美丽,慨叹其不得其地,无人欣赏,只得落寞幽独,但还是保持着幽芳孤赏的高洁品质,显然有借物咏怀之意,慨叹才士的不遇,隐隐然寓有作者自叹其不幸的人生遭际的意蕴了。赋中有云:"移来砌下,出自山中。长沾涧雨,迥洒岩风。曾不得次玉堂而展低艳,承画阁而逞微红。虚在芳菲之数,徒干造化之功。……落幽闺怨别之梦,写空谷遗荣之思。……请看嵇康《高士传》,莫信长安轻薄儿。"咏物以寓意的旨趣是豁然可见的。

还有一首诗就是七言绝句《木兰堂》。诗云:

> 洞庭波浪渺无津,日日征帆送远人。
> 几度木兰舟上望,不知元是此花身。

《唐甫里先生文集》(卷十一)收录此诗,《全唐诗》(卷六百二十八)陆龟蒙卷也将此诗录入,但题下小注云:"一作李商隐诗。"自宋代以来,该诗的主名就有陆龟蒙、李商隐两说;也有人两说并存,不下论断的。主张陆龟蒙说的,主要是李躍《岚斋录》,范成大《吴郡志》(卷六)录此事,也认定是陆龟蒙诗。主张李商隐说的较多,如《古今诗话》、《诗话总龟》、《唐诗纪事》、《全唐诗话》、《万首唐人绝句》等书。两说并存,而云"未知孰是"的,是姚宽《西溪丛语》。清代冯皓《玉溪生诗集笺注》断定此诗为李商隐所作,认为此作是李商隐"在令狐家假物托意之作,……若江湖散人,无此情事矣。后人妄生谈柄,何足据哉!"刘学锴、余恕诚师《李商隐诗歌集解》综合考察诸家之论,将此诗主名定于李商隐名下。其中云:"今据《万首绝句》及冯注本补入。"又云:"故诸本附入集外诗。今细玩诗趣,必是义山,且《万首绝句》入《义山集》,并不重见《鲁望集》,因皮、陆有《宿木兰院》诗,致生歧说耳。今直采入正集。"论据充分,论证严密,可视为定论矣。因为此诗在陆龟蒙研究中时常被人们提及,故在此处略作介绍。

第三节 乾符四年从郑仁规于湖州

上文已经说到,张抟任苏州刺史主要就在乾符三年,陆龟蒙任其佐吏的时间也同样只能如此。而到了乾符四年,陆龟蒙就前往湖州,任湖州刺史郑仁规的佐吏了。此事在记载陆龟蒙生平较为详细的《北梦琐言》、《新唐书·陆龟蒙传》、《唐诗纪事》诸书里都没有涉及,倒是陆龟蒙自己的诗歌里有明确的记述。陆龟蒙《纪事》诗云:

> 吴兴郑太守,文律颇清壮。
> 凤尾与鲸牙,纷披落新唱。
> 缄书寄城内,唐突无以况。
> 料峭采莲船,纵横簸天浪。
> 方倾谢公咏,忽值庄生丧。

所引的末句下原注:"郑员外仁规是年受代,俄丧偶。"就史实而言,这段诗明确指出了郑仁规任吴兴太守(即湖州刺史),陆龟蒙"缄书"寄奉,请求帮助。所以自己觉得"唐突无以况"。问题是小注中"是年受代"是哪一年呢?《嘉泰吴兴志》(卷十四)云:"郑仁规,乾符四年二月十三日自司封郎中授,除襄州节度副使。《统记》云:'三年自考功员外郎授。'"吴在庆《唐五代文史丛考·罗隐〈送雪川郑员外〉之郑员外及作年》一文,考订郑仁规任湖州刺史是乾符四年。据此可定陆龟蒙即在此年赴湖州,从郑仁规,一直到年末。诗中明言:"去年十二月,身在雪溪上。病里贺丰登,鸡豚聊馈饷。"据此,诗当作于乾符五年。"雪溪",是湖州著名的一条溪流,此代指湖州。陆龟蒙在湖州,得到了郑仁规的善待。陆龟蒙这次到湖州投郑仁规,其原因与我们在前面谈到他从张抟于湖州、庐州、苏州是相同的,就是为了谋生。这一点,陆龟蒙在这首《纪事》诗的开头就说得很清楚了,"本作渔钓徒,心将逐疏放。苦为饥寒累,未得恣闲畅。"为了解决温饱问题,而迫不得已出来投靠他人谋生。

陆龟蒙《别墅怀归》诗云:

> 水国初冬和暖天，南荣方好背阳眠。
> 题诗朝忆复暮忆，见月上弦还下弦。
> 遥为晚花吟白菊，近炊香稻识红莲。
> 何人授我黄金百，买取苏君负郭田。

诗题是说诗人希望回到自己的"别墅"中去。唐人所说的"别墅"有农庄、田庄的意思。此诗正是此意。诗的开头二句说，江南水乡的初冬天气"和暖"，此时在朝南的屋檐下晒太阳真是一大乐事。正因为如此，使诗人产生了强烈的回归"别墅"的情绪。诗的中间四句，"题诗"、"见月"、"吟白菊"、"识红莲"，都是"怀归"感情的抒发和寄托。那么，为什么不归去呢？诗的末二句通过用典表明，是因为贫困，没有生活之资啊！此诗收入《笠泽丛书》（卷四），而该书所录一般都是陆龟蒙乾符年间以来的作品。此诗的写作时代，可能是乾符二年从张抟于庐州，或乾符四年从郑仁规于湖州的时候，而以后者的可能性最大。因为《笠泽丛书》编纂于乾符六年，所收作品多为诗人近期所作的诗文，时间上的跨度不大。

陆龟蒙从郑仁规于湖州，是否与他的两位好友罗隐、吴融有着某种关系，我们难以确知，但在此期间，罗隐、吴融都与郑仁规有交游来往，则是完全可以确定的事情。郑仁规外任湖州刺史，于乾符四年春离开长安，此时罗隐正在京城，有送行之作《送霅川郑员外》诗云："明时塞诏列分麾，东拥朱轮出帝畿。铜虎贵提天子印，银鱼荣傍老莱衣。歌听茗坞春山暖，诗咏蘋洲暮鸟飞。知有掖垣南步在，可能须待政成归。""霅川"即霅溪，即指湖州（吴兴）。诗中所写是春天的情景，与前引《嘉泰吴兴志》所说是乾符四年二月十三日被授为湖州刺史完全相符。

乾符四年的秋天，陆龟蒙好友吴融游历湖州，留下了《湖州溪楼书献郑员外》、《离霅溪感事寄郑员外》二诗。此时陆龟蒙当在湖州，惜未见二人之间的赠答诗。此事本章第一节已述及，不再详述。

第四节　与李蔚、卢携的关系及拾遗之召

李蔚、卢携二人敬重陆龟蒙，时人即有记述。罗隐《寄陆龟蒙》诗云："龙楼李丞相，昔岁仰高文。"诗题下原注："李相公在淮南征陆龟蒙诗。"李丞相、李相公，都是指李蔚。此诗说李蔚早在任"淮南（即扬州）"节度使时就很喜爱陆龟蒙诗，任丞相以后，拟征聘陆龟蒙，惜以无果而终。

陆龟蒙去世以后，关于他与李蔚、卢携的关系以及他被征聘为拾遗之事，有三条最重要的记载。孙光宪《北梦琐言》（卷六）《陆龟蒙追赠》条云：

> 丞相李公蔚、卢公携景重之。罗给事《寄陆龟蒙》诗云："龙楼李丞相，昔岁仰高文。黄阁今无主，青山竟不焚。"盖尝有征聘之意。唐末以左拾遗授之，诏下之日，疾终。

计有功《唐诗纪事》（卷六十四）《陆龟蒙》条云：

> 李蔚、卢携景重之。罗隐寄诗曰："龙楼李丞相，昔岁仰高文。黄阁寻无主，青山竟未焚。夜船乘海月，秋寺伴江云。只恐尘埃里，浮名点污君。"唐末以左拾遗授之，诏下日，以疾终于家。……中和初，遘疾而终。

《新唐书》（卷一百九十六）《隐逸传·陆龟蒙传》云：

> 李蔚、卢携素与善，及当国，召拜左拾遗。诏方下，龟蒙卒。

从前二条资料看，李蔚、卢携敬重陆龟蒙，他们二人在任丞相时，曾有意任命陆龟蒙为官，"盖尝有征聘之意"，但最终恐怕并未落实。从行文上看，授左拾遗之事，并非在李蔚、卢携任丞相之时，而是在后来的事情，而陆龟蒙未及受，就因病去世了。但从《新唐书》来看，陆龟蒙被任命为左拾遗，就是李蔚、卢携任丞相时的事情，只是任命的诏书刚下达，陆龟蒙就去世了，未能上任而已。就陆龟蒙的生平行事而言，上述三条资料，涉及两件很重要的事情：一是他的卒年的确定，二是他是否在李蔚、

卢携任丞相期间,被授为左拾遗。对于第一个问题,我们已在本书上编第一章《家世、生年与卒年》第三节《卒年》作过简要的辨正,结论是在李蔚、卢携二人同时为相,甚或他们二人中只有一人为相的乾符元年直至乾符六年,陆龟蒙仍然活在人间,不存在他们还在丞相任上而陆龟蒙即已去世的可能性。所以,这里仅对第二个问题作一点说明。

在我们上面所引述的《北梦琐言》和《新唐书》的两条资料,后者尤为论者所重视,它是正史,当然影响就大。最早关注这一记载,并提出不同意见的,是宋人林希逸在他的《甫里先生文集序》里所说的一段话。他的原话,我们已在本书上编第一章第三节抄录,这里不再重录。显然,他是对李蔚、卢携任丞相时任命陆龟蒙为左拾遗之事,持否定态度的。林希逸的观点,得到清代学者的赞同。四库馆臣曰:"希逸序中辨诏拜拾遗一事极精核,是证《新唐书》之误。"①我们在本书上编第一章第三节所引清人朱鹤龄《书〈笠泽丛书〉后》中的话,表明朱氏也是赞同林希逸的意见的。

清代乾嘉学派的代表人物钱大昕,至少在两篇文章中详细阐述了他有关陆龟蒙是否任拾遗之事的看法。一是在《跋〈笠泽丛书〉》一文中,他对《新唐书·陆龟蒙传》中李蔚、卢携任丞相时召陆龟蒙为拾遗的说法表示怀疑,这与宋人林希逸,清四库馆臣的看法是一致的。文章并不长,抄录如下:

> 鲁望《松陵唱和诗》作于咸通己丑、庚寅间,此书则乾符己亥所作也。唐史本传云:"李蔚、卢携素与善,及当国,召拜左拾遗,诏方下,龟蒙卒。"考《宰相表》携以乾符元年十月拜相,次年六月,蔚亦入相。五年五月携罢,九月蔚亦罢。六年十二月携复相,广明元年十二月又罢。鲁望以拾遗召,在二人当国之日,必是乾符二年以后,五年以前,其卒亦当在此时矣。今据《丛书》,则乾符六年鲁望尚无恙。计敏夫《唐诗纪事》云卒于中和初。中和改元又在己亥后二年,蔚与携皆已先死,然则史所云殆未可信也。

---

① 永瑢等撰:《四库全书总目》卷一百五十一《甫里集提要》,中华书局1965年版。

总之一句话,李蔚、卢携当国期间,陆龟蒙人尚健在,而且也没有被命为左拾遗之事。不过,他的另一篇文章《西溪别墅记》在重复了上引《跋〈笠泽丛书〉》一段文字的大意之后,却又认为在李蔚、卢携当国期间,当有召陆龟蒙为拾遗事,文中云:

> 拾遗之召,当在此数年间。而《丛书》之成,在乾符己亥,则其时先生犹无恙。计敏夫谓卒于中和初,中和又在乾符之后。卢、李二公,皆先没矣。然则先生虽以拾遗召,而坚辞不起,终全蜚遁之操,岂藉终南为捷径而捧檄色喜者哉!……世徒惜先生之不及应召,而不知先生乃召而不出,此所以为真高士。

在这段论述中,钱大昕又认为李蔚、卢携当国时,应当是有召拜陆龟蒙为拾遗之事的。只是,直到李、卢罢相、去世,陆龟蒙也没有就任此职而已;再进一步说,陆龟蒙直到去世,也没有接受这一任命,始终是一个隐士,使他成了一个"真高士"。钱大昕的这一说法,应当是基于陆龟蒙一生未曾任过朝廷一官半职的基本历史事实而作出的推论。但他认为李、卢是任命了陆龟蒙为拾遗的,只是陆龟蒙没有接受罢了。这有待斟酌。傅璇琮先生对这个问题的看法,与钱大昕异代同心,不谋而合。他说:"则卢携、李蔚为相时下诏召其为左拾遗,陆龟蒙实未卒。陆龟蒙当未应诏。不过由此亦可见卢携对清贫文士之关切。"①

我们注意到,历代的论者在考订这一问题时,均未提及《北梦琐言》的记述。我们认为,该书对这一问题的记述不仅在时间上最早,而且在行文上十分清楚。它就是两层意思:一是李蔚、卢携"景重"陆龟蒙,并引罗隐《寄陆龟蒙》诗为证。因为"景重"他,所以确实曾想要任命他做官,"盖尝有征聘之意"。但是在事实上,李蔚、卢携的意愿并未付诸实施。"黄阁今无主,青山竟不焚",就明白地告诉了我们,他们直到离开宰相府的"黄阁",都没有去做这件事。"青山竟不焚",系用了晋文公先负功臣介之推,后悔悟,命他为官,介之推逃入山中,晋文公命人焚山,介之推抱树被烧死也未出任的典故。"竟不焚",意谓李蔚、卢携命陆龟

---

① 傅璇琮:《唐翰林学士传论·晚唐卷·卢携》,辽海出版社2007年版。

蒙为官的想法实际并未去做。这个意思很显豁,并不隐晦难解。二是"唐末"以下数语,说明后来朝廷确有拜陆龟蒙为左拾遗之举,但是诏书刚下的时候,陆龟蒙就因疾病而去世,未及就任。后来,计有功的《唐诗纪事》抄录了《北梦琐言》的这段话,虽然文字上稍有不同,但这样的两层意思还是很清楚的。计有功进一步在下一段文字里,又依据《唐摭言》的记载,将陆龟蒙去世的时间,再明确了一下,这就是"中和初,遘疾而终。"我们以为,根据《北梦琐言》的记述,李蔚、卢携任命陆龟蒙为左拾遗的说法,应当予以否定。至于陆龟蒙在去世前被朝廷任命为左拾遗的记载,因史料缺乏,无法作进一步的论断,只能存此一说以备考。

第五节　乾符五年至六年春隐居甫里

在郑仁规做湖州刺史的乾符四年,陆龟蒙直到这一年的年末,尚在湖州,《纪事》诗中有云:"去年十二月,身在雪溪上"可证。大约在乾符五年春天,陆龟蒙就离开湖州,回到家乡苏州了。此时,陆龟蒙的身体就不太好了。至于他是回到在苏州城临顿里的老宅子里居住,还是居住在松江的甫里,我们不得而知。但是,陆龟蒙在乾符五年的深秋,来到松江的甫里,却是可以肯定的事情。还是上引《纪事》诗里,他又说:"春归殆秋末,固自婴微恙。岁晏弗躬亲,何由免欺诳。今来观刈获,乃在松江并。"也就是在这一年,陆龟蒙已经决定要在甫里隐居终老,效法陶渊明为榜样了。《纪事》诗在下面详细叙写了他在此时对于自己今后生活的构想,以及他的思绪情怀。

> 门外两潮过,波澜光荡漾。
> 都缘新卜筑,是事皆草创。
> 尔后如有年,还应惬微尚。
> 天高气候爽,野迥襟怀旷。
> 感物动牢愁,愤时频骯髒。
> 平生乐篇翰,至老安敢忘。
> 骏骨正牵盐,《玄》文终覆酱。

> 嗟今多赤舌,见善唯蔽谤。
> 忖度大为防,涵容宽作量。
> 图书筐簏外,关眼皆剩长。
> 饿隶亦胜无,薄田家所仰。
> 稍离饥寒患,学古真可强。
> 圣道庶经营,世途多踉跄。
> 近闻天子诏,复许私酝酿。
> 趋使奉酒材,呼儿具盆盎。
> 宵长拥吟褐,日晏开书幌。
> 我醉卿可还,陶然似元亮。

陆龟蒙明确表示要向陶渊明那样过隐居生活。尽管他仍然愤切时事,感物哀愁,慨叹贤能不被重用,才学被视作无用,谗佞之人陷害忠良,但是他已经惯看这些世态。所以,他新筑房舍,在天赋之年,准备过自己内心深处想要的生活("惬微尚"),在美丽广阔的大自然里享受乐趣;除此之外,就是以阅读书籍、写作诗文为生活的乐趣了。最近听说天子下诏,允许私人酿酒,于是就命家人酿酒,喝得酩酊大醉后,就像陶渊明那样率真,自己呼呼大睡,而让客人自己散去。这样的一番既有理性概括,又有感性抒怀的诗篇,淋漓尽致地表达了陆龟蒙决意隐逸的思想感情。

  恰如上文所说,陆龟蒙至迟在乾符五年秋天来到了松江甫里,他从咸通十三年以来,先后于湖州、庐州、苏州等地,做州长官刺史张抟、郑仁规的佐吏的生活,就此彻底结束了。上引《纪事》五言长古,可谓是一首以纪实性为主,又有议论性、抒情性的诗篇,记述了他的生活的新开始,也强烈地抒发了他的情怀。以这种隐居生活为事实前提,陆龟蒙有一系列诗文作品,大概就创作于这个秋、冬之际,形成了他在松陵唱和之后又一个创作高潮,取得了有别于松陵唱和的又一个成就。《新唐书》(卷一百九十六)《隐逸传·陆龟蒙传》云:

> 居松江甫里,多所论撰,虽幽忧疾痛,贽无十日计,不少辍也。

这段话的文字,虽是割裂陆龟蒙《甫里先生传》中"先生平居以文章自怡,虽幽忧疾病中,落然无旬日生计,未尝暂辍"而来,但所说之事,是完全符合陆龟蒙在乾符五年隐居在松江甫里的实际情况的。

我们注意到,此时陆龟蒙所作的诗篇以篇幅较长的五古为主。上文所引《纪事》诗即是一例。再如《江墅言怀》云:

> 病身兼稚子,田舍劣相容。
> 迹共公卿绝,贫须稼穑供。
> 月方行到闰,霜始近来浓。
> ……
> 南北唯闻战,纵横未胜农。
> 大春虽苦学,叔夜本多慵。
> 直使貂裘敝,犹堪过一冬。

"江墅",显然指诗人在松江旁甫里村子里的乡村草舍而言。诗人说自己有病并且孩子还小,与其在下一年,即乾符六年春的《笠泽丛书序》里所述完全吻合。又说自己已与"公卿"毫无往来,只靠种田过着贫困的生活。南北都有战事发生,天下动乱,不如就过乡居生活吧。乾符五年时,黄巢起义涉及的地区广大,连湖州都发生了战乱(参《资治通鉴》卷二百五十三)。所以,诗人就打算在贫困窘迫中,得过且过地度过这一个冬天了。此诗还有《自和》一首,重申诗人时运不济,回乡过着贫俭的隐居生活。"命既时相背,才非世所容。著书粮易绝,多病药难供。梦为怀山数,愁因忌酒浓。……此地家三户,何人禄万钟。草堂聊当贵,金穴任轻农。把钓竿初冷,题诗笔未慵。莫忧寒事晚,江上少严冬。"

《孤雁篇》所抒发的情怀,与此时期诗人离开前后数年之久的卑职佐吏,回乡隐居相吻合。诗开头数句云:"我生天地间,独作南宾雁。哀鸣慕前侣,不免饮啄晏。"诗以"孤雁"为第一人称"我"来写,借物喻己,亦"雁"亦"我",抒发作者的志趣和情怀。既然以"雁"为喻,下文连续以"晴鸢"、"斥鷃"与之相对照,又以"驽骀"、"麋鹿"作陪衬,并以"蕙芷"、"陆苋"作烘托,将"孤雁"的遭际和趣尚表现了出来。所以此诗实借咏雁,表达愤世嫉俗之情。"晴鸢争上下,意气苦凌慢","雁"不愿与之为群。"漆园《逍遥》篇,中亦载斥鷃。汝惟才性下,嗜好不可谏。""雁"也对之极为不屑。这种情感,可说是诗人刚离开数年之久的佐吏的有感之言。

《村夜》(二首)也应当是同一时期的作品。前一首开头四句云:"江上冬日短,徘徊草堂暝。鸿当绝塞来,客向孤村病。"显然所说的是诗人冬天在松江边甫里草堂的贫病交困的生活。这个"冬日"当即乾符五年的冬天。后一首开头四句又云:"世既贱文章,归来事耕稼。伊人著农道,我亦赋《田舍》。"诗人乾符四年尚在湖州做刺史郑仁规的佐吏,现在回乡种田了,当即指乾符五年之事。仔细阅读这两首诗,可知前一首主要叙写作者隐居江村的个人生活,虽然辛勤耕作,但收获甚微,过着贫困的生活:"如何在田野,家事苦辽复。耕稼一以微,囷仓自然罄。"因此,冬日夜间独坐草堂,免不了产生孤独幽愤的情怀:"愁襟风叶乱,独坐灯花迸。明发成浩歌,谁能少倾听。"但隐居生活还是自有它的乐趣的:可以听到儿女的喧哗,可以自在饮酒,恣意作诗,可以持矛习武,捉柄清谈,很具体生动地写出了作者此时的生活状态。诗中有数语点明了作者的这种闲逸生活,是在"历聘"佐吏之后的事情,"只会鱼鸟情,讵知时俗性。浮虚多徇势,老懒徒历聘。既不务人知,空馀乐天命。"这样的诗,显然是作者在数年佐吏之后,回到江村隐居的纪实性作品,又有浓厚的抒情性。《村夜》第二首则从诗人回乡隐居,耕稼艰难,生活贫困,转而记叙"刍牧言",斥责达官贵人豪奢淫靡的生活,同情"劳者"终年勤苦,而饥寒交迫的艰辛。诗中"万户膏血穷,一筵歌舞价"的句子,大似杜甫"朱门酒肉臭,路有冻死骨"的警策名言。诗的后半则表现了作者坚守仁义,希望展现治国之方,救民病痛的强烈愿望,"岂无致君术,尧舜驰上下。岂无活国方,颇牧齐教化。"用现在的话来说,诗人的愿望很美好,但现实很"骨感"。根本无人信任他、重用他,只能一筹莫展,贫困为生。"蛟龙任乾死,云雨终不借。""若与疣辈量,饥寒殆相亚。"只落得在这个"村夜"里哀吟自己的不幸和孤愤,"长吟倚清瑟,孤愤生遥夜"。

从《村夜》第二首第四句"我亦赋《田舍》"来看,陆龟蒙的《田舍赋》应当写作于此时或稍前。此赋先具体叙写,描述田舍的简陋卑小,"江上有田,田中有庐。屋以菰蒋,扉以蓬筿。笆篱捷微,方窦虚疏。檐卑歆而立伛偻,户偏侧而行趄趄。"因此有"宜从野逸,反若囚拘"的感觉,对其不太满意。然后通过作者自己,即"天随子""复自谏"的方式,否定了从事于"仕"、"工"、"商",从而坚定了隐居耕稼的意愿,"有牛角角,有田棋棋,不值恶岁,未尝孔饥。""聊惯卒岁,更俟东作。"作者这样的境况和情感,是符合他乾符五年归隐松江甫里的情境的。要说此赋作于这一年,大体上是说得通的。

陆龟蒙还有一首《微凉赋》,题下原注:"戊戌七月作。"戊戌,唐僖宗乾符五年(878年)。此赋借屈原、沈约、王筠、谢安、殷浩、石崇、潘岳、庾信、曹操、江总等人的诗、文或有关史实,抒发感秋哀愁的情怀。文人惯技,悲秋常题。但它与此时作者的生活情状是相符合的。

陆龟蒙的《幽居赋》(并序)也应该是这一时期的作品。尽管赋的开头说:"地接虎丘,门临鹤市,"似乎是叙写他在苏州城临顿里的宅第,但从序文所说:"陆子居全吴东,距长洲故苑一里。阖关不通人事,且欲吟咏情性。""既抱幽忧之疾,复为低下之居。乃作《幽居赋》。""初张蓬矢,尝逞志于四方。""退惟衡泌,聊从栖迟。"显然与本节上文所举的诗、文在遣词、语调、情感上,都颇为相近,应该认定它就是这一时期的作品。

陆龟蒙有一首体式特殊的作品《战秋辞》。"辞"乃古代文体之一种,介于诗与文之间。此文亦是。故此文描写、叙述、议论融汇一体,又善用排比铺陈,带有"赋"体的体势。文章分两大段。首段"战秋",铺陈形容"秋"的凌厉肃杀。次段呵责"秋",现在天下大乱,"瓜分豆离","秋"为什么不对作乱者施以刑戮。"天有四序,秋为司刑"。表现了作者"战秋"的真意乃在痛恨天下动乱。此文的写作可能也在乾符五年。文中云:"南北几圻,盗兴五期。方州大都,虎节龙旗。瓦解冰碎,瓜分豆离。斧抵耋老,干穿乳儿。昨宇今烬,朝人暮尸。"如此的大战乱,当指黄巢起义。故清人评点云:"王仙芝作乱,起于乾符元年。二年,黄巢应之。则此所谓'五期',是僖宗乾符五年。"①也就是说,《战秋辞》应当写作于乾符五年。此论有理有据,足资参考。

陆龟蒙还有些诗篇,作于乾符五年这一年的可能性也比较大。如

---

① 清姚氏大叠山房刻、秦曼卿校并跋:《笠泽丛书》乙集,上海图书馆藏。

《祝牛宫辞》(并序)云:"冬十月,耕牛为寒,筑宫纳而皂之。""牛宫",即牛棚,牛圈。同年所作的《田舍赋》云:"夕吹入面,朝阳曝肤。左有牛栖,右有鸡居。"可以互为参读。《迎潮送潮辞》(并序):"余耕稼所,在松江南。旁田庐门外有沟,通浦溆,而朝夕之潮至焉。"《迎潮》云:"江霜严兮枫叶丹,潮声高兮墟落寒。"所写的居处也与《田舍赋》颇相一致,所以可能是同一个时期的作品。

第六节　乾符六年重到震泽

陆龟蒙《笠泽丛书序》说:"自乾符六年春卧病于笠泽之滨,败屋数间,盖蠹书十馀箧,……体中不堪赢耗,时亦隐几强坐。内壹郁则外扬为声音,歌、诗、赋、铭、记、传、序,往往杂发。不类不次,混而载之,得称为丛书"。这段话告诉我们,陆龟蒙于乾符六年春在笠泽旁甫里的居处纂集了《笠泽丛书》,对于这一问题,我们留待后面再说。这段话还告诉我们,当时陆龟蒙虽然身患重病,但他勉力创作,写作了大量的各式文体的作品,是他一生中又一个创作上的高潮期、收获期。本章前几节所引收录在《笠泽丛书》里的陆龟蒙作品,大约都是在乾符六年春他编辑该书之前所作。在编辑该书的这段时间里,可以说也是作者写作的一个集中期。在本书前面有关章节谈到过的《丁隐君歌》(并序)、《送豆卢处士谒宗丞相序》等篇,可以认为就是此时的作品(前一篇在序里已点明了写作时间)。还有在了解和研究陆龟蒙上具有不可替代的作用的名篇《江湖散人传》、《江湖散人歌》、《甫里先生传》等,以及其他《笠泽丛书》里无法确定其作年的多数作品,如果认为它们其中相当一部分也是作者这一时期的作品,虽无确切的材料证明,但大体上是不会错的。因为它们都很符合陆龟蒙这一时期的生活状态和思想追求。在稍后不久写作的《自遣诗三十首》(其四)首句云:"甫里先生未白头",自称"甫里先生"当始于其所作的《甫里先生传》。这应当可以作为上述许多诗文写作于这一时期的一个内证。

陆龟蒙在乾符六年的隐居生活,论者考订为两段:一段即为上文所说的乾符六年春在笠泽甫里纂集《笠泽丛书》的那个春天;另一段则是他旋即前往湖州震泽别业居住(震泽,今属江苏省苏州市),一直到第二年春天即广明元年。陆龟蒙是相隔五年后重到他的震泽别业的。他的《自遣诗三十首》第一首即云:

五年重到旧山村,树有交柯犊有孙。
更感卞峰颜色好,晓云才散便当门。

"五年"之后"重到山村",新变化、新景象扑面而来,眼前的一切都令人神清气爽。这"五年"是从何年到何年呢？论者认为:乾符二年二月张抟由湖州刺史改任庐州刺史,而陆龟蒙亦由张抟在湖州的佐吏,随其前往庐州去做从事。而他的震泽别业就在湖州,所以,"自此次离湖州至重到湖州有五年,则其重至湖州当在乾符六年春卧病苏州笠泽之滨后。""陆龟蒙重至湖州震泽乃在乾符六年春,至次年广明元年春方返回苏州故里。"①以上的考述,回避了陆龟蒙于乾符四年从郑仁规在湖州一事,但作为一个说法,也可以说得通,姑从之。

　　陆龟蒙在震泽别业的这一年,虽然衰病缠身,但在诗文创作上热情高涨,写出了许多名篇佳作。首先就是《自遣诗三十首》,这组诗当是乾符六年春陆龟蒙历五年之久重回震泽别业即开始创作。其序云:"震泽别业之所作",上文所引诗中的"卞峰",即卞山,在湖州城西北近二十里的太湖南岸。再从诗中所写到的季节来说,第二首第一句"雪下孤村淅淅鸣",第九首次句"临水春寒一倍多。"是写早春,可以证明这组诗是陆龟蒙此次"重到"震泽最早的作品,也是精心结撰之作。这组诗大约是作者在乾符六年春至广明元年春整整一年里先后完成的。如写到春天,第五首云:"花濑濛濛紫气昏,水边山曲更深村。"第十三首云:"数尺游丝堕碧空,年年长是惹春风。"第二十首云:"南岸春田手自农",第二十一首云:"前溪一夜春流急,"第二十四首云:"稚子不知名品上,恐随春草斗输赢。"第三十首云:"春雨能膏草木肥。"还有一些诗句,不一一列举。如写到夏天,第二十八首云:"人间纵道铅华少,蝶翅新篁未肯

---

① 吴在庆:《唐五代文史丛考·陆龟蒙再至震泽别业及离开之时间》,江西人民出版社1995年版。

无。"如写到秋天,第八首云:"酝得秋泉似玉容,比于云液更应浓"。如写到冬春之交,第十二首云:"雪侵春事太无端,舞急微还近腊寒。"以上所写,当是陆龟蒙乾符六年这一年春、夏、秋、冬直至次年春天的情事。他可能在震泽别业过了第二年的春天,即广明元年的春天,方才离开,而又回到了松江旁的甫里。这组诗的第十七首云:"渊明不待公田熟,乘兴先秋解印归。我为馀粮春未去,到头谁是复谁非?"此处应当不是指作者仍在官府而"春未去",应是指他仍在震泽别业而还未回到苏州的松江甫里去。以上所述,多为推测之词,希望能抛砖引玉。

乾符六年的夏、秋时节,陆龟蒙创作的诗、文甚多。此期间陆龟蒙的诗、文有一个显著的特点,就是他虽然身在荒村隐居,却十分关注时事政局;还有就是结合自己的亲身经历,关心、同情在大旱和战乱的年代的民生疾苦,谴责官府仍然以重赋来盘剥人民,丝毫不顾人民的死活。如他在该年五月听闻黄巢起义军围困广州的消息后,写的《闲书》七律诗云:

> 病学高僧置一床,披衣才暇即焚香。
> 闲阶雨过苔花润,小簟风来蕙叶凉。
> 南国羽书催部曲,东山毛褐傲羲皇。
> 升平闻道无时节,试问中林亦不妨。

诗的第五句下原注:"时黄巢围广州告急。"《旧唐书》(卷十九下)《僖宗纪》云:"(乾符六年)五月,贼围广州。……黄巢陷广州,大掠岭南郡邑。"尽管陆龟蒙正在隐居中,过着闲散疏放的生活,但一听到黄巢起义军围攻广州,时局危殆,仍不免为国事焦虑忧心。《丁隐君歌》根据诗前小序所述时间,可以确定是乾符六年所作。诗与序中虽然大力赞扬隐者丁翰之的简朴野逸、儒雅潇洒的生活,"盘烧天竺春笋肥,琴倚洞庭秋石瘦。草堂暗引龙泓溜,老树根株若蹲兽。霜浓果熟未容收,往往儿童杂猿狖。"但是仍然不忘国家战乱频仍,社会动荡不安的现实,"去岁猖狂有黄寇,官军解散无人斗。"表现了强烈的忧愤时事的精神,这些都与作者此时的隐居生活和思想精神极为相符合。

约在乾符六年七、八月份,陆龟蒙作《记稻鼠》一文,记叙在大旱之年,"稻鼠"出没,危害庄稼,而官府"官督户责",又在加重人民的困苦,诗人痛斥官府犹如《诗经·魏风·硕鼠》中的"硕鼠","以刺重敛。"深切地同情民生疾苦。文章的起、结云:"乾符己亥岁,震泽之东曰吴兴,自三月不雨至于七月,当时污坳沮洳者,埃壒尘勃。……余学《春秋》,又亲蒙其灾,于是乎记。"作者要直书其事的目的说得很清楚。这一时期的陆龟蒙,既经常悲慨自己的生活艰辛,更非常同情民生疾苦。这在可能上一年所作的《田舍赋》里就有突出的表现了。此赋主要阐述作者坚持隐居的生活道路,认为依靠自耕自种,可以维持基本的生活需要。但文中也明确说了作赋之时,正是旱灾之年,基本生活难以维持,"今则阳亢而骄,苗渴而萎,十穗百粒,获夫涕洟。饘于是,粥于是,信夫鼎铭之我欺。"更可贵的是,赋中还对统治者的重赋,人民流离失所,而盗贼蜂起,社会动荡,作了沉重的表现,"加以上多而下寡,不胜剥丧之苦,转徙盗聚而充炽焉。呜呼!吾丁此时,何以逭之?"

乾符六年九月初,陆龟蒙作《送小鸡山樵人序》及《歌》,主要通过在"乾符六年春弗雨,夏支流将绝,八月暴雨"之后,家中无薪可炊,而八十多岁的樵夫直到"九月朔,方置薪二百五十于门,召而责之",批评樵夫,从而表现了在水、旱交作之年,自己一家人生活的艰窘。文章的重点在后半。由作者对"樵人"的批评,引出"樵人"的一大段议论。"樵人"以他本人以及全家的经历,深刻而沉痛地揭露了自元和以来的六十年间,江南人民沉重的赋税负担:"元和中,……当时江南之赋已重矣,迄今盈六十年,赋数倍于前,……自盗兴以来,百役皆在,亡无所容。""樵人"一家人忍饥挨饿,而难能可贵的是,他深刻地认识到,这是官府造成的,沉痛地说:"吾将欲移其责于天下之守,则吾死不恨矣"。"天下之守",这不是朝廷的最高统治者吗?这简直是把矛头直指皇帝了!这在古代的文人作品中不可多得。

在乾符六年的这个秋天,陆龟蒙学习《诗经》、乐府的艺术形式和现实主义精神,以及效法江南吴地民歌的特点,写作了一系列诗歌,在表现自己隐居生活的状态和趣尚以外,还突出地表现了民生疾苦,与上举诗、文可以参读。如《水国诗》云:"水国不堪旱,斯民生甚微。"人民的生活艰困;"我到荒村无食啖,对案又非谢梁觊。"诗人的生活也颇为窘迫。

又如《彼农诗》,题下原注:"四言二首。"前首主要叙述个人耽书学道,但生活艰辛,"有饭一盛,莫盐莫蔬。""所谓饥寒,汝何逭欤?"后首则主要同情人民疾苦,批判统治者横征暴敛,"去年西成,野有遗穗。今夏南亩,旱气赤地。遭其丰凶,概敛无二。退输弗供,进诉弗视。"不管丰年、荒年,官府照常对人民施以重赋,民不聊生。还有民歌风味浓厚的《五歌》五首,其中的《雨夜歌》、《食鱼歌》、《水鸟歌》主要写诗人自己艰辛的隐居生活和与时乖戾的隐逸情怀;《放牛歌》则犹如一幅江南吴地水乡的风俗画,十分新鲜,具有浓郁的地方特色;而《刈获歌》一篇,则是作者以亲自经历表现了那年因大旱之灾造成的自然灾害,尤其是在这种情况下,官府不恤民情,反而加重赋敛的实际情况,具有深刻的现实意义。诗中云:"自春徂秋天弗雨","芒粒稀疏熟更轻","我来愁筑心如堵,更听农夫夜深语。凶年是物即为灾,百阵野凫千穴鼠。""今之为政异当时,一任流离但征索。"此诗所写,可与上举诗文《记稻鼠》等篇参读。陆龟蒙以上几篇诗文,其基本的旨意都是批判官府不管人民死活的"重赋",这让我们想起他的那首著名的《新沙》:

渤澥声中涨小堤,官家知后海鸥知。
蓬莱有路教人到,应亦年年税紫芝。

虽然无法确切弄清楚此诗的作年,但它采用夸张、想象的手法,进行虚拟假设,推想判断,表现出统治者对人民的剥削无所不到,哪怕是神仙居住之地也不会放过,神仙也无法逃税,深刻地揭露了统治者对人民的剥削是多么沉重,简直是无以复加,不可理喻。就此诗的主旨和情调而言,都与上面几篇诗文谴责统治者"一任流离但征索"的现实主义精神和强烈地关心民生疾苦的思想,完全相一致。将它们视作同时之作,于理于情都完全讲得通,没有任何问题。

当然,乾符六年他在震泽别业期间,作为一个隐居江湖的隐士,也写作了一些主要抒发闲散疏放、高洁清雅的情怀的作品。如《鹆鹆诗》(并序)中二联云:

虽蒙静置疏笼晚,不似闲栖折苇秋。
自昔稻粱高鸟畏,至今珪组野人雠。

将鵁鶄置放在笼子里过夜,哪有它栖息在野外芦苇丛中那么自由闲适?高飞的鸟畏惧"稻粱"之诱,乡野之人与"珪组"为仇,表现了一位隐士追求自由洒脱的生活的情怀。诗序告诉我们:"客有过震泽,得水鸟所谓鵁鶄者贶余。"诗当作于乾符六年无疑。七言绝句《忆白菊》、七言律诗《重忆白菊》二诗,也以乾符六年秋作于震泽的可能性比较大。前一首开头二句说:"稚子书传白菊开,西成相滞未容回。"儿子来书信说,家中庭院里的白菊开花了,但我因为要照料秋收的事,无法回去观赏。照此看来,诗人此时是在震泽。如他是在笠泽(松江)旁的甫里,路不远,似不必这样说。后一首诗开头二句则说:"我怜贞白重寒芳,前后丛生夹小堂。"既喜爱白菊的高洁,又激赏她不畏寒冷的精神气质。"丛生夹小堂"的生长之处,应当是指作者在苏州城临顿里的房舍。诗人在松陵唱和时期曾咏白菊,张贲、皮日休、郑璧、司马都等人都有和诗,其诗题为《幽居有白菊一丛,因而成咏,呈一二知己》。此处所言"小堂"之白菊,当即指"幽居"之白菊。

第七节 广明元年再居甫里

我们在上节曾说到,此次陆龟蒙在震泽别业,应当从乾符六年春一直到第二年(即广明元年)春天。春天以后,行止不详。不过,从上节所提到的《忆白菊》、《重忆白菊》诗中所表达的情感看,如果说陆龟蒙在广明元年春天以后离开震泽,回到了苏州城临顿里的老宅子,应该是合乎情理的。假如这一推测于事实不远,那么,他的《独夜》诗则应当是本年初秋在临顿里所作。诗云:

> 新秋霁月有清境,穷檐病客无佳期。
> 生公把经向石说,而我对月须人为。
> 独行独坐亦独酌,独玩独吟还独悲。
> 古称独立与独步,若比群居终较奇。

生公说经,石头点头的故事,传说是发生在苏州虎丘寺。诗用这一典故,当作于苏州。诗人说,"新秋"美好,晚上欣赏雨后明丽的月亮,但他衰病不堪,需要别人的帮助扶持才行。诗的下半就一"独"字发抒,既写出了自己独居孤寂悲伤的情感,更表达出"独立"清高的趣尚。

不过,在广明元年的深秋时节,陆龟蒙应当是再至松江甫里的"田舍"了。乾符六年,震泽春、夏大旱,八月大雨,先旱后涝。广明元年,甫里则似乎也是一个大旱年。陆龟蒙的小品文《禽暴》应当就是该年的作品。文章开头云:

> 冬十月,予视获于甫里。旱苗离离,年无以揩。忧伤盈怀,夜不能寐。

作者正在为旱灾导致粮食歉收,生活无着而忧心忡忡,"夜不能寐"时,听到"往往声类暴雨而疾至者","明日讯其田",方知是大旱之年成群飞来的野鸭之类的野鸟,它们遮天蔽地而来,把稻穗吃完才飞走。但是,由于"盗兴以来",战乱频仍,社会动荡,致使商贾不通,制作捕获野鸟的"药"无法从"长沙豫章之涯"运来,所以,群鸟危害庄稼而无法解决。作者为此痛心疾首,将矛头直指最高统治者:"失驭之民,化而为盗。关梁急征,商不得行。使江湖小禽,亦肆其暴,以害民食。"对统治者的批判非常激愤,对人民的同情则十分深切。五言长篇古诗《南泾渔父》大约是同时之作。因为诗的开头即说:

> 予方任疏慵,地僻即所好。
> 江流背村落,偶往心已嫪。

"江流"应当是指松江,作者在甫里正是滨江而居。诗的下文云:"南泾有渔父,往往携稚造。"他常常带着儿子去拜访渔父。"问其所以渔,对我真道蹈。"渔父详细说了他的捕鱼之道,就是要顺应自然,不要过度捕捞,要留下小鱼让它长大。"孜孜戒吾属,天物不可暴。"自然界的东西,不可过度地损害它。下面,渔父话锋一转,批判统治者对人民施行重赋,不让人民休养生息,人民痛苦不堪,这对统治者也丝毫没有好处,诗云:

> 余观为政者,此意谅难到。
> 民皆死求蒐,莫肯与愍悼。

> 今年川泽旱，前岁山源潦。
> 牒诉已盈庭，闻之类禽噪。
> 譬如骜鸡鹜，岂不容乳抱。
> 孟子讥宋人，非其揠苗蹂。

对人民的横征暴敛，实际上对统治者也是自戕，可惜统治者是理解不了这个道理的。但诗人认为，这对统治者是极好的警示："吾嘉渔父旨，雅叶贤哲操。倘遇采诗官，斯文诚敢告。"

在关心民生疾苦，谴责统治者重赋剥削人民的同时，陆龟蒙也极为关注时事，哀伤战乱造成的社会动荡和人民痛苦，《禽暴》文中所说的"盗兴以来"云云，已可见这一点。大约在这一年，陆龟蒙还写了七律《伤越》诗：

> 越溪自古好风烟，盗束兵缠已半年。
> 访戴客愁随水远，浣纱人泣共埃捐。
> 临焦赖洒王师雨，欲堕重登刺史天。
> 早晚山川尽如故，清吟闲上鄂君船。

细审诗的次句，可知此诗当作于唐僖宗广明元年（880年）。据《资治通鉴》（卷二百五十三）记载，僖宗乾符六年（879年）十一月，黄巢起义军"转掠饶、信、池、宣、歙、杭十五州"。广明元年六月"黄巢别将陷睦州、婺州"。可知黄巢起义军在此期间攻掠江、浙一带长达半年之久，正与诗中所写的时、地相合。诗人迫切希望能够平定战乱，社会太平，越地山川美丽如故，他可以去重游，观赏山水风光。

此时的陆龟蒙，虽然隐逸独居，衰病在身，但是每当他面对江南的秀丽景象，仍然会表现出赏爱的情感。七律《小雪后书事》云：

> 时候频过小雪天，江南寒色未曾偏。
> 枫汀尚忆逢人别，麦陇唯凭欠雉眠。
> 更拟结茅临水次，偶因行药到村前。
> 邻翁意绪相安慰，多说明年是稔年。

诗的末句说希望明年是一个丰收年，那么，今年就是一个歉收年。这与上文提到的《禽暴》说旱灾加"禽暴"造成了荒年是吻合的。"时候频过",意谓这样的江南"小雪天"的清丽景况过了一年又一年。"频"字,即说年年如此之意。陆龟蒙从乾符五年由湖州刺史郑仁规的佐吏回乡隐居,经乾符六年,而至眼前的广明元年"小雪天",历三年,用"频"字正好切合。所以,我们据此推测,这首《小雪后书事》诗当作于广明元年的"小雪"时节。

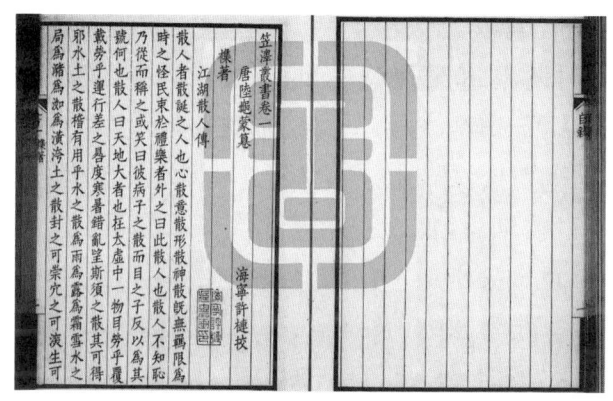

清嘉庆二十四年(1819)许氏古韵阁刻本《笠泽丛书》九卷、附考一卷书影

第八节　最后的岁月

陆龟蒙的卒年,我们在本书上编第一章第三节《卒年》作过推测,可能是唐僖宗中和二年(882年)。从我们上节所谈的广明元年冬天的"小雪"时节,至中和二年,中间还经历中和元年(广明二年七月改元中和)。这一段时光可以说是陆龟蒙生命中最后的岁月。但是,由于史料的缺乏,我们无法对陆龟蒙这一段的生活作任何具体详细的叙述。如果要勉强作一点概述的话,大概可以说,此时的陆龟蒙已经看破人生,冷眼看世界了,对所谓的贫富寿夭,也在所不计,听之任之,乐天知命了。《紫溪翁歌》(并序)或许是这一时期的作品,大体上能表现出他在此时的生活和情感。诗云:

> 一丘之木,其栖深也屋,吾容不辱。一溪之石,其居平也席,吾劳以息。一窦之泉,其音清也弦,吾方在悬。得乎人,得乎天,吾不

知所必然而然。先生弁而赓之曰："采江之鱼兮，朝船有鲈；采江之蔬兮，暮筐有蒲。左图且书，右琴与壶。寿欤？夭欤？贵欤？贱欤？"歌阕而去。

虽是以与紫溪翁对歌的形式成文的，实际上表现的是此时陆龟蒙的生活状态和思想趣尚。他在《甫里先生传》里说："时乘小舟，设篷席，赍一束书、茶灶、笔床、钓具，棹船郎而已。……岂涪翁、渔父、江上丈人之流者乎？"与此诗可以参读。

但在这一时期，陆龟蒙隐逸的风范，杰出的诗才，已经获得了当时社会上的广泛认可。时人中那些拜访或寄赠陆龟蒙的作品，大多应当出自这一时期，如曹松《拜访陆处士》云："吟鬓渐无前度漆，寝衣犹有昨宵云。将知谷口耕烟者，低视齐梁楚赵君。"就是拜谒陆龟蒙的诗作。齐己《寄松江陆龟蒙处士》："万卷功何用，徒称处士休。……中间欲相访，恐便阻戈矛。"作者意欲前往松江甫里拜访陆龟蒙，竟因战乱频仍，社会动荡而未果，真是令人叹息。殷文圭《题吴中陆龟蒙山斋》诗云："庄叟静眠清梦永，客儿芳意小诗多。天麟不触人间网，拟把公卿换得么？"亦当是拜访陆龟蒙的作品。遗憾的是，我们没有看到陆龟蒙的酬答之作。陆龟蒙在贫病交困中，大概已经很少握管写作了。不过，收录在《笠泽丛书》（卷一）中的《自怜赋》（并序），被学者们普遍认为是陆龟蒙去世前不久的绝笔之作。序的开头即云："余抱病三年于衡泌之下"，是指在《笠泽丛书序》中所说"自乾符六年春卧病于笠泽之滨"以来的三年。此说大体可通。在没有其他材料进行辩证的情况下，姑且从之。虽然赋中表达了一些立功于社会的愿望，如赋中"布衣之说，无由自通乎天子"，"布衣之说，无由自通乎宰执"，"大舜禹兮张孔姬，吾其庶几"云云，可见一斑。但从序到赋，最集中表达的还是自己贫病穷困的痛苦哀伤，甚至还有大段的有关自己衰病不堪的具体描述：

> 首蓬松以半散，支棘瘠而枯疏。中躁兮燖炮之蟹，外挠兮冠带之狙。凌兢兮上坂之马，帖捻兮横沙之鱼。行则左人而右杖，卧则夕拥而晨祛。

看来，此时的陆龟蒙真是被贫病煎熬折磨得极为痛苦，自知将不久于人世了。所以,他在序文中说:"既贫且疾,能无忧乎?忧既盈矣,能无伤乎?人既伤矣,能不夺寿乎?是不蒙五福,偏被六极者也。谁其怜之,作《自怜赋》。"赋中又云:"一蠋在木兮,柯痒叶萎。寒暑三病兮,吾宁御衰?""苟家聋户塞之弗瘳,老死空山兮已而。"确实,陆龟蒙在写作《自怜赋》时,自怜,自伤,已经想到了自己在贫病中死去的悲剧性的人生结局。

现存的当时人在陆龟蒙去世以后的文献,有两件最为值得注意。一是吴融的祭奠文,二是韦庄上疏朝廷的奏章。王定保《唐摭言》(卷十)说陆龟蒙去世后,"吴子华(融)奠文千馀言",但他只摘录了如下的一段:

> 大风吹海,海波沧涟。涵为子文,无隅无边。长松倚雪,枯枝半折。挺为子文,直上巅绝。风下霜晴,寒钟自声。发为子文,铿锵杳清。武陵深阒,川长昼白。间为子文,渺茫岑寂。豕突鲸狂,其来莫当。云沉鸟没,其云倏忽。腻若凝脂,软于无骨。云漠漠,澹涓涓。春融冶,秋鲜妍。触即碎,潭下月。拭不灭,玉上烟。

全部都是采用具体生动的物象,加之运用比喻形容、夸张铺陈的手法,淋漓尽致地表现了陆龟蒙文学作品多姿多彩的风格特色。如此写来,确实说明了作者吴融对陆龟蒙的推崇和敬重。清人编《全唐文》,其书第八百二十卷,一字不差地迻录上面一段话,题之曰《奠陆龟蒙文》。

韦庄的奏章,现在我们常见的有三种互有异同的文本。最早是王定保《唐摭言》(卷十)《韦庄奏请追赠不及第人近代者》条,录有孟郊、李贺、皇甫松、李群玉、陆龟蒙等二十人,但其中李群玉等人是及第的进士。其次是洪迈《容斋随笔·三笔》(卷七)《唐昭宗恤儒士》条亦载此事,并明言韦庄上奏章的时间是"唐昭宗光化三年十二月,左补阙韦庄奏"云云。依本书将陆龟蒙的卒年推测为僖宗中和二年(882年)的话,至昭宗光化三年(900年),时间过了十八年之久。三是《全唐文》(卷八八九)所录韦庄《乞追赐李贺、皇甫松等进士及第奏》,它在文本上比较完善,全文如下:

> 词人才子,时有遗贤。不沾一命于圣明,没作千年之恨骨。据

> 臣所知，则有李贺、皇甫松、李群玉、陆龟蒙、赵光远、温庭筠、刘德仁、陆邺、傅锡、平曾、贾岛、刘稚珪、罗邺、方干，俱无显遇，皆有奇才。丽句清词，遍在词人之口；衔冤抱恨，竟为冥路之尘。伏望追赐进士及第，各赠补阙、拾遗。见存罗隐一人，亦乞特赐科名，录升三级，便以特敕，显示优恩。俾使已升冤人，皆沾圣泽；后来学者，更励文风。

其实，这些陆龟蒙死后的荣宠，适足以见其生前的悲剧。

第九节　纂集《笠泽丛书》

陆龟蒙将自己的诗、文作品，纂集而成《笠泽丛书》，是乾符六年春天的事情。从本书叙述的时间顺序上来说，应该插在本章第四节与第五节之间加以叙述。为了行文上的方便，我们安排于此作一番简要的说明。叙述陆龟蒙纂集《笠泽丛书》以及相关问题，首先要重视的文献资料，就是陆龟蒙自己的《笠泽丛书序》。其序全文如下：

> 丛书者，丛脞之书也。丛脞犹细碎也。细而不遗大，可知其所容矣。自乾符六年春，卧病于笠泽之滨，败屋数间，盖蠹书十馀簏。伯男儿才三尺许长，龀齿犹未遍。教以药剂，象梧子大小，外研墨沌笔，供纸札而已。体中不堪羸耗，时亦隐几强坐。内壹郁则外扬为声音，歌、诗、赋、颂、铭、记、传、序，往往杂发。不类不次，混而载之，得称为《丛书》。自当缓忧之一物，非敢露世家耳目，故凡所讳，中略无避焉。笠泽，松江之名。

这篇序文中有关陆龟蒙的一些文学理论的问题，如说诗文作品，"内壹郁则外扬为声音"，"自当缓忧之一物"，可以帮助人们排解忧愁等等，这里暂且不论，留待本书下编探讨陆龟蒙的文学思想时再说。此处打算谈两个问题。一是《笠泽丛书》编辑及作品的收录问题，二是《笠泽丛书》的版本流传问题。

先说第一个问题。从序文我们可以确定，《笠泽丛书》纂集成书，是在乾符六年的春天,时作者身患疾病,居住在松江之畔的甫里。虽是在"卧病"之时,他还是在尚未成年的儿子"研墨沌笔,供纸札"的帮助下,勉力为之,创作了大量的作品,"歌、诗、赋、颂、铭、记、传、序,往往杂发",各种文体的作品,随着抒发感情的需要,随时写作出来。应该又是因为疾病缠身,他根本无力如编纂《松陵集》那样,既注意到诗歌的题材内容,又精细地根据体裁形式,甚至还考虑到创作时间等多方面的原因,来纂集眼下的这些作品了。所以,陆龟蒙就干脆将这些作品汇总在一起,各种诗、文体裁不分,它们的篇幅长短也不论,"细而不遗大,可知其所容矣",包罗万象,将自己创作的作品全部都编辑起来,以利于保存吧。我们又从作者所说的"不类不次,混而载之,得称为丛书"这几句话,可以很清楚明白地体会到:陆龟蒙在纂集《笠泽丛书》时,似乎好像就准备了一只袋子,把自己一个时期以来的作品放进去就是了。他应该对这本自编的作品集,既没有按题材内容,也没有按文体形式作出分类,所以,也就没有为它们编出目次,更没有编出卷数。更有甚者,我们还有理由推测,作者不仅是把在序文中所说的"自乾符六年春,卧病于笠泽之滨"的这个春天里"往往杂发"的作品,收入《笠泽丛书》中,还把此前(也就是松陵唱和之后,到乾符以来数年间)的一些作品,也录入在里面了。不然的话,《笠泽丛书》里还有一些此期间的作品,就无法解释了。难道能说它们是后人增添进去的吗？而且我们还进一步认为,作者编纂《笠泽丛书》,在文体上赋予它无所不包、无所不容的功能；在编次上,又让它"不类不次,混而载之",似乎作者在此时已经拟定,今后自己所创作的作品,也将纳入其中吧。因为按照学者们普遍认可的看法,《自遣诗三十首》等一大批诗、文,是陆龟蒙编辑了《笠泽丛书》以后,移居当时的湖州震泽的作品,那么,它们存在于该"丛书"中,就应该是作者继续增加的结果。如果假定为是后人代为窜入,恐怕难以令人信服。后人到底有没有在《笠泽丛书》里增添作品呢？以情理揣度,后世《笠泽丛书》版本中所谓"补遗"的部分,应当属于这种情况。

其实,陆龟蒙纂集《笠泽丛书》,没有分卷,各种文体又混杂在一起,我们这样的看法,是通过其序文中的一些话绌绎出来的,应该不至于大错。而且我们还认为,陆龟蒙大约写作于同一时期的《甫里先生传》里

的一段话,甚至可以用来为我们的看法作一验证。他是这样说的:

> 先生平居以文章自怡,虽幽忧疾病中,落然无旬日生计,未尝暂辍。点窜涂抹者,纸札相压,投于筐箱中,历年不能净写一本。或好事者取去,后于他人家见,亦不复谓己作矣。

这段话,学者们大多是注意到了的。但一般都是用它来说明陆龟蒙作品的散佚之多,搜集之不易,编辑其文集之艰难,而我们则认为,它完全可以用来佐证《笠泽丛书》"不类不次,混而载之"的编纂原则,以及该书最初的成书形态。

再谈第二个问题,《笠泽丛书》的版本流传问题。这个问题,与我们所谈的第一个问题密切相关。我们在上文说过,陆龟蒙在纂集《笠泽丛书》时,大概并没有分卷。它在古籍图书中,属于比较特殊的情况。到了宋代,史志书目上著录《笠泽丛书》,都是分卷的,只是卷数各不相同。兹列举最重要的几种。孙光宪《北梦琐言》(卷六)《陆龟蒙追赠》条云:"《笠泽丛书》五卷。"王尧臣、王洙《崇文总目》(卷五):"《笠泽丛书》三卷。"《新唐书》(卷六十)《艺文志》(二):"《笠泽丛书》三卷。"从宋初到北宋中期,以上三家著录《笠泽丛书》有五卷、三卷这两种情况。而到了北宋后期,先后出现了两个《笠泽丛书》的刻本。先是蜀地郫人樊开于宋哲宗元符庚辰(1000年)的刻本,他在《陆鲁望文集序》里说:"《笠泽丛书》八十馀篇。"说明他刻《笠泽丛书》所依据的原本只有大概的诗文的篇数,而没有分卷。后是毗陵人朱衮在苏州吴江刻《笠泽丛书》,他在《笠泽丛书·后序》里说:"世所传《丛书》多舛谬",而未明言其诗、文的篇数,更未说其卷数。很显然,上述两个刻本是并不相同的本子。在后代有关《笠泽丛书》的版本上,前者称为蜀本,后者称为吴江本。但这两个刻本有一个共同点,即它们都为《笠泽丛书》分卷了,却又不是北宋前中期的三卷或五卷。据南宋陈振孙《直斋书录解题》(卷十六)著录:"《笠泽丛书》,蜀本十七卷,元符中郫人樊开所序。""十七卷"的"十"字,学者多认为是衍字。按《文献通考》作"七卷",而其资料来源即《直斋书录解题》。又据陈振孙同书同卷云:"《笠泽丛书》四卷,《补遗》一卷。唐处士吴郡陆龟蒙鲁望撰。为甲、乙、丙、丁,诗、文杂编。政和中,朱衮刊之吴江。末有四赋,用蜀本增入。"这就告诉我们,朱衮在刻《笠泽丛书》时,他看到了七卷本即蜀本的《笠泽丛书》,但他并没有沿袭该书的分卷,却是分作四卷,而以从蜀本逐录的四篇赋,置于全书的最后面,作为《补遗》一卷。值得补述的是,稍早于陈振孙的晁公武,在其《郡斋读书志》(卷十八)著录:"陆龟蒙《笠泽丛书》四卷。"惜其未能如陈振孙那样交代所著录的版本来源,不知是否就是吴江本《笠泽丛书》四卷,而未标明《补遗》一卷?

叙述到这里,我们是否可以尝试着作出以下推测:陆龟蒙纂集《笠泽丛书》时,是没有分卷的。而到了宋代的前、中期,《笠泽丛书》已经被人分卷了,但卷数有三卷、五卷的不同。但此时在社会上流传的《笠泽丛书》,仍有不分卷的本子,樊开、朱衮各自刻《笠泽丛书》,他们所依据的本子就都是这样的。但他们所刻本,则都为《笠泽丛书》分卷了,前者七卷,后者四卷加补遗一卷。在后代,朱衮所刻的吴江本《笠泽丛书》,似乎在流传过程中更普遍,也就更为人们所重视。到了南宋后期的苏州人叶茵,就是将四卷本的《笠泽丛书》和《松陵集》(十卷)中的陆龟蒙作品,合编在一起而成《甫里先生集》,产生了文学史上第一个陆龟蒙诗文全集本。

我们再进一步地说,朱衮所刻吴江本《笠泽丛书》,将其分为"四卷",明言"为甲、乙、丙、丁,诗、文杂编",又"末有四赋,用蜀本增入",作为"补遗"一卷,从此奠定了《笠泽丛书》四卷、《补遗》一卷的最主要的版本形态,这是一个很大的学术贡献。当然,我们也了解到,宋代以后,《笠泽丛书》的版本问题,仍然是纷繁复杂的,这从《四库全书总目提要》(卷一百五十一)有关《笠泽丛书》四卷、《补遗》一卷的提要中,就可以窥见一斑。清代出现了众多的《笠泽丛书》的整理本,现在都是各大图书馆的善本藏书了(可参阅《中国古籍善本书目》等书)。通过这些本子以及它们的序、跋、校记等,也可以知道《笠泽丛书》的版本很多,情况复杂。就我们所寓目的书籍看,万曼《唐集叙录》一书中《甫里先生文集》一文,是迄今叙述这一问题最详尽的著述,可资参考。

第七章 "江湖散人"宗风的深远影响

在历史上，陆龟蒙以晚唐著名的诗、文大家而著称，也以一个隐逸的高人形象而流芳千年，这就是"江湖散人"宗风的深远影响。

陆龟蒙的一生，始终没有名挂朝籍。虽然他在早年干谒过，也希冀应举入仕，但都没有结果。咸通后期以后，还曾做过湖州、苏州、庐州的佐吏，但这些都是地方州府的从事，为了谋生而已，仍然是没有真正意义上的官籍。说到底，陆龟蒙就是以隐士的身份度过一生的。时人是认识到并且认可了的。在他的生活的最后几年，对他表示敬重仰慕的诗人，如曹松、尚颜、齐己等人，无不在寄赠陆龟蒙的诗篇里称他为"陆处士"，就说明了这一点。入宋以后以至清代，陆龟蒙隐逸的名声藉藉，成为文学史上与陶渊明先后相映生辉的著名隐士。早在北宋前中期欧阳修、宋祁所著的《新唐书》里，就为陆龟蒙在《隐逸传》里立传，标志着他隐逸的名声、荣耀，不仅在民间，而且在封建社会的上层官方也获得了承认，并有意识地加以宣扬。

陆龟蒙的隐逸，形成了一个广为千年以来的人们钦佩、弘扬的人格趣尚和精神品格，这就是所谓的"江湖散人"的宗风。这种宗风，陆龟蒙躬行了一生。而他在这个过程中，也不断地从感性认识上升到理性概括上，作出了深入而精到的阐述。所以，陆龟蒙的"江湖散人"的宗风，是由他本人就完成了的，后人只是进行学习、效法而已，并未见实践上的超越和理论上的升华。而在陆龟蒙的生命历程中，"江湖散人"的宗风也有一个发展的过程。

陆龟蒙的一生，最值得我们重视的大致上有三个时期："十载江南"

的漫游时期、松陵唱和时期以及《笠泽丛书》纂集前后的时期。第一个时期,陆龟蒙的漫游,如同一般的唐代人一样,当然有干谒和创造名声的意思,但是不可否认,他在这一过程中,游览、欣赏江南一带秀丽美好的山水景色,了解其历史发展和社会状况,探索寻访古迹,仰慕前贤,也释放了他自己豪纵疏放的情怀。这在精神实质上,与"江湖散人"的宗风,有一定的契合度,可谓是其发展的第一个阶段。陆龟蒙后来有两首七言绝句,可以说对它作出了很好的描述和概括。《怀宛陵旧游》:

> 陵阳佳地昔年游,谢朓青山李白楼。
> 惟有日斜溪上思,酒旗风影落春流。

尽管本诗只写陆龟蒙"十载江南"时期游览宣州一地的情形,但我们可以以它为典型,了解他漫游江南一带的生活和思想状况。《奉和春夕酒醒》:

> 几年无事傍江湖,醉倒黄公旧酒垆。
> 觉后不知明月上,满身花影倩人扶。

此诗见于《松陵集》(卷六),是作者奉和皮日休《春夕酒醒》之作。此诗构思巧妙,情致豪纵,风格清疏。诗从皮日休所写眼前的"春夕酒醒",联想到自己前些年漫游江南期间的"几年"中常有的醉酒情景,而通过后二句集中笔墨,倾力刻画春天夜晚的明月之下,花影丛中,酩酊大醉,而由他人相扶的醉态,表现出"几年无事傍江湖"的一个缩影,显现出他豪放疏纵、萧散洒脱的形象。不能不说这是"江湖散人"宗风的一种体现。

到了松陵唱和时期,虽然持续的时间只有一年多,但由于有皮日休等许多诗友互相之间的欣赏和激励,"江湖散人"的宗风得到了突出的表现。这期间,陆龟蒙给自己起了"天随子"的外号,一直到他晚年创作《笠泽丛书》中一些诗文时,还这样自称。可以看出,"天随子"和后来"江湖散人"的称号,在精神实质上是完全一致的。在《松陵集》里,陆龟蒙在《渔具诗序》、《樵人十咏序》、《奉和太湖诗二十首》中的《缥缈峰》等诗文中都自称"天随子"。大概是因为"天随子"这一称号很能表现陆龟蒙在松陵唱和时期的生活和趣尚,皮日休在与陆龟蒙的唱和诗里,三番五次地用到它,如《太湖诗二十首序》、《添渔具诗序》、《酒中十咏序》、《茶中杂咏序》、《开元寺佛钵诗序》等都是显例。到了晚年,陆龟蒙还是喜爱用这一自称,《笠泽丛书》中的《杞菊赋》、《田舍赋》、《战秋辞》等诗文就是例子。这些当然都是因为"天随子"的别号可以很好地表现出陆龟蒙与皮日休等人之间大量的咏茶、咏酒、咏渔具、咏樵人、咏太湖山水、咏四明山、咏各种各样花草树木、咏园囿林亭,以及朋友之间宴集、赠答等等,无不都有"天随子"的精神内涵和品格特色包含于其中。诗中也有许许多多的名言隽语表现了"天随子"的宗尚,如"菰烟芦雪是侬乡,钓线随身好坐忘"(《奉和次韵吴中言情寄鲁望》),"清涧无波鹿无魄,白云有根虬有须","云虬涧鹿真逸调。刀名锥利非良图"(《独夜有怀因作吴体寄袭美》),"见织短篷裁小楫,挐烟闲弄个渔舟"(《正月十五日惜春寄袭美》),"比邻钓叟无尘事,洒笠鸣蓑夜半归"(《春雨即事寄袭美》),"迟于春日好于秋,野客相携上钓舟"(《新夏东郊闲泛有怀袭美》),这样的诗句,在《松陵集》里是成十上百、摘录不完的。它们都点点滴滴地表现出了"天随子"此时的生活状态和精神面貌;而将它们结合在一起,则可以让我们完整地看到一个"天随子"的自画像。

晚年纂集《笠泽丛书》前后这一时期,陆龟蒙还继续用"天随子"这一自号以外,还给自己戴上了"甫里先生"、"江湖散人"这两个徽号。前者是由他的隐居地松江之畔的甫里得名,并为此而作《甫里先生传》,继承了陶渊明《五柳先生传》、王绩《五斗先生传》、白居易《醉吟先生传》的传统。后者则是陆龟蒙对自己一生隐居江湖,潇洒散诞的生活的精确总结,他为此而写了《江湖散人传》及《江湖散人歌》。如果说《江湖散人传》和《江湖散人歌》比较侧重于对"江湖散人"精神内涵和品格特征的揭示,那么,《甫里先生传》则是侧重于对"江湖散人"隐逸生活状态的具体描写叙述。将它们有机地结合在一起,就构成了"江湖散人"内在和外化两个方面的表现形态,从而构成"江湖散人"由内及外、表里合一的完整形象。就是这个形象,从晚唐以来,影响了上千年的中国知识分子,塑造出古代隐逸文化的一些基本特质。稍带一句的是,"江湖散人"和"天随子"在精神实质上是高度契合的,所以在后代的诗文里,常常是可以随意混用的,并没有什么界限之分。我们不妨将它们的主要部分

抄录在下面,来看看陆龟蒙的笔下他所自名的"江湖散人"或"天随子"是怎样的形象?《江湖散人传》:

> 散人者,散诞之人也。心散、意散、形散、神散,既无羁限,为时之怪民。束于礼乐者外之,曰:"此散人也。"散人不知耻,乃从而称之。

《江湖散人歌》:

> 江湖散人天骨奇,短发搔来蓬半垂。手提孤篁曳寒茧,口诵太古沧浪词。……所以头欲散,不散弁峨巍。所以腰欲散,不散佩陆离。行散任之适,坐散从倾欹;语散空谷应,笑散春云披;衣散单复便,食散酸咸宜;书散浑真草,酒散甘醇醨;屋散势斜直,树散行参差;客散忘簪屦,禽散虚笼池。外物一以散,中心散何疑?……四方贼垒犹占地,死者暴骨生寒饥。归来辄拟荷锄笠,诟吏已责租钱迟。兴师十万一日费,不啻千金何以支?只今利口且箕敛,何暇俯首哀惸嫠。……江湖散人悲古道,悠悠幸寄羲皇傲。官家未议活苍生,拜赐江湖散人号。

从这首歌的后半可以看出,"江湖散人"的陆龟蒙,尽管追求散诞不羁、诗酒风流、潇洒日月、江湖自放的生活,但是不仅没有忘怀时事,而且关注社会的战乱,对民生疾苦的同情心还是十分强烈的。《甫里先生传》借传记的形式,具体叙写"江湖散人"的生活和情趣:

> 甫里先生者,不知何许人也。人见其耕于甫里,故云。先生性野逸,无羁检。好读古圣人书,探六籍,识大义。就中乐《春秋》,抉摘微旨。……
>
> 先生平居以文章自怡,虽幽忧疾病中,落然无旬日生计,未尝暂辍。……少攻歌诗,欲与造物者争柄,遇事辄变化不一。其体裁始则鞍铄波涛,穿穴险固,囚锁怪异,破碎阵敌,卒造平澹而后已。
> ……
>
> 先生之居,有地数亩,有屋三十楹,有田奇十万步,有牛不减四十蹄,有耕夫百余指。而田污下,暑雨一昼夜,则与江通,无别已田

他田也。先生由是苦饥困,仓无升斗蓄积,乃躬负畚锸,率耕夫以为具。……

先生嗜荈,置园于顾渚山下。岁入茶租十许薄为瓯蚁之实。……

性不喜与俗人交,虽诣门不得见也。不置车马,不务庆吊。内外姻党伏腊丧祭,未尝及时往。……时乘小舟,设篷席,赍一束书、茶灶、笔床、钓具、棹船郎而已。所诣小不会意,径还不留,虽水禽骇起、山鹿骇走之不若也。人谓之江湖散人,先生乃著《江湖散人传》而歌咏之,……不传姓名,无有得之者。岂涪翁、渔父、江上丈人之流者乎?

我们之所以要详引以上几段话,是因为它们确实在形成并影响后世的"江湖散人"的宗风上,产生了极为深刻、久远的作用。后代文人墨客笔下的"江湖散人"、"天随子"的形象和精神,就是从上述陆龟蒙的几段话发展衍化而来的。就其最根本的精神特征而言,我们看不出有什么巨大的演变和深化,只是流波迢递,世代流传,为人们学习、效法而已。

陆龟蒙的一生,以隐逸江湖而著称于世。他为自己起的名号"江湖散人"、"天随子"等,很形象地标示了作为一位隐逸者的脱俗绝尘、孤高散诞的性格特征,并且深远地影响了后世。他走这一条人生道路,首先是他身当晚唐,社会丧乱,国运衰颓,不得已而如此。还有一个重要的历史原因也不可忽视,就是他的家乡姑苏自古以来浓厚的隐逸风气影响了他。春秋战国以来,吴越地区不断出现放浪于名山胜水、鄙弃功名、以耕读为人生志趣的隐士。特别是西晋张翰见秋风而思念故乡,挂冠归隐的举动,更直接地孕育了此后该地区具有浓厚的地方人文传统特征的隐逸之风。有唐一代,江南一带的人士热衷于隐逸更是蔚为风气。初唐的"吴中四士"、中唐的"吴中诗派"、大历浙东诗人群和浙西诗人群,直至皮、陆为代表的咸通苏州诗人群里,许多人都有过隐逸的经历,乃至终身不仕。这当中,陆龟蒙无疑是最有代表性的。正因为如此,他在当时就以此声名藉甚,并且影响了宋代以后的历代文人(特别是江南人士)。"江湖散人"的遗风余韵,可谓世代相传,弥漫于太湖的烟霞雾霭之中。

吴中隐逸风气中，隐逸者的生活内容主要由两个层面构成：放情山水与厌饫典籍。它有着浓厚的文化气息。尽管历代各地隐逸者的生活大多具有这种特点，但以吴中更富典范性。这是在陆龟蒙以前已经出现的倾向，而经过陆龟蒙、皮日休的总结、揭橥，特别是陆龟蒙隐逸生涯的实际情形所起到的巨大示范作用，即成为"江湖散人"的风范。皮日休《二游诗序》(《松陵集》卷一)中称述"吴之士"徐氏、任氏二人，其基本意思就是赞扬他们或"守世书万卷，优游自适"，或"其居有深林曲沼，危亭幽砌"二端，过着放情山水园亭、饱读经史典籍、诗酒疏放的生活。皮日休《二游诗》和陆龟蒙《奉和二游诗》，都是围绕这个意旨成诗的。他们在松陵唱和时期的生活情形是如此，后来，陆龟蒙《笠泽丛书》创作时期的生活更是如此。在我们下文的论述中，就可以看出，"江湖散人"的宗风影响后世，吸引历代人们的魅力正是在这一方面。

如前文所述，陆龟蒙的所有别号，包括"江湖散人"在内，原本都有愤世的含义。但是，后代人心目中的"江湖散人"，愤世的一面被淡化，乃至被消泯了，而主要是称道其闲逸萧散、高洁疏旷的隐士生活和脱俗情怀了。这是晚唐以来人们称述、接受、效法陆龟蒙的基本点。它是由古代文人的生活决定的。在人生道路上，古代文人主要有"入仕"、"出仕"二途。入仕做官的人，与陆龟蒙生前从未挂名朝籍悬殊太大，当然也就很少想到他了。但那些在仕途上遭受打击与挫折的人，潇洒江湖，放情山水，虽然是不得已的事情，却常常会想到陆龟蒙，引以为同调，以此让心灵得到莫大的慰藉；也还有一些人，或是时代社会的原因，难以进入官场；或有烟霞癖好，不愿做官，隐居林泉，都以耕读为乐趣，诗书琴酒相伴终生，他们都会以陆龟蒙为榜样，倘佯江湖，鄙弃轩冕，脱略世俗，娱情于烟水泉石之上，承传"江湖散人"的宗尚，使之一代一代地延续下去。

对于陆龟蒙啸傲江湖、诗酒风流、清高脱俗、旷达疏放的"江湖散人"宗风的赞美，最早当然是参与《松陵集》唱和的皮日休等人。特别是皮日休，在与陆龟蒙长达一年有馀的诗文酬酢中，反复称赞他闲逸散诞的林泉高致。"角柄孤轮细腻轻，翠莲十载伴君行"。"朱衣鲋足和蓑睡,谁信人间有利名"。①"白鸟白莲为梦寐,清风清月是家乡"②。此类名章隽句还有许多,不必赘举。足见皮日休是十分激赏陆龟蒙潇洒江湖、放浪山水,与诗书茶酒相伴为生的志趣的。这确实是陆龟蒙此时乃至一生的基本事实。"唐时隐逸诗人,当推王无功、陆鲁望为第一"。③这是就其诗歌创作而言的。就其生活情况而言,也未尝不是如此。而且正是这诗歌与人生的结合,才使陆龟蒙在文学史上久负盛名,并深刻地影响了许多后代人的生活道路。论列"江湖散人"的遗风馀韵,也应当将这两方面结合起来进行考察,才是完整的。晚唐五代时期,殷文圭极为推崇陆龟蒙,既作《览陆龟蒙旧集》,赞美其文才诗风,又作《题吴中陆龟蒙山斋》,称述其隐逸生活的清风峻节。诗云:

> 万卷图书千户贵,十洲烟景四时和。
> 花心露洗猩猩血,水面风披瑟瑟罗。
> 庄叟静眠清梦永,客儿芳意小诗多。
> 天麟不触人间网,拟把公卿换得么。④

殷文圭的两首诗,提示了后人尊崇、效法陆龟蒙"江湖散人"宗风的两个基本层面。清人贺裳说:"吾之重之,以其文,以其人。"⑤其实,历代的人们都是这样的。

北宋时期,皮、陆的唱和诗影响极大,是以苏、黄为代表的和韵诗风的重要渊源之一。"江湖散人"的风尚在此时也对人们产生了一定的影响。《新唐书》(卷一百九十六)将陆龟蒙列入《隐逸传》,既是对史实的记述,其中也含有对其翛然于山水的称道之意。宋哲宗元符三年(1100年)郫人樊开序蜀刻本、徽宗政和元年(1111年)毗陵朱衮序吴江刻本《笠泽丛书》,分别简要叙述了陆龟蒙的仕履出处,指出他一生隐居家乡,终老江湖;并对"江湖散人"的品格趣尚给予了肯定。特别要提及的是苏轼,他因为反对王安石变法而自求外放,在任密州知州期间,于熙

---

① 皮日休:《鲁望以轮钩相示,缅怀高致,因作三篇》其一,《松陵集校注》卷七,中华书局 2018 年版。
② 皮日休:《鲁望以轮钩相示,缅怀高致,因作三篇》其二,《松陵集校注》卷七,中华书局 2018 年版。
③ 何良俊:《四友斋丛说》卷二十五,中华书局 1959 年版。
④ 《全唐诗》卷七百七,中华书局 1960 书版。
⑤ 贺裳:《载酒园诗话》又编,郭绍虞编:《清诗话续编》,上海古籍出版社 1983 年版。

宁八年(1075年)秋作《后杞菊赋》,虽有讥刺"新法"之意,更有效法陆龟蒙安贫乐道的志趣。赋的序文中记叙他从最初对天随子"常食杞菊",又"作赋(按,指陆龟蒙《杞菊赋》)以自广"的不理解,到自己仕宦十九年来,"家日益贫,衣食之奉,殆不如昔者",及至密州期间求一饱而不得,只好与通判刘廷式"循古城废圃,求杞菊食之,扪腹而笑",并"作《后杞菊赋》以自嘲,且解之云",深切地体会到陆龟蒙穷约困顿、食杞菊充饥的风概节操,从中他领悟到了"人生一世,如屈伸肘"①,应当追求浮云富贵、怡悦性情的人生境界。苏轼以其豁达的情怀,在政治上失意和生活上贫窘的境遇下,接受了陆龟蒙安贫乐道的风期襟怀,并加以效法,虽然他身在官场,与陆龟蒙隐逸江湖的形迹不同,而在思想精神上是相当契合的。北宋后期,马永易著《实宾录》,该书卷二"甫里先生"条,是陆龟蒙的传略,文字多以陆龟蒙的《甫里先生传》和《江湖散人传》节略而成,谈不上有什么新意,但其笔墨很集中,可以说将"江湖散人"的英标逸韵,简要明白地描述出来了。

要强调的是,北宋时,在陆龟蒙的乡梓太湖地区,就已经出现了浓厚的推尊"江湖散人"清风峻节的地方人文风气。此风延续到南宋,在当时特殊的社会时代背景和文人生活境况相结合的基础上,得到了极大的发展,成为文人们的一种生活追求和理想境界。简言之,民族矛盾空前惨烈,国家分裂,幅员促狭,人们的生活范围受到极大的限制,麇集于东南一隅,仕途艰窘,沉沦困顿,只得放浪于山水之间,过着类似于陆龟蒙式的江湖自放的生活,这就是南宋的社会时代背景和文人生活境况。正因为如此,"江湖散人"的风范得到了人们广泛而深入的接受,其遗风余韵也就大畅于时了。我们先看一段材料:

> 越上将军范蠡、江东步兵张翰、赠右补阙陆龟蒙,各有画像在吴江鲈乡亭旁。东坡先生尝有《吴江三贤画像》诗。后易其名曰"三高",且更为塑像。臞庵主人王文孺献其地雪滩,因迁之。今在长桥之北,与垂虹亭相望,石湖居士为之记。②

---

① 苏轼:《后杞菊赋并序》,《苏轼文集》卷一,中华书局1986年版。
② 龚明之:《中吴纪闻》卷三,上海古籍出版社1986年版。

据此,可以断定,早在北宋中期,吴中人士即将陆龟蒙在内的三位先哲尊为"三贤"了。又据范成大《三高亭记》:"乾道三年二月,吴江县新作三高祠成"①诸句,此亭建成于宋孝宗乾道三年(1167年)。由北宋的"三贤",各有画像于鲈乡亭旁,到南宋的"三高",并塑像,专门为之建造三高亭,不难看出,在这个过程中,人们对三位前贤的品质、精神的认识越来越明确而深刻了。一个"高"字,准确地标示了三位前贤鄙弃功名、脱略势利、风期清逸、襟怀磊落的思想精神。就陆龟蒙而言,"江湖散人"的遗风馀韵,也就由此完全确立起来了。

南宋时,人们还建祠庙纪念陆龟蒙,所彰显的也是他隐逸的高风亮节。龚明之《中吴纪闻》(卷三)《甫里》条云:

甫里,在长洲县东南五十里,乃江湖散人陆龟蒙字鲁望躬耕之地,散人庙食于此。一方之人,至今想其高风,常夸示于四方,以为荣焉。

南宋时,陆龟蒙在他家乡人心目中的形象,就在于他散诞于江湖之上的"高风"。范成大《三高亭记》中的评述赞美也是如此。楼钥《读三高祠记诗》同样是抓住这一点着笔的:"三高之风天与高",具体就体现在"扁舟独钓脍鲈鱼,茶灶笔床归甫里"②的隐逸生涯上。南宋末郑思肖《陆龟蒙茶灶笔床图》诗,激赏的仍然是"江湖散人"放浪江湖、诗酒风流的隐士生涯和情趣,诗云:

笠泽往来无定期,煮茶垂钓醉吟诗。
一船清致终难画,不是散人应不知。③

上文谈到范成大作《三高亭记》,其时他尚在官场,方始经营石湖④;晚年退居此处,过着清闲的生活,恐怕是受到"江湖散人"的风概影响的。郑思肖的诗,应作于宋亡以后。作为爱国志士,他赞美"散人"的清风逸韵,显然寄寓着他的亡国之痛。这与范成大的情形不同,要注意区别。

---

① 周密:《齐东野语》卷十六,中华书局1983年版。
② 周密:《齐东野语》卷十六,中华书局1983年版。
③ 郑思肖:《一百二十图诗集》,《郑思肖集》,上海古籍出版社1991年版。
④ 孔凡礼:《范成大年谱》,齐鲁书社1985年版。

在南宋中、后期,效法"江湖散人"的风韵,是大有人在的。如罗大经曾自言:

> 农圃家风,渔樵乐事,唐人绝句模写精矣。余摘十首题壁间,每菜羹豆饭饱后,啜苦茗一杯,偃卧松窗竹榻间,令儿童吟诵数过,自谓胜如吹竹弹丝。……陆龟蒙云:"雨后沙虚石岸崩,渔梁移入乱云层。归时月落汀洲暗,认得妻儿织网灯。"①

这不是单纯的阅读、欣赏诗歌的问题,更主要的是陆龟蒙等人诗中闲逸萧散的情趣与罗氏十分契合,因而得到了他的称赏。又如陆游,他是著名的爱国诗人,但一生不得志,大部分岁月是在家乡绍兴闲居中度过的。这种生活情形与陆龟蒙有一定的类似之处,所以,他视陆龟蒙这一宗门前辈为异代知己,经常表示要学习他的"散人"宗风。"松陵甫里旧家风,晚节何妨号放翁"②。"平原不复赋《豪士》,甫里但思歌《散人》"③。"吾宗甫里公,奇辞赋《渔具》"④。陆游从"江湖散人"的风范中受到了不小的启发,这构成了他诗歌的另一面,也是他的生活和思想的另一面。

南宋诗人里,受"江湖散人"影响最大的莫过于姜夔。"姜郎未仕不求田,倚赖生涯九万笺"⑤。他一生未曾做官,是南宋文人里最著名的"清客"。他攀附权贵以获得生活资料,与陆龟蒙颇不相同,但他浪迹江湖,则与其十分相似。所以,他在人生态度和生活追求上,极愿意与陆龟蒙为伍,"第四桥边,拟共天随住"⑥。他将"三高"进行比较,觉得范蠡飘然五湖之前有一段成就越王勾践灭吴之事,张翰归隐故乡前也有过作官京城的经历,都不能算是真正的江湖隐士,惟有陆龟蒙才是这样的人。《三高祠》诗云:

---

① 罗大经:《鹤林玉露》甲编卷二,中华书局1983年版。
② 陆游:《幽居》,钱仲联:《剑南诗稿校注》卷十三,上海古籍出版社1985年版。
③ 陆游:《小筑》,钱仲联:《剑南诗稿校注》卷十六,上海古籍出版社1985年版。
④ 陆游:《读苏叔党汝州北山杂诗次其韵》十首之七,钱仲联:《剑南诗稿校注》卷四十四,上海古籍出版社1985年版。
⑤ 陈造:《次姜尧章饯徐南卿韵二首》其一,《全宋诗》(第四十五册),北京大学出版社1998年版。
⑥ 姜夔:《点绛唇》(丁未冬过吴松作),夏承焘:《姜白石词编年笺校》卷二,上海古籍出版社1981年版。

> 越国霸来头已白,洛京归后梦犹惊。
> 沉思只羡天随子,蓑笠寒江过一生。①

他愿意效法陆龟蒙,一生隐逸于江湖之上。他还联系自己经常羁泊转徙于太湖两岸地区的生活事实,有时甚至干脆自比"天随子"了:"三生定是陆天随,又向吴松作客归。"②"三生",佛家语,指前生、今生、来生而言。姜夔推尊、效法陆龟蒙隐逸江湖的生活情趣,于此可见。在文学上,姜夔诗、词、文兼工,当时就有人称赞他"于文无所不工,甚似陆天随"③。陆龟蒙"天随子"的清风逸韵,对于姜夔的影响实在是太大了。

元代,学习、效法"江湖散人"遗风的人也不少。杜仁杰在金末隐居以终。元初,朝廷多次征召而不起,"有荐之于朝,遂召之,表谢不赴。中二联云:'俾献言于乞言之际,敢尽其忠;若求仕于致仕之年,恐无此理。不能为白居易,漫法香山居士之名;惟愿学陆龟蒙,拜赐江湖散人之号。'"④杜仁杰长期隐居不仕,陆龟蒙"江湖散人"的人生志趣,对他起到了明显的影响。稍后的袁易,就是苏州人,与陆龟蒙同乡,虽然曾经做过官,但以归隐终老。他就隐居在"江湖散人"当年生活的地方。尽管他的物质条件比较优裕,但在潇洒于太湖之滨的生活方式和精神气质上,都有意识地效法陆龟蒙。郭麟孙《静春堂诗集序》描述得颇为详细:

> (袁易)及归隐于松江之滨,筑室治圃,种花艺竹,绕舍芙蕖数十亩,杂植菱芡莼菜于其间。扁其堂曰静春,聚书万卷。暇则具笔床茶灶,扁舟五湖,尽取乾坤清气以充其诗。⑤

显然,袁易的隐逸生活效法"天随子",但他更偏于安逸恬适。这似乎又预兆了明、清时期人们学习"天随子"的普遍倾向。元代后期的马臻,"少著道士服,隐于西湖之滨"⑥,作诗学习曾长期隐居在西湖的宋代诗

---

① 孙玄常:《姜白石诗集笺注》,山西人民出版社1986年版。
② 姜夔:《除夜自石湖归苕溪》十首之五,孙玄常:《姜白石诗集笺注》,山西人民出版社1986年版。
③ 杨万里语,周密:《齐东野语》卷十二,中华书局1983年版。
④ 蒋正子:《山房随笔》,何文焕辑:《历代诗话》(下册),中华书局1981年版。
⑤ 引自陈衍辑撰:《元诗纪事》卷十,上海古籍出版社1987年版。
⑥ 陈衍辑撰:《元诗纪事》卷三十三,上海古籍出版社1987年版。

人林逋和魏野,追求谙熟世味的理趣、平淡朴实的风格。他曾在泊船吴江时,追怀陆龟蒙,表示要效法他,"不见天随子,令人逸兴孤"①。马臻的表白,与一般的兴到之词有所不同。他长期隐居于西湖之滨,对"天随子""逸兴"的感受和理解是比较深切的。

明王朝立国不久,就将京都北迁,但南方江浙一带在经济、文化上始终有着重要的地位。明代江南的知识分子是十分活跃的一个社会群体。张扬个性,追求自由,疏纵豪迈,磊落不羁,潇洒飘逸,诗酒风流,纵情于名山胜水之间,是他们鲜明的人生追求,也是他们突出的生活行为。在这种情形下,"江湖散人"的宗风得到了新的承传。兹举数例,作一点简单的概述,以见一斑。

明初,高启辞官以后,归隐松江之畔青丘,自号青丘子,恣意欣赏吴中山水,吟咏其古今盛衰之迹和风土民情之俗,无论在生活上还是在创作上,都明显地效法陆龟蒙。他在《姑苏杂咏序》中说得很清楚:

> 吴为古名都,其山水人物之胜,见于刘、白、皮、陆诸公之所赋者众矣。余为郡人,暇日搜奇访异于荒墟邃谷之中,虽行躅殆遍,而纪咏之作,则多所阙焉。
>
> 及归自京师,屏居松江之渚,书籍散落,宾客不至,闭门默坐之馀,无以自遣,偶得郡志阅之,观其所载山川、台榭、园池、祠墓之处,余向尝得于烟云草莽之间,为之踌躇而瞻眺者,皆历历在目;因其地,想其人,求其盛衰废兴之故,不能无感焉。遂采其著者,各赋诗咏之。②

高启决意回乡隐居,除了明初的政治原因以外,与受到其乡先贤"江湖散人"的影响和吴中隐逸风气的熏染也大有关系。他的《姑苏杂咏》诗,大量地描写自然景象、社会风俗、古今变化等情形,也受到陆龟蒙的浸润。

其后,吴门派首领人物沈周,其诗、书、画俱工,唐寅、文徵明等人从其学画,是一位当时在苏州一带颇有影响的人物。他一生未曾做官,甘

---

① 马臻:《吴江夜泊》,顾嗣立编:《元诗远》初集《霞外集》,中华书局1987年版。
② 高启:《高青丘集·凫藻集》卷三,上海古籍出版社1985年版。

作布衣,不求仕进,放情山水,"江湖散人"的宗风在他的身上表现得非常突出。时人也明确地将他的隐逸生涯与陆龟蒙相拟议,如吴宽说:

> 盖隐者忘情于朝市之上,甘心于山林之下,日以耕钓为生,琴书为务,陶然以醉,翛然以游,不知冠冕为何制,钟鼎为何物,且有浮云富贵之意,又何穷云。是以发于吟咏,不清婉而和平,则高亢而超绝。求之唐人,若陆鲁望是已。①

正因为沈周其人、其诗效法陆龟蒙是十分明显的祈向,也就成为时人有目共睹的事实了。俞宪评述沈周的诗歌,将其效法陆龟蒙说得更为简洁明白:"沈石田诗、画并称,而画犹胜诗。诗乃陆鲁望之流裔,往往有足观者。"②

明代江南一带效法陆龟蒙,隐逸江湖,不求闻达,脱略势利,徜徉山水,以作画写诗怡情悦性的人很多。黄淳耀《寒溪诗草序》云:

> 虞山王古臣先生以清词丽句闻于吴中,所至名山胜水,僧窗驿壁,可喜可愕之观,辄为诗若文以记之。好事家传写讽诵,以为唐世陆鲁望、方玄英之流,实能遗外声利,玄对丘壑,非夫跂履朱门以终南为捷径者比也。③

像这样纵情山水、才气俊逸的江湖才子,在明代的江南所在多有,形成了一个颇为活跃的文人群体。他们声气互通,写诗作文以交相酬酢,"江湖散人"的风尚在他们当中明显地得到了揄扬和效法。还有些做官的人,在他们途经江南一带时,目见遗迹,缅怀高风,也往往表现出对"江湖散人"陆龟蒙的钦佩敬慕之情。如张意《三高亭》诗云:

> 千古三高共一亭,英标逸韵踵相仍。
> 湖船风月同西子,笠泽莼鲈忆季鹰。
> 花坞鸭栏供野兴,笔床茶灶访诗僧。
> 红尘扰扰催头白,欲继仙踪愧未能。④

---

① 吴宽:《石田稿序》,《匏翁家藏集》卷四十三,《四部丛刊》本。
② 俞宪:《盛明百家诗·沈石田集卷首》,明隆庆五年序刊本。
③ 《陶庵全集》卷八,《文渊阁四库全书》本,上海古籍出版社2003年版。
④ 张意:《张臬副集》,明隆庆五年序刊本《盛明百家诗》。

人们总是希望追求自由、张扬个性的。"江湖散人"的人生态度、生活行为，也能在一定程度上唤起为官者的隐逸意识。周履靖的一首诗，就表达了这样的一种情绪："龟蒙风致望如仙，传世词章句句玄。茶灶笔床悲往事，芳名千载至今传。"①

明末清初以来，苏州及周围地区诗社林立，酬唱成风，陆龟蒙扁舟五湖、笔床茶灶、潇洒日月的遗风，很自然地盛行于士大夫间。如俞南史"乱后携家居元墓之青芝坞，与高僧遗老唱和为乐，不复知世事矣。其诗与潘木公、史弱翁、沈君服、徐介白齐名，号'松陵五才子'"②。显然，这是易代之际逃避现实的表现。但他们的活动地点、诗文唱和的方式，还是受到陆龟蒙隐逸风尚的影响。

清王朝统一全国以后，在新的社会背景下，江南一带士大夫嗜爱山水、追踪陆龟蒙隐逸江湖的风气，仍然十分浓厚。如著名学者邵长蘅，"山人（按，邵氏号青门山人）本好游，至是益纵情山水，尤爱武林湖山之胜，欲结庐放鹤亭畔，又思营一舫，载笔床钓具为浮家泛宅计。所志皆不就，而宋公牧仲开府吴会，礼致之幕府，谈道论文，敦布衣昆弟之好。"③邵氏的个人爱好、生活追求，他与地方官之间的交往，甚至他优游山水所备置的器物，都与陆龟蒙是相同的，这也就难怪徐世昌说："汪钝翁喜谩骂，人少许可，谓其（按，指邵长蘅）文章似柳子厚，人品高旷似陆鲁望云。"④将其人视作陆龟蒙的同流了。

"扬州八怪"之一的著名画家金农，早年居杭州，晚寓扬州，终生仰慕陆龟蒙，在为人和为文上都刻意效法。其文集自序说：

> 予赋性幽敻，少耽索居味道之乐。有田几棱，屋几区，在钱塘江上。中为书堂，面江背山。江之外，又山无穷，若沃洲、天姥、云门、洛思诸峰岭，群欲褰裳涉波昵就予者。于是目厌烟霏，耳饱澜

---

① 周履靖：《泛泖吟·咏史》，引自吴文治主编：《明诗话全编》第五册《周履靖诗话》，江苏古籍出版社1997年版。
② 袁景辂：《国朝松陵诗征》，引自钱仲联主编：《清诗纪事》第1062页，江苏古籍出版社1987年版。
③ 郑方坤：《国朝名家诗钞小传·青门诗钞小传》，引自钱仲联主编：《清诗纪事》第2294页，江苏古籍出版社1987年版。
④ 徐世昌：《晚晴簃诗汇·诗话》，中国书店1988年影印本。

浪,意若有得,时取古人经籍文辞,研披不问昕夕……孤露以后,旧业随废,欲求天随子松江通潮之田,小鸡山之樵薪,已不可得,旅食益困。……诗固各有体,趋今何如则古耶?乃鄙意所好,常在玉谿、天随之间。玉谿赏其窈眇之音,而清艳不乏;天随标其幽遐之旨,而奥衍为多。然宁必规玉谿而范天随哉?予之诗,不玉谿,不天随;即玉谿,即天随耳。①

金农早年的诗书生涯、山水之乐,都是陆龟蒙式的。中经变故,再欲求而不可得,他便倍感沮丧。在诗歌创作上,虽然金农并不专门效法陆龟蒙,更非刻意步趋,但他有取于陆龟蒙是肯定的。他用"奥衍"来概括陆龟蒙诗歌艺术风格,也是很中肯的。"江湖散人"的遗风对他产生了较大的影响,是不言而喻的事实。

乾隆年间的著名学者王昶,晚年致仕归乡,退居苏州的三泖渔庄,安享十多年的优裕生活。在他的身上,"江湖散人"的遗风馀韵也有突出的表现。王昶晚年在三泖渔庄的生活情形,钱大昕曾有过简要的记述:"述庵(按,为王昶晚号)家在九峰、三泖间,有山可游,有水可钓,竹树萧森,林木翳如。又与溪朋酒友日相往来,结楼吟啸其中。春秋佳日相与按《蕢洲渔笛》之谱,和《圭塘欸乃》之集,其得江山之助如此。宜其诗词之无不工也。"②王昶优游于三泖渔庄,曾被画成图画,时人多有吟咏,成为一时佳话。在那些歌咏三泖渔庄图的诗歌中,许多人将其与"江湖散人"的风致相提并论。如王复《述庵先生属题三泖渔庄图四首》其二云:

别墅谢公丝竹,小园庾信江关。
何似笔床茶灶,天随子共往还。③

李赓芸《题述庵先生三泖渔庄图》云:

聊如甫里携茶灶,那向湘阴借钓轮。
《笠泽丛书》应继作,苕溪渔隐定相亲。

---

① 金农:《冬心先生集自序》,引自钱仲联主编:《清诗纪事》第4749页,江苏古籍出版社1989年版。
② 钱大昕:《春融堂集词序》,引自钱仲联主编:《清诗纪事》第5557页,江苏古籍出版社1989年版。
③ 引自钱仲联主编:《清诗纪事》第7307页,江苏古籍出版社1989年版。

>　　清风明月空无价,老鹤闲鸥亦觉驯。①

吴泰来《题王德甫三泖渔庄图》云:

>　　幽居圆泖烟水横,九峰一发遥天青。
>　　高人移家入图画,菰芦深隐门常扃。
>　　……
>　　云山如此共来往,不妨唱和随松陵。②

上述诸人在诗中或将徜徉于三泖渔庄里的王昶直接与陆龟蒙相类比,或说他可与陆龟蒙诗朋酒侣,应酬唱和,实际上,都是以"江湖散人"的风期韵致称赞他。而与王昶交往的人,也都襟怀清旷,意致萧散。其中,吴泰来尤为突出。在王昶的笔下,他的生活情形是这样的:

>　　其大父吉安太守铨归筑遂初园于木渎,云林杏霭,花药参差,有柳堤莺啭、竹溪烟雨、平桥夏涨、爽台秋月、古堂晚香、莎村观刈、松门夕照、松阁听涛、岩东霁雪诸胜。其尊人用仪复购书数万卷于其中,多宋、元善本。遂与江浙诸名士流连觞咏,座无俗客。……皆一时之选。如是十馀年。③

这与三泖渔庄里的王昶完全是一种风致。王昶笔下的吴泰来,与吴泰来诗中"唱和随松陵"的王昶,简直就是一模一样的。虽然王昶并未直接以"江湖散人"的英风逸韵称述吴泰来,但是他们互相称赏的,就是这种安闲萧散的隐逸情怀。尽管"江湖散人"的失意牢落和愤世情怀,在他们的生活和创作里都荡然无存了,但其隐逸江湖、诗盟酒社、恣意寻幽赏胜的宗风,却得到了极大发展。可以说,"江湖散人"的遗风馀韵,历宋、元、明、清数代,一直不乏效法者,成为一部分封建士大夫所追求的生活理想和人生境界。当然,它随着社会时代的变迁,也不断发生着变化。但是,陆龟蒙的"江湖散人"的风韵,对后世文人的生活和创作产生过比较深远的影响,是一个基本事实,我们应当给予充分的关注。

---

① 引自钱仲联主编:《清诗纪事》第6831—6832页,江苏古籍出版社1989年版。
② 引自钱仲联主编:《清诗纪事》第5804页,江苏古籍出版社1989年版。
③ 王昶:《湖海诗传·蒲褐山房诗话》,引自钱仲联主编:《清诗纪事》第5802页,江苏古籍出版社1989年版。

下 编

第一章 "十载江南"时期的诗歌创作

陆龟蒙的诗歌创作,粗略地进行划分的话,大概可以分为三个时期:"十载江南"的漫游时期,松陵唱和时期,以及以纂集《笠泽丛书》为标志的创作时期。下面拟对每一个时期陆龟蒙的诗歌创作作一些简要的论列,从而介绍其诗歌创作上基本的发展变化和特色成就。

第一节 "十载江南"时期诗歌的思想内容

"十载江南"的说法,是陆龟蒙的朋友皮日休在松陵唱和时期对陆龟蒙在此之前一段生活的概括,陆龟蒙本人也有"十年诗酒"、"几年傍江湖"等说法,可以互相印证。这一时期,它大体上包括了大中后期的宣州之游,直到咸通十年应试未果、北游京洛这一阶段差不多十年,甚至略长一点时间。它可以说也是陆龟蒙漫游、干谒、求仕等生活内容兼而有之的一个阶段。这样的生活境况,对陆龟蒙诗歌创作的影响是决定性的。而在诗歌艺术上,则是他学习、继承前人和形成自己的特点同时都很明显的时期。

以各种方式表现漫游各地的情景。如《引泉诗》详细记叙了咸通六年前往睦州拜谒刺史陆墉,馆于睦州龙兴观老君院之事。诗中叙述了具体的时间、地点,描写了此时此地秀美峻峭的景观,以及叙述寻觅泉源、汲引泉水之事,并联系题下小注中"老君院"就泉水作引申抒怀。这是一首长篇五古,写景叙事比较详尽,呈现出铺排夸张的基本特征。还有《纪梦游甘露寺》、《京口与友生话别》、《丹阳道中寄友生》等诗,也是长篇五古,其叙事、写景、抒情、议论相结合,是它们在结撰篇章上的共同点,又都比较详尽地叙写了自己在漫游过程中某时某地的景象和情事,让我们如同身临其境一般。更多的情况下,陆龟蒙还是运用律绝的形式来写各地的情景,但都有江南地区景象风物的特色,如《江城夜泊》(漏移寒箭丁丁急)、《溪思雨中》(雨映前山万绚丝)、《晚渡》(半波风雨半波晴)、《溪行》(晚天寒雨上滩时)、《荆溪早景题杜秀才水亭》(晓和风露立晴烟)等诗。我们抄录《江南二首》来看一下,他对江南风物景色的表现。其一:

便风船尾香粳熟,细雨罾头赤鲤跳。
待得江餐闲望足,日斜方动木兰桡。

其二:

村边紫豆花垂次,岸上红梨叶战初。
莫怪烟中重回首,酒家青纻一行书。

像这样的诗篇,我们认为作于陆龟蒙"十载江南"、诗酒风流的漫游时期的可能性较大,确实写出了江南地区的景色、风物,犹如一幅幅地域特色鲜明的风俗画。

叙写怀古伤今之情,表达今昔盛衰之感,也是此时期值得重视的诗篇。《京口》、《算山》、《井阳宫井》、《吴宫怀古》、《邺宫词二首》等怀古诗,写前代史事,较有特色。《京口》主要采取今、昔情景的对写,透出怀古伤今的沧桑感;《算山》只首句略写算山,次句即由"当时"云云切入,依次写三国、东吴、刘宋、萧齐递代兴亡的史实,篇末落到"今日家天下",笔触灵活,概括简要,感慨深刻,与刘禹锡《西塞山怀古》有异曲同工之妙。《吴宫怀古》诗:

香径长洲尽棘丛,奢云艳雨只悲风。
吴王事事须亡国,未必西施胜六宫。

诗的前二句,每句中即构成昔盛今衰的强烈对照,自然有深切的兴亡之感。后二句探讨吴国败亡的原因,指出吴王倒行逆施,坏事做得太多,并不是宠爱女色一件事造成，翻案作诗，颇为新颖、警省。《邺宫词二首》也写得较有特色，都善于选择历史上人和事的某个细节来写，挖掘发挥，提出见解，颇为新颖巧妙。如前一首选择魏武帝有关"香"的问题来叙写、发议论；后一首就石虎女骑卤簿的史事，创造了一个在美丽春景里，石虎率领盛大的女骑队伍春游的艳丽场面，讽刺其淫靡。二诗都写得具体生动，鲜明形象，于中透示出诗人的讽刺、批判，笔法巧妙。

陆龟蒙还有两组叙写本朝史事的怀古咏史之作，《连昌宫词二首》、《开元杂题七首》，它们不仅有思想意义、社会意义，写作上也很有特色。前一组二首诗写的是唐代的洛阳，它们一以《门》，二以《阶》为题，都写它们眼前荒凉破败的景象，感慨唐王朝的盛衰巨变，表现出伤今忆昔的意绪。诗虽然是正面实写今天的凄凉景象，虚处则透示出昔日的繁盛；善用华丽秀美的字词，却收到了荒芜寂寥的艺术效果。《开元杂题七首》写的是开元盛世时有关京城长安的唐代史事，每一首所写的都是唐玄宗的事。它们在取材上很特别，写人（《雪衣女》），咏物（《玉龙子》、《照夜白》、《舞马》），写技艺（《杂伎》），写自然景色（《绣岭宫》、《汤泉》），通过对它们的追忆、描写，深切地表现了诗人对那个繁荣昌盛的时代的怀念和神往，当然也有讽刺和谴责，但它们在意蕴上，每一篇都渗透着诗人的感怀伤悼之情。

对社会问题的关注，对世风的考察，也是陆龟蒙这一时期诗歌创作中的一个重要方面。如《黄金二首》，看题是咏物，其实诗中是借物、借人、借事，抒发对于世风奢华、贤才不被重视的感慨，针砭现实社会不良现象的主旨很明显。特别是《杂讽九首》，内容十分丰富，归纳为一句话，集中点还是对各类社会问题的关注和指斥。这组诗作于发生庞勋之乱的咸通九年、十年左右的可能性较大。它主要表现了以下几点：在人才问题上的慨叹。如其一"红蚕缘枯桑"，诗的前半感叹统治者不能尊贤用能，激发了困顿潦倒的下层人士深沉的幽愤情怀，企羡那些曾经能够平交天子、致君尧舜的人士。其三"鹓鹅惨于冰"，表达了才士理想的人生，就是君臣际遇，施展远大的抱负，实现宏伟的理想。但真正的才士，往往是失意困顿、潦倒不堪的，值得给予同情。其九"朝为壮士歌"就发出了愤怒的呼喊，为"壮士"鸣不平，直抒胸臆，慷慨激昂。对谗佞之人的谴责和对正直之人的赞美。《杂讽九首》其四"赤舌可烧城",痛恨谗佞之人是非颠倒,黑白混淆,残害、诽谤正直人士,"非是既相参,重瞳亦为瞽"。其六"有蘖何青青",其七"左右佩剑者"二诗,则赞扬正直高尚的人,坚持节操,志趣不移,与世俗迥不相侔,"千林尽枯槁,苦节独不死","趋时与闭户,喧寂不同调"。这样的人,既有情操,又有建功立业的志愿。对当时社会动荡,战乱频仍的悲慨感愤。《杂讽九首》其三"童麇来触犀",似是对晚唐时期军阀拥兵自重,割据称霸的斥责与批判。这组诗里有多首写到战乱、平叛的问题,应该都与晚唐的社会现实直接有关,如其一"凶门尚儿戏,战血波渹溶"。其五"东南有狂兕,猎者西北矢。利尘白冥冥,独此清夜止……如能出奇计,坐可平贼垒。徐陈羲皇道,高驾太平轨。"其八"募为敢死士,去以枭叛卒。""比面师其谋,几能止征伐。何妨秦堇勇,又有曹刿说。"都表现了诗人关注国家的社会动乱,希望天下太平的意愿。

  朋友之间送往迎来、寄赠酬答之作,在陆龟蒙这一时期的诗歌创作中,占有一定的分量。这与他的漫游生活也是合拍的。如《润州江口送人谒池阳卫郎中》、《寄茅山何威仪二首》、《古别》、《有别二首》等。《润州送人往长洲》诗,写作者客居润州,送友人前去家乡苏州的长洲县,触发自己思归的意绪,"秋来频上向吴亭,每上思归意剩生。"表达思乡之情颇为深刻。

  "十载江南"时期,陆龟蒙还有几类题材的短章小诗,值得注意。它们有些方面对陆龟蒙此后两个时期的诗歌创作产生过一定的影响。首先是拟南朝乐府的小诗,如《江南曲五首》、《子夜四时歌》、《乐府杂咏六首》等,还有一些单篇如《大堤》、《春晓》、《南塘曲》等,大都写得风情旖旎,韵致婉转。少数篇章写得刚健有力,思想情调也很激愤悲慨,颇有风骨,如《乐府杂咏六首·孤独怨》:"前回边使至,闻道交河战。坐想鼓鼙声,寸心攒百箭。"它们都展示出作者效法前人的深厚功力。其次是日常生活中各种各样的景象、情怀,如《杂兴》、《寄远》、《江行》、《巫峡》、《金陵道》、《离骚》、《对酒》、《有示》、《秋思三首》、《怀仙三首》、《庭前》、《春思》等,诗体都是采用五绝,内容上则难以作出简要的归纳。还有数量可观的是运用七绝体裁,如《晚渡》、《忆山泉》、《山僧二首》、《眠》、

《行》、《倚》、《吟》、《食》、《坐》、《蔬食》、《闲吟》、《病中晓思》、《寒日逢僧》、《溪思雨中》、《溪行》、《答友》、《访僧不遇》、《春思二首》、《江边》、《偶作》、《太湖叟》等诗，读一下诗题，就可以知道它们所写的都是细屑小事，眼前景象，百端情怀，其日常化、生活化达到了空前的高度。或许它们算不上名篇佳作，但对作者平平常常的生活情事的表现则是很真切可感的，仿佛让我们看到了诗人在某时、某地的生活场景。第三，咏物小诗很多，体裁上差不多都是五七言绝句，如《秋荷》、《冬柳》、《岛树》、《白芙蓉》、《丁香》、《种蒲》、《钓车》、《漉酒巾》、《华阳巾》、《白鹭》、《帘》、《雁》、《归雁》、《方响》、《芙蓉》、《翠碧》等诗，说明作者善于观察，喜爱吟咏各种各样的事物。少数篇章可能借物寓意，有所寄托，如《雁》："南北路何长，中间万弋张。不知烟雾里，几只到衡阳。"就是如此。其中比较为后人所关注的是《秘色越器》，记载唐时越窑以及所谓秘色瓷器的特色，成为有关"越器"的珍贵材料。正是因为这个时期有如此多的咏物之作，使陆龟蒙有了丰富的写作经验，到了松陵唱和时期，不仅继续创作了大量的咏物诗，而且写出了像《白莲》（素蘤多蒙别艳欺）、《浮萍》（晚来风约半池明）等多篇历来传诵的咏物名作。陆龟蒙也有一些闺怨诗、宫怨诗，其中《宫人斜》（草著愁烟似不春）属于名篇，写得既有含蓄婉转的韵致，又有翻奇作新的精警。宋人蔡正孙说"此诗超出意外"[①]，称道的就是这个特点。

第二节 "十载江南"时期诗歌的艺术特色

"十载江南"时期陆龟蒙的诗歌创作，从写作特点到艺术风格上也形成了自己的一些特色。大致概括起来，有以下几点。首先是在五古写作上，有两个方面，一是以《杂讽九首》为代表的作品，关注社会问题的题材取向，可能受到李贺《感讽五首》、《感讽六首》这两组诗的启发和影响，但在写作上，与李贺还是有很大不同的。陆龟蒙的诗明显地学

[①] 蔡正孙：《诗林广记》前集卷九，中华书局1982年版。

习、效法汉魏古诗，除了语言上比较质朴以外，主要还是体现在这一组诗善于取用自然现象、历史故事、神话传说等材料，进行设譬比喻、形容类比，让所表达的旨意很形象生动地呈现出来，构成感怀讽慨的表达方式和高古朴茂的风格。在以后的陆龟蒙的诗歌里，此类五古很少再出现过。还有一类五古，在此时期的创作中数量不多，较著者如《引泉诗》、《纪梦游甘露寺》、《京口与友生话别》、《丹阳道中寄友生》等诗，它们都是采用叙写之笔，表现自己的一段情事，一般都写得翔实仔细，善于铺陈夸饰，比喻形容，初步显示了陆龟蒙"善铺叙"的艺术能力。而在描写刻画上，则又显得比较雄奇险峻、瑰丽秀美，造成了"奥衍"怪巧的风尚。它在渊源上主要是承韩愈的诗风而来。"峨天一峰立，栏楯横半壁。级倚绿巅差，关临赤霄辟。扪虚陟孤峭，不翅千馀尺。叠掌望罘罳，分明袒肩释。凌香稽首罢，嘹唳依长揖。高户乘北风，声号太波白。光中目难送，定验方可觌。树细鸿濛烟，岛疏零落碧。须臾群籁入，空水相喷激。积浪亚寒堆，呀如斗危石。跳音簸鞞鼓，溅沫交矛戟。鸟疾帆亦奔，纷纷助勍敌。思非水灵怒，即是饥龙擘。怯慴不敢前，荷襟汗沾霡。回经定僧处，泉水光相射。岩磴云族栖，桧柯露华适。逍遥得真趣，迤逦寻常迹。山腹贮孤亭，岚根四垂帘。谁题雪月句，乃是曹刘格。阆阙一枝琼，边楼数声笛。吟高矍然起，若自苍旻掷。"以上是《纪梦游甘露寺》诗中描写刻画梦游甘露寺经历的情景，写得雄奇险怪，极尽铺张夸饰、排比形容的能事，充分表现了诗人寻幽探奇、放情山水的情怀。这一特点在松陵唱和时期的陆龟蒙诗歌中得到了很大的发展和提高，与皮日休的那些铺叙排比的宏大篇章，共同形成了"皮陆体"中所谓"奥衍"[①]、"涩险"[②]的诗风，成为陆龟蒙诗歌一个重大的艺术特色。相比较而言，这在此时期的创作中，只能算是初步地表现出了其基本特征而已。

陆龟蒙在"十载江南"时期写作了数量不小的五言绝句。无论是表现日常化、生活化的景象、情事，还是效仿南朝乐府民歌的作品，从体裁

[①] 李重华：《贞一斋诗说》，丁福保辑：《清诗话》，上海古籍出版社1978年版。
[②] 叶燮：《原诗·内篇下》，人民文学出版社1979年版。

形式上说,此后都没有明显地再出现过。只是那种叙写生活中细小情事、日常现象的精神和趣尚,在此后的创作中还有进一步的发展。七言绝句可以说是此时期陆龟蒙写得最多的诗体之一。陆龟蒙发挥七言绝句体裁短小,容易达到表现生活和情感多样化、丰富性的特征,在杜甫之后,将唐代七绝在题材上的日常化和生活化发展到了一个新的高度。这一点,在"十载江南"时期的诗歌创作中,就已经得到了比较充分的体现。我们仔细阅读以下陆龟蒙用七绝叙写的有关眼前生活情景和咏物之作,不难体会到这一点。这种"触处成诗"①的特色,虽然说是在松陵唱和时期才达到了高潮,十分令人注目,但它实际上在此一时期已经形成了。此类诗作,往往是诗人在日常生活中随时随地,就所见所闻触兴而发,"偶发性"比较大,所以,往往就能够表现出具体生动、新颖巧致、清雅秀丽、浅切明白的韵味。在艺术上开创了一个新的风尚、新的境界。如《溪思雨中》:

    雨映前山万绚丝,橹声冲破似鸣机。
    无端织得愁成段,堪作骚人酒病衣。

再如《冬柳》:

    柳汀斜对野人窗,零落衰条傍晓江。
    正是霜风飘断处,寒鸥惊起一双双。

还有像《岛树》、《晚渡》等诗,可以再举出若干篇,它们都写作者日常生活中眼前常见小景,琐细情事,读后让人耳目一新,清新如在眼前。正如刘永济先生评述上举此类诗篇时所说:"上录各首,皆乡村所见所闻之小小景物,诗人一时兴会所致,便写以韵语,今日诵之,光景犹新。"②应当说,这样的诗篇,无论在形式上、取材上,还是在宗尚、韵致上,都对宋人产生了较大的影响,是一种"宋调"的先声。

  最后,再简单说一下陆龟蒙在此期间的七律。此时他写作的七律不多,与他在松陵唱和时期的大量创作不同。而在艺术风尚上,似乎也

---

① 陆次云:《五朝诗善鸣集》(晚唐卷)下,康熙蓉江怀古堂刻本。
② 刘永济:《唐人绝句精华》,人民文学出版社1981年版。

没有为它奠定基础,没有在松陵唱和时期得到进一步发展。在松陵唱和时期,陆龟蒙的七律建立起了一种所谓"驰骛新奇"①、浅切率直的艺术宗尚。我们认为,此时期的陆龟蒙的七律,似乎是在学习、效法杜甫,追求沉雄顿挫的韵致,尽管它还没有达到较高的艺术境界。如《京口》诗云:

> 江干古渡伤离情,断山零落春潮平。
> 东风料峭客帆远,落叶夕阳天际明。
> 战舸昔浮千骑去,钓舟今载一翁轻。
> 可怜宋帝筹帷处,苍翠无烟草自生。

诗的前半写江岸送客,以眼前凄清落寞的景象,景中寓情,表达"伤离情"的情感。后半则由"客帆"联想到"昔"时"战舸",与眼前"今"日"钓舟"相映照;又由当时"宋帝筹帷处",与今天只见苍崖云树,草木丛生的荒芜景象构成对比,一虚一实,古今对写,透出怀古伤今之情。这样的诗,在情调、韵致上,还是具有一定的沉郁顿挫的风味的,似乎约略可见效法杜甫的影子。

---

① 胡应麟:《诗薮·内编》卷五,上海古籍出版社 1979 年版。

第二章　松陵唱和时期的诗歌创作

在松陵唱和时期，陆龟蒙刚刚经历了北赴京洛应试无果的不幸遭遇，落魄地回到家乡苏州。恰在此时，皮日休到苏州任刺史崔璞的从事，皮、陆彼此结识，互相欣赏，情意相投，交契颇深，开始了文学史上一段极有影响的诗歌创作的历程。正是由于陆龟蒙以及皮日休的人生遭遇和生活情趣的客观原因，决定了他们的唱和诗势必以放情山水、潇洒江湖、脱略世俗、吟咏性情为主导的题材内容。而苏州秀美的江南风光，又为他们的创作提供了十分优越的"江山之助"。而这一切，又是以表现隐逸的趣尚为聚焦点的。陈尚君先生《皮日休、陆龟蒙及其友人的佚诗》（载复旦大学主办 2018 年 8 月唐代文学学会年会及国际学术研讨会论文集）概括说："（皮、陆）二人唱和之价值，一是在近体诗为主的诗歌表现技巧上，作了极其难得的全面探讨；二是全景式地展开了江南文人生活的丰富面貌；三是对江南士绅之庄园规模、江南各业生活方式，以及以吴越为主的江南山水名胜和地方风俗，作了详尽的记录和描述。"本章所论陆龟蒙在松陵唱和时期的诗歌创作，大体上也就是这几个方面。陆龟蒙和皮日休在松陵唱和诗里所表现的情趣和格调是高度一致的，但是这里面有首唱和酬唱的区别。本文侧重从陆龟蒙的方面，简述松陵唱和时期的诗歌。

第一节　松陵唱和时期诗歌的基本内容

首先是表现隐逸的闲适旷放的情怀。有的是通过描写秀美奇异的山水景象来表现的，如《太湖诗二十首》，首唱是皮日休，他是亲自前往太湖中的洞庭山，"得以恣讨"，一首诗写太湖中的一个景点，徜徉山水，尽情游览，深入体验，细致叙写，将它们写得淋漓尽致。皮日休在这组诗的序里说这些诗篇是他对太湖景色"益欲一一观，豁平生之郁郁矣"，是恰切的表白。陆龟蒙逐首唱和，显然表现了他恣意欣赏、感受太湖的美景的情怀。又如陆龟蒙首唱的《四明山诗》一组九篇，作者在序里就说是隐士谢遗尘"语吾山之奇者"，要作者"凡此佳处，各为我赋诗"而创作的，所以确实是"奇"中见"佳"，表现了诗人探奇访幽，刻画远离尘嚣的美丽境界来展现隐逸情趣的特色。《松陵集》里有大量的以山水景色为主要描写对象的诗篇，不多举例。还有的则是通过一年四季的眼前景象，可以说是天天可见、时时可感的景物或赞赏、或兴感、或抒怀，来表现日常生活以及情怀意绪。这在《松陵集》里太普遍了，皮日休如此，陆龟蒙也这样。这些从他们的诗题上就可以深切地感受到了，如"春"、"早春"、"讨春"、"惜春"、"春雨"、"春日"、"感春"、"春思"、"春夕"……"初夏"、"夏首"、"新夏"、"夏初"、"夏景"……"新秋"、"秋日"、"秋晚"、"早秋"、"秋怀"……"初冬"、"寒夜"、"冬晓"、"寒日"等等词语，就能够体会出陆龟蒙（包括皮日休也如此）通过写具有日常生活化和琐细性的节候风物和平居生活，来显现隐逸生活的实际情形。再有的是通过吟咏吴中古人古事，来表现富有吴越地区浓郁深厚的人文风俗和历史积淀，体现出江南文人的生活，于中蕴含着隐逸的趣尚，如陆龟蒙和皮日休分别写作的《皋桥》、《泰伯庙》、《馆娃宫怀古五绝》等篇章的怀古诗，涉猎吴中地理、人文、风俗、民情等因素的作品；又如《太湖诗二十首》中涉及众多历史上的人与事，以及那些以"吴中书事"、"江南抒情"、"江南道中"等等词汇为题的诗篇，往往都有这样比较深厚的情调和韵味。更有的是通过大量地吟咏有关渔、樵、茶、酒的诗篇，表现了隐逸的生活内容和生活方式。陆龟蒙、皮日休的此类诗篇共一百一十二首（每人各五十六首),见《松陵集》卷四。其中《渔具诗》十五首、《樵人十咏》十首、《添酒中六咏》六首是陆龟蒙首唱,《添渔具诗》五首、《酒中十咏》十首、《茶中杂咏》十首,是皮日休首唱。他们倾力创作这样的篇章,来表现隐逸文人的闲情逸趣。第四是通过咏物,将刻画物象与抒发情趣结合起来,借以寄寓隐逸情怀,显得非常雅致清高、脱略世俗。如陆龟蒙酬和皮日休的《公斋四咏》(分别咏小松、小桂、新竹、鹤屏)、《五贶诗》(分别咏五泻舟、华顶杖、太湖砚、乌龙养和、诃陵尊)这两组咏物诗,无一不是渗透了雅洁脱俗、清闲高放的隐逸情怀。还应注意到,他们二人更有大量的单篇咏物诗,也都是无不含有浓厚的隐逸情调。我们就不详细论述了,只需简单罗列一下他们二人的所咏之物,就可以让我们得到深切的感受。诸如咏白鹤、咏白鸥、咏白莲、咏浮萍、咏松、咏桂、咏杉、咏蔷薇、咏白菊等等,不一而足。此类诗篇,差不多都得到了历代论者的重视。陆龟蒙《白莲》诗,简直被人们评为咏莲的神化作品了。诗云:

> 素蘤多蒙别艳欺,此花端合在瑶池。
> 无情有恨何人觉?月晓风清欲堕时。

刘学锴师说:"这首咏物诗,写出了白莲的境遇、感情和精神气韵,是这类诗中遗貌取神、独具标格的佳作。"①可以说,诗中的"白莲"就是高人雅士精神韵度的化身。

其次是叙写日常生活中的琐细情事。它们都太平常,出现得也太频繁,太过于琐屑细小。而正是通过这些情事,我们不但可以了解陆龟蒙、皮日休以及与他们交游来往的人们(包括文人、市民、僧人、道士、花农、官员、隐士等等各式各样的人物)的平常的生活情景,而且也领略了他们闲适的隐逸情怀。仅仅作一点概括性的叙述,就可以十分清楚地说明这一点。这些日常生活情事,诸如欣赏花草、游览林亭、参访寺庙、设宴待客、莳草种药、趁晴晒书等等,应有尽有。与此密切相关的是,陆龟蒙、皮日休对彼此之间,以及与其他友人之间最平常最普通的往来馈赠,也不厌其烦地施诸笔端,尽情地进行叙写。我们简单略述一下,诸

---

① 《唐诗选注评鉴》,中州古籍出版社2013年版。

如物品如鱼筌、紫石砚、书印囊、纱巾、绿罽、竹夹膝等,食品如鱼、海蟹、橘子、野菜、酒等,它们在陆龟蒙、皮日休松陵唱和的诗歌里连篇累牍地出现,很显然,这些都比较集中地表现了他们清闲贫俭的生活状况和高雅疏放的精神面貌,具有文人的生活气质和隐士的情趣风尚。

第三,贫和病,在中国古代隐士的吟唱中,历来占有相当突出的比例。这在陆龟蒙与皮日休松陵唱和的作品里,同样不可忽视。陆龟蒙在刚结识皮日休不久所写的《读〈襄阳耆旧传〉,因作诗五百言寄皮袭美》诗里,就说到自己的贫与病,"伊余抱沈疾,憔悴守圭窦。方推《洪范》畴,更念《太玄》首。""朝朝贳薪米,往往逢责诟。既被邻里轻,亦为妻子陋。"在《奉酬袭美先辈吴中苦雨一百韵见寄》诗里,也大写自己的贫病交困,"纵有旧田园,抛来亦芜没。因之成否塞,十载真契阔。冻骭一襜褕,饥肠少糠籺。""加之被鞁瘀,况复久藜粝。既为霜露侵,一卧增百疾。筋骸将束缚,腠理如簟挞。""永夜更呻吟,空床但皮骨。"这两首诗都是陆龟蒙在松陵唱和期间较早的作品。我们循此考察下去,可以发现,在整个唱和期间,他涉及抒发贫病痛苦悲伤的诗篇颇多,成为一个重要内容。皮日休则对他寄予了深切的同情和关心。如《吴中苦雨因书一百韵寄鲁望》诗中"更有陆先生,荒林抱穷蹙。……恶阴潜过午,未及烹葵菽"一大段,详尽地叙写了陆龟蒙的贫困潦倒。陆龟蒙还有大量的诗篇,如《奉酬苦雨见寄》、《奉酬秋晚见题二诗》、《袭美见题郊居十首因次韵酬之以伸荣谢》等许多篇章,也都写到了他自己贫病交困特别是贫困的窘境。由于有关作品很多,不再多举例。这正如皮日休在《奉和次韵病中秋怀寄袭美》诗中所说:"贫病于君亦太兼,才高应亦被天嫌。"在中国古代的隐逸文化中,疏放清闲、潇洒诗酒,是表现隐士生活和精神面貌的重要方面;而贫困潦倒、贫病相兼,则也是隐士清高孤傲的形象的另一个重要侧面。早在春秋时期的原宪贫病交加的形象,就是一个极好的说明。

当然,陆龟蒙与皮日休等人的唱和诗里,也有关心现实,关注时事,关切民生疾苦,表现用世志向的诗篇,但从《松陵集》总的倾向性和情调上看,显然不是主导的方面,所以我们就略而不论了。

第二节　松陵唱和时期诗歌的艺术特色

在唐代文学史上，皮日休与陆龟蒙并称"皮、陆"；以他们二人为中心的松陵唱和诗人群，被称为"皮陆诗派"、"松陵诗派"、"松陵诗人"；而他们的唱和诗所形成的诗歌艺术成就，则被概括为"皮陆体"、"松陵体"，在文学史上产生了较大的影响。

下面，我们即以"皮陆体"为纲领，简要概括陆龟蒙与皮日休等人松陵唱和诗的艺术成就。这又可以分为诗歌艺术形式和艺术风格两个方面加以论列。

先说诗歌艺术形式上的成就。统看陆龟蒙和皮日休在《松陵集》里的作品，这主要表现在以下几点：第一点是诗歌唱和。《松陵集》就是一部唱和诗的结集。在一年多一点的时间里，陆龟蒙和皮日休各写作了三百多首的唱和诗，数量之巨大，唱和之频繁，历时性之长，在唐代诗歌史上都是首屈一指的；并且他们的唱和在运用诗歌体裁上也是全方位的，尤其以五言古诗、五言律诗、五言排律、七言律诗、七言绝句、体式众多的杂体诗为主，几乎囊括了中国古代诗歌所有的基本诗体（独缺七言古诗，即使将《松陵集》卷十皮、陆《苦雨杂言》二首看作七古，也只是聊备一格）。而就每一种体裁而言，又都是数量很大的，非常惹人注目。第二点是次韵。古代诗歌的用韵，从宽到严，所以在漫长的时间里，诗人在诗歌唱和时，一般都是自述胸臆，自抒怀抱，注重情感的表达，而没有什么声律上的束缚，我们可以简单地概括为"和意不和韵"。正如宋人洪迈说："古人酬和诗，必答其来意，非若今人为次韵所局也。"[1]洪氏认为，直到盛唐，诗人们的唱和诗还是以"和意"为主的。另一些宋代诗论家则认为，唱和诗注重"和韵"是从中唐开始的事情，其代表性诗人是元稹、白居易。此风越来越盛行，到了晚唐，陆龟蒙、皮日休是代表。恰如南宋严羽所说："和韵最害人诗。古人酬唱不次韵，此风始盛于元白、

---

[1] 洪迈：《容斋随笔》（卷十六）《和诗当和意》，中华书局2005年版。

皮陆。"①前人对"和韵"归纳出三种情形：用韵、依韵、次韵。其中，次韵要求最严格，它要求所有押韵的字以及次序都完全与原唱诗一致，丝毫不差，即所谓的"先后无易"。② 这种次韵的风气，元、白在前，陆龟蒙、皮日休步趋在后，大力拓展，达到了空前的状况。翻开《松陵集》，注意一下诗题就可以发现，皮、陆的次韵诗太多了，不仅篇章比较短小的律、绝诗比比皆是，而且二十韵、三十韵、五十韵，乃至百韵的五言古诗和五言排律，也都是连篇累牍。虽然和韵诗，特别是次韵诗，如像戴着镣铐跳舞，束缚思想的自由表达，但作为诗歌艺术的一种形式，也不必完全否定它。皮、陆在次韵诗的发展进程中是有历史贡献的，应当给予肯定。皮、陆还有一些所谓"追和"的诗篇，"追和"的都是前代诗人的作品。此类诗里也有用"次韵"的。虽然它们的数量不多，但这种写作方式很有创意，可见他们对于醉心唱和诗，刻意创新，展现新貌的追求。第三点是联句诗。联句诗其实也是唱和诗的一种形式。后代的论者往往将其视作一个独立的形式。联句从南朝诗人的笔下真正形成以后，直到中唐才受到诗人的重视。"韩门诗人"、"元白诗派"都有大量的联句诗，其形式在此时也比较完善了。陆龟蒙、皮日休的联句诗，承韩愈、孟郊一派发展而来。皮日休《杂体诗序》里有明确的说明。他说："如联句，则莫若孟东野与韩文公之多，他集罕见，足知为之之难也。"韩、孟联句，篇幅宏大，造语奇崛，用韵险仄，意象怪异，逞才使气，因难斗巧的风气很浓。而陆、皮的联句诗，相比于韩、孟，篇幅较短，描写刻画，铺叙形容，诗风比较古直朴实，但仍不失为韩、孟以后的一大宗，在文学史上具有一定的影响。清人翁方纲说："联句体，自以韩、孟为极致。然韩、孟太险，皮、陆一种，固是韩、孟后所不可少。"③评述颇为得实。第四点是杂体诗。文学史上历来所认为的传统的四、五、七言成句的古体诗、律绝体以外的诗体形式，都可以称之为"杂体诗"。所以，"杂体诗"的样式纷繁，代有新格，甚至一式一体，难以缕陈。《松陵集》卷十都是所谓"杂体诗"，皮日休还写了《杂体诗序》，在文学史上第一次从理论上对"杂体

---

① 严羽著、郭绍虞校释：《沧浪诗话校释·诗评》，人民文学出版社1983年版。
② 刘攽：《中山诗话》，何文焕辑：《历代诗话》，中华书局1981年版。
③ 翁方纲：《石洲诗话》卷二，人民文学出版社1981年版。

诗"作了阐述。打开《松陵集》卷十,我们马上就能感受到陆龟蒙、皮日休大力创作"杂体诗",追求新异的作为。他们不仅运用前人已有的"杂体诗"的体式,联章叠和,进行拓展,呈现诗才,还创造了一些前代所没有的"杂体诗"的形式,丰富了它的艺术形式。在这一点上,陆龟蒙尤其突出,皮日休在《杂体诗序》里还特别加以说明:"至如四声诗、三字离合、全篇双声叠韵之作,悉陆生所为,又足见其多能也。"皮、陆在"杂体诗"的创作上都是倾力为之的。正如皮日休所说的,陆龟蒙创造了几种"杂体诗"的新体式,在这方面既继承前贤,又恢廓拓展,沾溉后人,颇有建树,应该给予恰当的肯定。

再说诗歌艺术风格的特色。松陵唱和不仅是显现了陆龟蒙、皮日休诗歌题材内容上的重要特色,和诗歌体裁形式上的创获,在艺术风格上则代表了他们在文学史上的独到成就,即"皮陆体"的建树,影响深远。

铺叙排比,描写刻画,驰骋笔力,体势宏大,创造出"奥衍"的特点、"涩险"的诗风。这种作风,突出地表现在《松陵集》卷一至卷三的五言古体诗上。它们的篇幅一般都比较长,尤其是卷一的作品,往往都是"五百言"、"一百韵"的鸿篇巨制。这样的诗篇,势必以铺张夸饰为写作特点。这一点,也可以说就是一种"以文为诗"、"以议论为诗"的特点,清李重华说:

> 诗家奥衍一派,开自昌黎。然昌黎全本经学。次则屈、宋、扬、马,亦雅意取裁,故得字字典雅。后此陆鲁望颇造其境。①

评说的正是陆龟蒙采取铺陈排比的"赋"法的长篇诗歌。余成教《石园诗话》(卷二)说:"皮、陆《苦雨诗》,俱善铺叙而各有佳处,视陈思王之《愁霖赋》、谢康乐之《愁霖》诗,较胜数倍。"他所指出的《苦雨诗》就是皮日休《吴中苦雨因书一百韵寄鲁望》、陆龟蒙《奉酬袭美先辈吴中苦雨一百韵见寄》两首诗,是典型的长篇诗作。《松陵集》卷二的大多数诗篇,卷三皮、陆二人各有《太湖诗二十首》,几乎篇篇都属于长诗。可以说,

---

① 李重华:《贞一斋诗说》,丁福保辑:《清诗话》,上海古籍出版社1978年版。

它们都是以铺叙排比为基本写作特色的,而其风尚则显然比较僻涩奇异。如果要举例的话,陆龟蒙、皮日休存于《松陵集》前三卷的作品,都可以一一列举进来。这里就略去不说了。清人宋育仁《三唐诗品》(卷三)说:"(陆龟蒙)其源出于杜子美、韩退之,极力驰骋,排比为多,精意为文,时发深抱。然如枯树生秋,已无风采。"所评应当主要是针对陆龟蒙五古长篇而言的。指陈其特色和渊源,都很正确,见解深刻。末句批评它形象不足,韵味较差,也属平心之论。但这种风尚,上承韩、孟,而下开宋人,影响宋代诗坛甚巨,可以谓之"宋调"的先声。

  如果说上述陆龟蒙的长篇五古在渊源上继承韩、孟诗派为主的话,那么,在《松陵集》(卷五)里的那些与皮日休之间互相唱和的长篇五言排律,则除了受韩、孟诗派的沾溉以外,可能受到"元白体"排比声韵的影响要更大一些。陆龟蒙《奉和古杉三十韵》、《奉和新秋言怀三十韵次韵》、《秋日遣怀十六韵寄道侣》等等,都是极力铺叙、夸张排比、刻画雕琢、偶对工整的长篇,自然也具有繁富新奇、险涩奇崛的特色,与上述长篇五古是类似的风尚。明代陆时雍评陆龟蒙五言长篇排律《奉和次韵江南书情二十韵》说:"语语新琢,其言皆筑笔而成。"①也是就其恣意铺陈排比、新奇怪异的特点而言的。它们与陆龟蒙、皮日休的那些长篇五古一起,构成了"皮陆体"在艺术风尚上的一大特色。

  轻灵秀美、萧散疏纵、驰骛新奇、率直浅切的诗歌风格。这种风格主要体现在松陵唱和时期陆龟蒙和皮日休的律绝体作品中。陆龟蒙、皮日休在松陵唱和期间,所选用的诗体,除了上文所说的五古、五排之外,另一大宗就是七言律诗和七言绝句。《松陵集》卷六至卷九,基本上就是这两种诗体的作品的汇集,可见数量是巨大的,更可见皮、陆二人对它们所投入的精力。前代论者,特别是明清时期的诗评家,尤其重视皮、陆的七律。他们从诗论上所最为关注的是皮、陆与盛唐诗人的异同优劣,从而提出了崇尚盛唐,贬抑皮、陆的观点。如明胡应麟说:"唐七言律,……皮日休,陆龟蒙驰骛新奇,又一变也。"②清李重华说:"七言律

---

① 陆时雍:《唐诗镜》卷五十三,影印文渊阁《四库全书》本,上海古籍出版社 2003 年版。
② 胡应麟:《诗薮》内编卷五,上海古籍出版社 1979 年版。

古今所尚……陆鲁望自出变态,觉苍翠逼人。"①他们都强调了陆龟蒙七律艺术风格的"变"。意思是指陆龟蒙的七律改变了盛唐七律蕴藉浑成、圆融朗畅的风貌,从而形成了"驰骛新奇"、"苍翠逼人"的别调了。这种别调其实就是诗论家所认为的浅切直露、明白畅达、平淡清奇的"宋调"。对于这样的"变",明代后期的诗评家许学夷极为不满,大加贬斥。他说:"陆龟蒙、皮日休唱和,多次韵之作。七言律,《(唐诗)鼓吹》所选。仅得一、二可观,其他多怪恶奇丑矣。"②许氏所谓"怪恶奇丑"的责难,实际上就是不满皮、陆唱和诗中的七律在风调上变"唐音"为"宋调"了。指出其"变"是应该的,有所喜恶也可以理解,完全不屑的斥责则是没有道理的。因为陆龟蒙、皮日休的七律,也是自成一格,自有特色的。陆龟蒙与皮日休唱和诗中的七律,最普遍的是叙写平居的日常生活,琐细的情事,具体的景物。虽然它们都是人们平常所熟见的景、事、物、情,但在他们的笔下能写得新鲜活泼,津津有味,平凡琐细中透出盎然新奇,表现出清雅高逸的情怀,令人激赏不已,回味无穷,它们确实开了宋人的风气之先。从诗歌发展史来说,应该强调创造生新,百花齐放,不断呈现新的艺术风格,才能使诗歌艺术产生新的境界,新的成就。正是因为如此,我们当然要肯定陆龟蒙在这方面的创获。兹举出一些篇名,如《袭美以春橘见惠因次韵酬谢》、《偶掇野蔬寄袭美》、《袭美以巨鱼之半见分因以酬谢》、《袭美以纱巾见惠因次韵酬谢》、《新夏东郊闲泛有怀袭美》、《奉和褚家林亭》等篇章,无不是家居小事,朋友交游的琐事,平常习见的小景,细细写来,摄入诗中,表现出一种亲切有味、情趣充盈的韵致。清陆次云说陆龟蒙、皮日休的唱和诗:"皮、陆此种诗雅正可法,令人触处皆可成诗。"③正是这种"触处成诗"开创了诗歌发展的一条新路,宋人沿袭它发扬光大,开创了诗歌的一代新面貌。

　　陆龟蒙、皮日休唱和诗里的七言绝句,也大多写家居生活、平常琐事、日常小景,往往写得生动有趣、新颖活泼、浅切明快、直率质朴,也是较"盛唐之音"为远,而与"宋调"为近。如陆龟蒙《奉和钓侣二章次韵》

---

① 李重华:《贞一斋诗说》,丁福保辑:《清诗话》,上海古籍出版社1978年版。
② 许学夷:《诗源辩体》卷三十一,人民文学出版社1987年版。
③ 陆次云:《五朝诗善鸣集》(晚唐卷)下,清康熙蓉江怀古堂刻本。

(其二):

> 雨后沙虚古岸崩,鱼梁移入乱云层。
> 归时月堕汀洲暗,认得妻儿结网灯。

"钓侣"的日常小事,写得亲切有味。前二句写雨后的"钓侣"情事,景象真切如画;后二句写夜归远望家中情景,既真实又温馨。琐事小景展现出渔家生活既辛劳又温柔的人间真情。再如陆龟蒙《浮萍》诗云:

> 晚来风约半池明,重叠侵沙绿屭成。
> 不用临池重相笑,最无根蒂是浮名。

全诗紧扣一"浮"字来写。从自然界的"浮萍"转而联系到人世间的"浮名",设譬浅切明白,喻理却警策动人,发人深省。这样的风尚,到了宋人的笔下,就十分盛行,成为风气了。

当然,在陆龟蒙的松陵唱和诗里,特别是其中的七言绝句,也还是有一些篇章,盛唐的韵味是很浓厚的。其中的代表作,甚至成了诗人的生活情致和精神风貌的诗意概括。如他的《奉和春夕酒醒》(几年无事傍江湖)诗就是这样的。此诗的韵味婉转,风格浑融,确实具有盛唐诗歌的风神,特别是与李白诗风相近。再如他的《白莲》(素蘤多蒙别艳欺)诗,咏物写人,托物咏怀,浑然天成,不着痕迹,含蓄委婉,情致幽远,旨趣无穷,也体现出与盛唐诗风相近的风格特征。

最后再谈一下陆龟蒙在松陵唱和诗里的用典问题。这也表现了他此时期诗歌艺术的一个特色。无论是在鸿篇巨制中,还是在短小篇章里,陆龟蒙都有喜爱用典的现象。在前一类诗篇中,往往是在排比铺陈之中,连篇累牍地运用典故,进行描写刻画,比喻形容,与"以议论为诗"、"以文为诗"结合在一起,构成了"奥衍"、"涩险"的风尚。在后一类诗篇里,所写的大多是琐事小景,散诞情怀,而在用典上则比较追求冷僻俚俗,以使所写的内容显现出新鲜有趣、情致盎然、韵味浓烈的效果,其明显的特点就是它的广博性和通俗性。我们在阅读《松陵集》的作品时,深切地感受到陆龟蒙所用的典故,既广泛地来自于传统的经、史、子、集,也大量地向佛经、道书、方志、医书、农书、笔记、小说作品拓展,用典既多,又很生僻,炫耀他的博学,明显地有"以学问为诗"的倾向。

皮日休也是如此。更有甚者,二人还喜爱运用事物的别称,给作品增添一种陌生感和新奇感,如湖目(莲子)、水花(荷花或浮萍)、神草(人参)、延年(白菊)等等。其中有一些事物的特殊用法或名称,是具有地方性的,因而也就是通俗性的,此处仅举陆龟蒙诗中的例子数则。《奉酬袭美先辈吴中苦雨一百韵见寄》:"茶枪露中撷",自注:"茶芽未展者曰枪,已展者曰旗。"《渔具诗·罩》:"忽值朱衣起",自注:"松江有朱衣鲋。"《樵人十咏·樵子》:"能谙白云养",自注:"山家谓养柴地为养。"可以看出,陆龟蒙的这种做法,在用典上开辟了新途径、新门类,大大拓展了前人的用典方式,同时也与皮、陆二人松陵唱和诗的日常化、生活化的特点相一致,是一种写法上的创新。这种做法,很显然地对宋人"以才学为诗"、"化俗为雅"的风气产生过直接的影响,它在诗歌史上是应当给予肯定的。

第三章 《笠泽丛书》时期的诗歌创作

本章所说的"《笠泽丛书》创作时期",其实是指陆龟蒙在松陵唱和结束以后,直至他去世这一段时间的诗歌创作。这期间,尽管陆龟蒙曾经在湖州、庐州、苏州等地方先后做过州府的佐吏,但身在衙门的他,似乎没有留下多少诗歌作品,名篇佳作更是少之又少。此一时期的诗歌创作,无论从数量还是从质量上讲,都是以他乾符六年春纂集《笠泽丛书》前后数年间的成就最高。这个时候,陆龟蒙真正是一个"天随子"了,完完全全地过着"江湖散人"的生活。但是,从他的诗歌作品我们可以看出,他一方面尽情地抒发着愤世嫉俗,隐逸江湖的情怀;另一方面,同情民生疾苦,痛恨社会动乱,关切时事政局的感情,却十分强烈,远远超过了他此前两个时期的诗歌创作。这两个方面,是我们讨论此时期陆龟蒙诗歌创作思想内容的重点。

第一节 "江湖散人"的隐逸情怀

陆龟蒙在这一时期表现自己隐逸江湖、潇洒散诞的生活,不仅作品多,而且表现的方式也是多样的,所以,展示出来的自我形象也是很丰富的。首先是善于通过写自己萧散自由、闲适疏放的生活,来抒发隐逸的情趣,这是此时期陆龟蒙表现自己江湖生活的一种方式。如《独夜》诗中云:

> 独行独坐亦独酌,独玩独吟还独悲。
> 古称独坐与独立,若比群居终较奇。

既写出自己作为隐士的孤寂,更流露出孤赏孤傲的情怀。《寄吴融》诗则将友人追逐功名与自己渔樵江湖作对照,抒发了决意隐逸江湖的心态和情绪。诗中云:

> 君整轮蹄名未了,我依琴鹤病相攻。
> 到头江畔从渔事,织作中流万尺箑。

自己将心力倾注在江上渔者之事上,藉此表达隐逸江湖的心态和情趣。上述二诗表现隐逸情怀有直接抒怀的特点。而他以《自遣诗三十首》为代表的作品,则善于通过叙写自己闲居生活中的种种情事来自我遣兴抒怀,从非常具体、琐细、碎小、浅切的生活情形中,表现出隐逸生活的疏纵旷放的情趣,深得清贫安分的人生感悟和生活哲理。其四云:

> 甫里先生未白头,酒旗犹可战高楼。
> 长鲸好鲙无因得,乞取艅艎作钓舟。

其五:

> 花濑濛濛紫气昏,水边山曲更深村。
> 终须拣取幽栖处,老桧成双便作门。

其七:

> 长叹人间发易华,暗将心事许烟霞。
> 病来前约分明在,药鼎书囊便是家。

其二十:

> 南岸春田手自农,往来横截半江风。
> 有时不耐轻桡兴,暂欲蓬山访洛公。

其二十一:

> 贤达垂竿小隐中,我来真作捕鱼翁。
> 前溪一夜春流急,已学严滩下钓筒。

其二十四:

> 无多药圃近南荣,合有新苗次第生。
> 稚子不知名品上,恐随春草斗输赢。

仅从上引六首诗就可以看出,陆龟蒙非常善于通过叙写平凡琐细的情事,很明白真切地表达出隐逸生活的清贫安逸、恬静闲适的情趣。这在表现其隐居情怀的古代隐逸诗人中,是别具特色、别有风味的。金末元好问,经历了国家不幸和自己流离颠沛的生活,对陆龟蒙这三十首诗中抒发自我遣兴、清雅高逸的情感很不满。他的《论诗三十首》(其十九)云:

> 万古幽人在涧阿,百年孤愤竟如何。
> 无人说与天随子,春草输赢较几多。①

清人宗廷辅诠释元诗说:"陆鲁望生丁末运,自以未挂朝籍,绝无忧国感愤之辞,故即其所为诗微诘示讽。"②这种看法对陆龟蒙的《自遣诗三十首》而言,大体上是正确的。它们确实是表达陆龟蒙闲逸的隐居情怀的代表作。

通过歌咏其他江湖翁叟,塑造他们的形象,借以表达自己肆志隐逸江湖的情怀。《太湖叟》诗就是写一位绝意世事、不问是非的隐者:

> 细桨轻船买石归,酒痕狼藉遍苔衣。
> 攻车战舰繁如织,不肯回头问是非。

这位自划小船,买石归来,浑身沾满"酒痕"、"苔衣"的"太湖叟",可以说就是作者的自我形象。《丁隐君歌》(并序)叙写隐士丁翰之"读老子、庄周书,善养生,能鼓琴","纶巾布裘,貌古而意澹。好古文,乐闻歌诗","畜妻子,事耕稼,如常人",虽是八十多岁的高龄,仍然身体强健,精力弥满,是一位"治心修身"、"乐而寿"的长者。作者视其为真正的隐者,极为钦羡这样的高古闲逸的人,表明这是他所心仪的人物形象。还有一首《紫溪翁歌》(并序),通过"甫里先生"与"紫溪翁"的对歌,表达了作

---

① 元好问:《元好问全集》卷十一(增订本),山西古籍出版社 2004 年版。
② 引自郭绍虞:《元好问论诗三十首小笺》,人民文学出版社 1978 年版。

者隐逸闲居的理想生活和志趣宗尚。诗云：

> 一丘之木，其栖深也屋，吾容不辱；一溪之石，其居平也席，吾劳以息；一窦之泉，其音清也弦，吾方在悬。得乎人，得乎天，吾不知所以然而然。
>
> 先生弁而赓之曰：采江之鱼兮，朝船有鲈；采江之蔬兮，暮筐有蒲。左图且书，右琴与壶。寿欤？夭欤？贵欤？贱欤？

此诗通过两位隐居江湖者的对歌，叙写了他们贫俭的生活情形，歌颂了他们疏放萧散的情怀，实际上是以巧妙新颖的方式，宣泄了作者隐逸江湖，恣意过着耕读诗酒、清贫儒雅的生活，从而抒发了闲逸疏旷、萧散纵放的隐逸情怀。

通过吟咏眼前景物或咏物寓兴，也是陆龟蒙表现其高闲清雅的隐逸情怀的常用方法。通过写某时、某地很细小、很具体的景象，景中含情，抒发情怀，是陆龟蒙自"十载江南"时期作诗的长技。此时也是如此。如《北渡》诗云：

> 江客柴门枕浪花，鸣机寒橹任呕哑。
> 轻舟过去真堪画，惊起鸬鹚一阵斜。

这种就眼前所见所闻的情景，即兴式地进行描写，给人以十分新颖奇妙的感受，其兴会所致，也是诗人隐居时清雅闲逸的情怀的表现。再如《早行》诗云：

> 冰寒孤棹触天文，直似乘槎去问津。
> 纵使碧虚无限好，客星名字也愁人。

寒冷的冬天乘船行进，飘飘远去的感觉，就像是上天前往仙境。在虚无缥缈的星空里，确实是感觉美好，十分惬意，但天外来客的尊名为人所知，却使人发愁。诗就是写撑船早行的感受，于中流露出自由闲逸的隐居情怀。其他如《闲书》中云："闲阶雨过苔花润，小簟风来薤叶凉。"《五歌·雨夜歌》中云："屋小茅干雨声大，自疑身著蓑衣卧。兼似孤舟小泊时，风吹折苇来相佐"等等，也都是写诗人在闲居中眼见耳闻的情景，无论它们是华美秀丽，还是凄清苍凉，但它们所透露出来的都是陆龟蒙隐逸的情怀韵致。

咏物寓兴,在此时陆龟蒙的诗歌里也很突出。如《孤雁》诗,以"雁"自喻,诗中写到"雁"恶劣的处境:"未脱鱼网患","忧为弋者篡";"雁"对"鸢"的鄙夷:"晴鸢争上下,意气苦凌慢。""回头语晴鸢,汝食腐鼠惯";"雁"又嘲讽斥鷃:"汝惟材性下,嗜好不可谏。身虽慕高翔,粪壤长盼盼。"这样的写法,实际上是诗人借物自喻,托物寓怀,借端发慨,表现出自己隐逸江湖高尚修洁的志趣。还有一首《夜泊咏栖鸿》诗云:

可怜霜月暂相依,莫向衡阳趁队飞。
同是江南寒夜客,羽毛单薄稻粱微。

诗咏孤单的"栖鸿",其实它与"夜泊"的孤独之人("寒夜客"),互相映照,即物即人,表现的是诗人孤寂的隐逸情怀。此时期,陆龟蒙还有咏鸟之作《鸲鹆》诗,怜惜此鸟置于笼中,羁束了它的野逸之性:"虽蒙静置疏笼晚,不似闲栖折苇秋。"显然表现了作者作为一位江湖隐士的生活和精神的追求。《五歌》五首中的《水鸟歌》非专咏一种水鸟。在泛写种种水鸟中,作者集中笔墨表现它们的野逸散诞、不受羁束的性情:"鸥闲鹤散两自遂,意思不受人叮咛。今朝棹倚寒江汀,春钽翡翠参鸲鹆。孤翘侧睨瞥灭没,未是即肯驯檐楹。"诗人倚棹寒江,以欣赏的态度观看多种水鸟的野逸情态,它们与"鸥闲鹤散"在性情、精神上是完全一样的。诗的末段点明旨意,自己这位"江湖散人"要与这些"江禽"成群为伍。虽有蛇足之嫌,但全诗咏物寓怀,表现萧散诞放的隐逸情怀则是很突出的。其他如《二遗诗》咏石枕材、石琴荐,称道它们天然浑朴:"幸与野人俱散诞,不烦良匠更雕镂。"显然借物抒发"野人"的"散诞"情怀,借物喻人是很显然的。最后特别提一下陆龟蒙《迎潮送潮辞》(并序)。诗分为《迎潮》、《送潮》二首,吟咏潮水,也可以说是比较特殊的咏物诗。诗人在小序中说:"(潮水)用之则顺而进,舍之则默而退,有类乎君子之道。玩而感之,作《迎潮》、《送潮》二辞。"这完全可以说是托物兴感,借物抒怀,表达诗人恬退江湖的情怀。在陆龟蒙的所有三个时期的诗歌创作的历程中,善于咏物一直是其中的一个重要方面。陆龟蒙的咏物诗,既不像齐梁诗人和初唐诗人李峤那样追求物象的精细熨贴;也不像杜甫那样寄托遥深,感慨淋漓;更不像李商隐那样追求个性化,擅长象征手法,托兴深微。但他也有自己的特点。他往往是借物寄托、即物抒怀,"比"的意味浓厚,议论的圭角明显。

第二节 "百忧"丛集的感愤情怀

陆龟蒙作为唐代著名的隐逸诗人,像上节所叙述的抒发闲逸萧散的情怀,固然是此时期诗歌内容的一个重要方面,但是在同一个时期,他也在许多作品里,表现了极为强烈的感愤情怀。陆龟蒙在《笠泽丛书序》里说:"内壹郁则外扬为声音。"自言他的作品是其幽愤情怀的宣泄,也说明了这一问题。金代元问好在《校〈笠泽丛书〉后记》中,甚至说此时期陆龟蒙的作品"多激愤之辞而少敦厚之义",是他"标置太高,分别太甚,镂刻太苦,讥骂太过。唯其无所遇合,至穷悴无聊赖以死,故郁郁之气不能自掩"①的产物。确实,在陆龟蒙的作品中,闲逸之作与幽愤之作是两个基本方面,我们都必须给予它们以充分的重视。陆龟蒙的此类幽愤之作,确如陆游所说:"可怜笠泽翁,百忧集双鬓。"②陆游此诗虽然说的是他自己,但用来形容、概括此时期陆龟蒙的感愤情怀的作品,也十分准确贴切。

陆龟蒙常在以江湖、乡村为最基本的题材载体的诗篇里,抒发"百忧"情怀,也就是在叙写自己的生活状况、思想情绪时,时刻关注着社会问题,形成一种"百忧"丛集、感慨万端的范式。如《江墅言怀》诗云:

> 病身兼稚子,田舍劣相容。
> 迹共公卿绝,贫须稼穑供。
> 月方行到闰,霜始近来浓。
> 树少栖禽杂,村孤守犬重。
> 汀洲藏晚弋,篱落露寒春。

---

① 元好问:《元好问全集》卷三十四(增订本),山西古籍出版社 2004 年版。
② 陆游:《江头十日雨》,钱仲联:《剑南诗稿校注》卷十六,上海古籍出版社 1985 年版。

> 野弁敧还整，家书拆又封。
> 杉篁宜夕照，窗户倚疏钟。
> 南北唯闻战，纵横未胜农。
> 大春虽苦学，叔夜本多慵。
> 直使貂裘敝，犹堪过一冬。

诗从自己的贫困潦倒写起，而以寥落萧条的江村景象作渲染烘托；随后写到国家的战乱频仍，农民的穷困疾苦，感慨系之；最后再折笔运用典故，借历史人物比拟自己，表达慵懒疏放的情绪和艰窘度日的辛酸。《村夜》二首其二运用这种写作方式和它在内容上的"百忧"填膺，要更为显著一些。诗人"孤愤生遥夜"，由自己的落魄潦倒，赋闲江村，产生出多方面的、深沉的感慨。简单说来，集中在三点，即统治者的豪奢、人民的穷困和诗人自己的不幸。前两点，作者进行了具体的描写刻画，形成了鲜明的对照，而以"万户膏血穷，一筵歌舞价"绾合于两者之间，并在此凸显为聚焦点，具有极为强烈的对比效果，爱憎分明，震人心魄。至于诗人自己，学博才赡，志趣高远，却遭际不幸，无可施展才志，与那些"嘻今居宠禄"者天壤相悬，也就与"劳者苦"有了一定的相似性，"若与甿辈量，饥寒殆相亚"，自然使他接近了人民。显然，诗中的"孤愤"正是上述三个方面紧密结合在一起的幽愤哀痛，"百忧"交结正是它表情达意的基本方式。此类最突出的例子，我们不能不举《江湖散人歌》。谛视题目，自抒落拓江湖、萧散纵放的志趣，是它的应有之义，不涉及其他内容完全是可以的。但是，此诗恰恰不是如此，比起上面论述的诗篇，它无论是在表现"江湖散人"狂放兀傲的思想性格上，还是在关注现实的广度、深度和强度上，都要更为强烈。此诗较长，不具录。诗从"江湖散人"的形象写起：

> 江湖散人天骨奇，短发搔来蓬半垂。
> 手提孤篁曳寒茧，口诵太古沧浪词。

接着，诗由"江湖散人"诵说"太古"以来的风气演变：古代的民风本来朴野淳厚，后来才世风日下，民情浮薄；时至今日，邪僻奸佞之人横行当道，对此，他表示极大的义愤和鄙弃：

> 人间所谓好男子,我见妇女留须眉。
> 奴颜婢膝真乞丐,反以正直为狂痴。

面对如此情形,不能不令人浑身上下,从内到外为之"散":"头散"、"腰散"、"行散"、"坐散"、"语散"、"笑散"、"衣散"、"食散"、"书散"、"酒散"、"屋散"、"树散"、"客散"、"禽散",乃至"物外一以散,中心散何疑"。这样的散诞之人,是不是除了狂放不羁以外,就万事不关心,与社会、与国家完全隔绝了呢?没有,不仅丝毫没有隔绝,相反,他关注现实的程度十分强烈。他关心国家兴亡,痛惜社会丧乱,憎恨武将跋扈,哀伤奸佞乱政,同情人民疾苦,以及他施展才智的渴望,拯救苍生的宏愿,在诗的后半,都做了深刻的表现:

> 或闻蕃将负恩泽,号令铁马如风驰。
> 大君年小丞相少,当轴自请都旌旗。
> 神锋悉出羽林仗,绩画日月蟠龙螭。
> 太宗基业甚牢固,小丑背叛当歼夷。
> 禁军近自肃宗置,抑遏辅国争雄雌。
> 必然大段剪凶逆,须召劲勇持军麾。
> 四方贼垒犹占地,死者暴骨生寒饥。
> 归来辄拟荷锄笠,诟吏已责租钱迟。
> 兴师十万一日费,不啻千金何以支。
> 只今利口且箕敛,何暇俯首哀茕嫠。
> 均荒补败岂无术,布在方册撑颏皾,
> 冰霜襦袴易反掌。白面诸郎殊不知。
> 江湖散人悲古道,悠悠幸寄羲皇傲。
> 官家未议活苍生,拜赐江湖散人号。

这样的"江湖散人"根本就没有放情山水、远离社会;相反,他身在江湖,却增强了其愤世的苦闷。他比那些天阙之上的人负荷着更多的社会责任感。前人在谈论陆龟蒙"江湖散人"的风期节概时,大多称美其扁舟五湖,绝意仕进,遗外声利,肆志闲逸,殊不知他自始至终根本没有忘怀世事,高蹈世外。也有一些人,如元好问虽然看到了陆龟蒙的"郁郁之气",但他特别看重的似乎是其个人的不幸和性格的孤傲。倒是元代的陈孚,深切地认识到陆龟蒙虽在江湖,过着隐逸的日子,但心里却关注现实,悲叹国运衰颓,哀伤生灵涂炭。所以,它从陆龟蒙《江湖散人歌》等诗文作品中所认识到的这位"高士",就是这样的形象了:

> 又不见甫里先生心里苦,河朔生灵半黄土。
> 夕阳蓑笠二顷田,口诵羲皇思太古。①

这无疑抓到了陆龟蒙此时期诗文创作中最基本的一个方面,也就是探得了陆龟蒙思想的本质特征了。

像上述从隐逸江湖的角度,抒发幽愤,关注深广的社会问题的诗篇,在陆龟蒙的诗歌里还有不少,如《村夜二首》(其一)、《纪事》等诗都是。还有些诗歌,孤立地看其中的某一篇,只是比较集中地表现某一两个方面,如《自和》(系《江墅言怀》的自和诗),就主要慨叹时命相背、才非世容的遭际,并以耕稼、诗书的闲适生活来自我安慰、自我解嘲:"此地家三户,何人禄万钟。草堂聊当贵,金穴任轻农。把钓竿初冷,题诗笔未慵。莫忧寒事晚,江上少严冬。"《闲书》、《新秋月夕客有自远相寻者作吴体二首以谢》(其一)等诗,表达的是关切时事、忧虑国运、无可奈何避居林下的孤愤。后诗中云:"世间羽檄日夜急,掉臂欲归岩下行。"前诗后半云:"南国羽书催部曲(原注:时黄巢围广州告急),东山毛褐傲羲皇。升平闻道无时节,试问中林亦不妨。"此类诗篇,与前文所述的作品,从隐逸江湖的角度来抒发对现实社会的"百忧"并无二致,只是比较单一而已。从以上的论述可知,在叙写闲居生涯、抒发隐逸情怀时,由自己的落拓潦倒、穷困不偶,联系到社会的动乱、政治的腐败、人民的疾苦,表现出极为强烈的现实主义精神,是此时期陆龟蒙诗歌一个突出的表达方式,似乎可以说形成了一种体式。它们对于我们全面、深入地了解陆龟蒙,把握住"江湖散人"的思想特征和精神境界,具有同样重要的意义。

---

① 陈孚:《三高祠》,《刚中观光稿》,《元诗选》二集,中华书局1978年版。

第三节　关心民生疾苦和忧愤国事的情怀

我们在上节讨论陆龟蒙此时期诗歌里"百忧"丛集的感愤情怀时，已经明确指出，他的这类诗篇，往往是将个人的生活、民生疾苦、忧国情怀交互错综地在一首诗里表现出来，显得比较忧郁激愤。本节所要讨论的是他在诗歌里对民生疾苦和忧愤国事比较直接的表现。通过这些作品，让我们真切地感受到，作为隐逸诗人的陆龟蒙，其实是有强烈的忧国忧民的情怀的。

陆龟蒙生活的晚唐时代，特别是到了他晚年的乾符、广明年间，唐王朝的国势衰弱，社会动荡，战乱频仍，尤其是王献芝、黄巢的农民起义军所造成的全国大动乱，历时之久，社会动荡之巨大，更是造成唐王朝衰亡的重要原因。陆龟蒙有一首《伤越》诗，它是具体反映东南一带战乱频仍的作品。全诗如下：

> 越溪自古好风烟，盗束兵缠已半年。
> 访戴客愁随水远，浣纱人泣共埃捐。
> 临焦赖洒王师雨，欲堕重登刺史天。
> 早晚山川尽如故，清吟闲上鄂君船。

观诗次句，可定它作于唐僖宗广明元年（880年）。据《资治通鉴》（卷二百五十三），僖宗乾符六年（879年）十一月，黄巢军"转掠饶、信、池、宣、歙、杭十五州"。又云：广明元年六月，"黄巢别将陷睦州、婺州。"可知黄巢起义军在此期间攻掠江浙一带长达半年之久，正与诗中所写的时、地相合。于此可见，诗人虽然身为隐逸者，但对社会动乱极为关切，迫切希望平定叛乱，天下清明。陆龟蒙的此类诗尽管很少，此为仅见，如果我们与上节所述的一些诗篇联系起来看，关注国家的社会动乱，希望平定战乱，天下太平的愿望，是时时萦绕在他的心头的。"南北唯闻战"（《江墅言怀》），"或闻番将负恩泽"，"四方贼垒犹占地"（《江湖散人歌》），"世间羽檄日夜急"（《新秋月夕客有自远相寻者作吴体二首以谢》其一），"南国羽书催部曲（原注：时黄巢围广州告急）"（《闲书》），"去岁猖狂有黄寇,官军解散无人斗"(《丁隐君歌》)等等,都可以很明确地告诉我们这一点。

陆龟蒙愤切时世,富有现实主义精神,写得最多的要算是同情人民疾苦、批判统治者剥削人民的诗篇。他是隐逸诗人,正因为这样,他有机会深入地了解普通劳动者的穷困和不幸。陆龟蒙诗歌里的此项内容,除了上一节谈到的那些从隐逸生活的角度,以感发"百忧"的方式所涉及的以外,这里还要谈的主要是以三种方式同情人民的诗篇。

首先是直接叙写农民的诉说来表现他们的不幸。如《五歌》五首中的《刈获》诗,写出自春徂秋的旱灾,致使农民惨遭天灾人祸。"凶年是物即为灾,百阵野凫千穴鼠。平明抱杖入田中,十穗萧然九穗空。"旱灾的惨烈于此可见。而统治者不管农民的流离失所,照样横征剧敛:"古者为邦须蓄积,鲁饥尚责如齐粢。今之为政异当时,一任流离恣征索。"而这些情事和慨叹,都是由农民向作者诉说出来的:"我来愁筑心如堵,更听农夫夜深语。"这样的写法很真实,在同情和批判的两个方面都极有力量。《五歌》组诗的序中说:"《传》曰:'劳者愿歌其事。'""歌其事者,非吾而谁?"让人物现身说法,是乐府的一个重要表达方式。这就说明,诗人是有意识地继承乐府的现实主义传统,创作此诗,同情人民疾苦的。

其次是通过描写农事活动来表现农民的不幸。如《水国》诗,写"水国不堪旱,斯民生甚微",不仅农民生计艰难,就连诗人的生活也颇为困窘:"况是干苗结子疏,归时只得藜羹糁。"《彼农》二诗,前诗概写农民贫苦艰辛的生活:"藁焉而席,茨焉而居。首乱如葆,形枯若腒。大耋既鲐,童子未鬐。以负以载,悉薅悉锄。""有饭一盛,莫盐莫蔬。有繂一緹,不襻不袽。所谓饥寒,汝何谇欤?"后诗则专写今年的旱灾:"今夏南亩,旱气赤地。遭其丰凶,概敛无二。退输弗供,进诉弗视。号于旻天,以血为泪。孟子有言,王无罪岁。诗之穷辞,以嫉悍吏。"这两首诗,也是作者身在乡村,直接接触农民的结果,"我慕圣道,我耽古书。小倦于学,时游汝庐。"诗人的这番表白,告诉我们,他是从儒家思想的角度,批判统治者不能施行仁政,深切地同情农民疾苦的。二诗采用四言句式,则又说明作者是有意识地效法《诗经》的国风以及古乐府的现实主义传统,为劳动人民而作诗的。《祝牛宫辞》是一首反映民间风俗的农事诗。全诗写寒冬到来,农民为耕牛"筑宫纳而皂之","老农请乞灵于土官","予勉之而为之辞"。诗以老农"我"的口吻着笔,写出农民为耕牛过冬而认真仔细地营造牛舍,希望那个耕牛得到休养,为来年的生产和丰收打下基础。"上缔蓬茅,下远官府。耕耨以时,饮食得所。或寝或卧,免风免雨。宜尔子孙,实我仓庾。"诗中虽然没有正面叙写农民的不幸和痛苦,但从中也不难体会到农民的勤劳朴实,农业生产活动的繁重和农民劳动的艰苦。诗人对农民充满了关切之情,与同情其疾苦的思想精神是一致的。此诗也采用四言结体,古朴简至,从形式上也可以证明是作者有意识继承《诗经》、古乐府歌谣的现实主义作品。

最后,陆龟蒙还常用政治讽刺诗或类似于寓言诗的方式,对统治者进行强烈批判,从中表现出对人民疾苦的深切同情。这部分诗歌,大多是陆龟蒙的创作中富有艺术魅力的篇章。《南泾渔父》诗,不是叙写"渔父"的渔樵生涯和闲适情趣,而是由"我"的发问:"问其所以渔,对我真道蹈",引出"渔父"的一番议论,强调渔业要顺应自然规律,才能够得到发展,"孜孜戒吾属,天物不可暴。大小参去留,候其孳养报。终朝获渔利,鱼亦未尝少。"然后则由"为渔"转到议论"为政",说明愍惜民病是其根本,而现今的统治者恰恰不恤民病痛,"余观为政者,此意谅难到。民皆死搜求,莫肯与愍悼。今年川泽旱,前岁山源潦。牒诉已盈庭,闻之类禽噪。譬如死鸡鹜,岂不容乳抱。"听了渔民的一番议论,诗人深表同意,认为可以补察时政、警示当政者,"吾嘉渔父旨,雅叶贤哲操。倘遇采诗官,斯文诚敢告。"显然,此诗深切同情农民疾苦,对统治者"搜求"民脂民膏,"涸泽而渔"式的掠夺、剥削人民,进行了严厉的谴责。此诗与中唐柳宗元《种树郭橐驼传》一文有异曲同工之妙,可谓是一首融寓言性和政治性于一体的好诗,寓意深刻,发人警省,耐人寻味,颇有艺术魅力。七言绝句《新沙》讽刺批判的力量更为强烈深刻:

> 渤澥声中涨小堤,官家知后海鸥知。
> 蓬莱有路教人到,应亦年年税紫芝。

此诗前两句运用夸张。海边新涨小堤,出现了一片土地。常年生活于此的海鸥尚未及知晓,而官府却早已了如指掌了。一先知一后知,两者形成的强烈对比,可见统治者是多么精明地注视着每一个能够让他们得到好处的细微变化。长期的潮水起落所形成的海边滩地他们都盯上了,急于从中获得利益,贪婪的本质也就得到了深刻的表现。最极度的夸张,同时也是最强烈的对比,这就是诗前二句的艺术特色。后二句则运用想象。它通过神话传说故事,巧作虚拟悬想:虚无缥缈的蓬莱仙境,是神仙的聚居之地,向来是没有剥削和压迫的地方,灵芝之类的仙物,神灵们可以尽情享用,从无纳税的说法,也从来没有收税者。但是,就是这么一块仙境,如果让人间的统治者("官家")的足迹能够到达于此的话,想必也要收取那里的仙物紫芝税了。诗人用这一看似不着边际、根本不可能出现的事情,来进行虚拟假设,推想判断,在令人感到匪夷所思之际,却提出了一个深刻的历史事实和社会政治主题,那就是统治者对农民的剥削是无所不在、无处不到,达到了极其沉重、残酷的程度,农民无论如何也逃避不了统治者对他们敲骨吸髓的剥削。这样,全诗就收到了对统治者极其尖锐、深刻的讽刺、批判的效果,揭露了统治者贪婪的本性;同时,也就收到了对农民极其深切的关心、同情的效果,从而揭示了农民不幸的根源,在于统治者的剥削和压迫。五绝《筑城曲》二首也具有强烈的批判力量,其一云:

> 城上一抔土,手中千万杵。
> 筑城畏不坚,坚城在何处。

其二云:

> 莫叹将军逼,将军要却敌。
> 城高功亦高,尔命何劳惜。

两首诗就筑城谴责武将罔顾民命,以求功勋,同情筑城农民的悲惨遭遇。上诗谓虽经农民的千辛万苦,备极艰难,但还是难以筑成武将所希望的不可摧毁的坚城。措意含蓄深婉,言外之意是说,打败敌人,坚牢的工事固然重要,而最重要的还在于顺民心、合民意,取得人民的支持。实际上,诗人是暗讽武将无视人心的向背。末句用反问句式,警省有力,馀味无穷。后诗却转而看似为将军着想:筑城的农民不要哀叹将军逼你们太急,因为将军要打败敌人嘛。只要城池筑得高大坚固,将军也就可以得到高官厚禄,在他们的眼里,你们的生命又算得了什么呢?此诗措语平直,全部意思一语道尽;正话反说,更增强了批判的力度,也加大了对人民同情的深度。刘永济先生说:"前首言筑城不如修德也,后首更明讥筑城只为将军立功,何惜民命,语不嫌直,情最真也。"①其说颇有见解,可供参考。

通过以上简单的论列,可以看出,作为隐逸诗人陆龟蒙,其诗歌创作所具有的强烈的现实主义精神,特别是他的愤切时世的情怀,在晚唐的诗坛上很少有人能够与之相匹敌,应当给予足够的重视。

第四节 《笠泽丛书》创作时期诗歌的艺术特色

在这一时期,陆龟蒙的生活状态和思想感情都发生了重大变化。特别是在他经历湖州、庐州、苏州的佐吏,回到松江之滨的甫里,或湖州的震泽之后,过着贫病交困的生活;而接触的则是在国家动乱和水旱灾难双重打击下,饥寒交迫的农夫渔父,对他的思想产生了直接而重大的影响,使他的诗歌在抒发自己的幽愤悲慨的情怀,同情民生疾苦,忧虑国事时局上,都达到了空前的高度和深度。正是在这种创作情境下,他的诗歌创作的艺术特色也有了重大变化,表现出了明显的新特点。

追求平淡的诗风。陆龟蒙在此时期创作的《甫里先生传》里说:"少攻歌诗,欲与造物者争柄,遇事辄变化不一,其体裁始则鞭轹波涛,穿穴险固,囚锁怪异,破碎阵敌,卒造平澹而后已。"提出了他在诗歌艺术风格上的最高目标是"平淡"。这种审美理想确实在这一时期的诗歌创作中得到了明显的表现。他说自己在早年的诗歌有一种"险固"、"怪异"的风尚,也就是后人常说的"奥衍"、"涩险"的特点,多表现在其长篇五古和五排上。我们在论述陆龟蒙"十载江南"和松陵唱和两个时期的诗歌时,都有所论列,这里不重复。而在此时期,可能作于咸通末年的《江

---

① 刘永济:《唐人绝句精华》,人民文学出版社1981年版。

南秋怀寄华阳山人》,仍然是一百韵成章,全诗一千字的鸿篇巨制。诗中大量用典,读起来艰深险怪。如此长篇,手法上也不可避免地大肆铺陈叙写,排比形容。此诗与《松陵集》卷一中陆龟蒙、皮日休那些五古长篇的唱和诗,完全是同样的宗尚。但是,到了乾符后期,陆龟蒙虽然也创作了多篇五古,如《江墅言怀》及《自和》、《村夜》二首、《纪事》、《南泾渔父》、《孤雁》等诗,则发生了明显的变化。它们都属于中短篇,题材上纪实性比较强,很少用典故,即使运用故实,也比较浅显易懂,一看即知。所以,这些诗大多即目、即景、即事,而且读来给人以质朴平实、浅近明白的感觉,显然可以将它们的诗风说成是"平淡"了。另外,此时期陆龟蒙创作了不少七言诗和杂言诗,这是前所少有的现象。它们之中,有宏大篇章如《江湖散人歌》,更有篇制较短的如《五歌》《放牛歌》《水鸟歌》、《刈获歌》、《雨夜歌》、《食鱼歌》)、《丁隐君歌》、《紫溪翁歌》、《鹤媒歌》、《问吴宫辞》、《迎潮送潮辞》(《迎潮》、《送潮》)《水国诗》等诗篇,它们都是歌行体,又汲取了吴地民歌的形式特点,还有的运用了句中含有"兮"字的骚体体式,造成了它们在行文上豪宕疏纵,流畅明快,具有行云流水、疏朗萧散的韵致,而从诗风上来说,确实属于"平淡"的宗尚了。即使是此时期写的四言诗,如《祝牛宫辞》、《彼农诗》(四言二首)等篇,由于所写的是农民生活和吴地的农村风俗,诗人又刻意运用通俗平易的语言,所以这些诗歌的艺术风格就显得更为"平淡"了。有了如上的巨大变化,便导致了此时期陆龟蒙诗歌的体势和气机,在总体上显现出了"平淡"的风尚。对此,读陆龟蒙的诗歌,应有充分的认识。

　　以学习、效法乐府民歌为主要手段,促成"平淡"诗风的形成。注意考察一下最能代表陆龟蒙此一时期诗歌创作思想内容和艺术成就的若干诗篇,就可以明确地认识到这一点。如五古,他不仅几乎不写千字长篇,不再铺陈排比,造成险怪奇异的诗风;而是一般采取中短篇的体式,又主要是写自己或身边的情事,纪实性很强,即事即景,自然就平易了;再加之他又注意运用汉乐府民歌的某些结体方式,如《南泾渔父》,全诗采用第一人称的写法,主要叙写诗人自己访问渔父,记叙渔父的一大段话,诗中以"予"、"吾"、"我"自指,而以"吾"、"余"指渔父。这样的结体方式,再加之语言的浅切明白,当然就形成质朴平淡的诗风了。再如

《孤雁》诗，全诗以"孤雁"的"我"第一人称来写，以"我生天地间，独作南宾雁"开篇，自述遭遇和情怀，很明显，汉乐府民歌的结体、韵致渗透在字里行间。七言诗和杂言诗，则多采取歌行体、吴楚骚体民歌的结体，疏宕流畅；语言上则通俗浅显，也极易造成浅切平淡的诗风。不妨略举数例。如《送潮》诗"潮西来兮又东下，日染中流兮红洒洒。"《问吴宫辞》："出火姑苏兮沼长洲，此宫之丽人兮留乎不留？"《江湖散人歌》："词云太古万万古，民性甚野无风期。""奴颜婢膝真乞丐，反以正直为狂痴。"《放牛歌》："江草穷秋似秋半，十角吴牛放江岸。"《丁隐君歌》："丁隐君，丁隐君，叩头且莫变名氏，即日更寻丁隐君。"《紫溪翁歌》："得乎人，得乎天，吾不知所以然而然。"仅仅从几首诗里各举一二摘句，就完全可以体认到，它们学习、效法歌行体、乐府民歌乃至吴地民歌的体式和语言是很明显、很突出的。甚至在他的四言诗里，也颇有此种风尚。如《祝牛宫辞》，因为写的是吴地民俗，又因"老农"之请而作诗，诗人可以说有意识地将其写成了民谣。诗的前半云："四牸三牯，中一去乳。天霜降寒，纳此室处。老农拘拘，度地不亩。东西几何，七举其武。南北几何，丈二加五。偶楬当间，载尺入土。"诗人显然很认真地要将诗写得极为通俗浅近，晓畅流利，非常切合当地民俗，"老农"当然也一听就懂，一看即知。以上这些诗例，足以说明，此时期陆龟蒙在诗歌创作上悉心学习、效法歌行体、乐府民歌乃至吴地民歌的体式、语言，确实是造成"卒造平澹"的诗风很重要而有效的方法。

"驰骛新奇"、清雅秀丽的诗风，也有进一步的发展，也是此时期陆龟蒙诗歌风格的一个重要方面。它从"十载江南"时期就有一定的表现，松陵唱和时期得到了大发展、大提高，而到了这一时期，随着诗人完全进入一个隐居江畔、山野的生活状态里，这种诗风随着题材内容的延续，也有突出的表现。我们在本章第一节谈陆龟蒙的隐逸情怀时，所列举的《自遣诗三十首》中的诗例等，就可以说明这一点。它们往往选取眼前的小事、小景，即目即景，一时兴会，施诸笔端，也就是我们已多次谈到的"触处成诗"的宗尚。所写的虽然是日常生活中琐细小事，具体细微的景象，却能够表现出清雅闲逸的情趣。这里再举两首诗为例，具体说明一下。如《中秋待月》诗云：

> 转缺霜轮上转迟,好风偏似送佳期。
> 帘斜树隔恨无限,烛暗香残坐不辞。
> 最爱笙调闻北里,渐看星澹失南箕。
> 何人为较清凉力,未似初圆欲午时。

全诗就是扣住一个"待"字,很精细微妙地写出中秋月由圆至缺的自然过程,以及"待"月之人的心理情感变化,表现的是一种清闲无事的清兴雅趣。诗风的清雅秀丽,也是很明显的。再如《小雪后书事》诗云:

> 时候频过小雪天,江南寒色未曾偏。
> 枫汀尚忆逢人别,麦陇唯凭欠雉眠。
> 更拟结茅临水次,偶因行药到村前。
> 邻翁意绪相安慰,多说明年是稔年。

题目说是"书事",其实诗中所写无非就是江南"小雪天"节令时的乡村景象,诗人自己的生活情怀,以及与老农邂逅之际的交谈而已。诗的笔触轻灵舒展,遣词秀美清丽,风调轻利明快,王夫之评之为"妍骨天成,触物成好"。[①] 这是陆龟蒙诗歌艺术风格的一个重要特色,对宋诗的影响颇大,在一定程度上已经具备了"宋调"的特点。

---

① 王夫之:《唐诗评选》卷四,文化艺术出版社1997年版。

第四章 陆龟蒙诗歌艺术综论

我们在上面三章叙论陆龟蒙三个时期的诗歌创作时，都分别谈到过他在一个时期里的诗歌艺术特色。它们之间有沿袭，又有发展，显现了陆龟蒙对于诗歌艺术的执着追求和巨大成就。陆龟蒙作为晚唐的重要诗人，正处于唐、宋诗风嬗变的历史转折点上，所以，他的诗歌艺术既有标举唐诗风尚的"唐音"，也有开拓宋诗风尚的"宋调"，成为唐、宋两代诗风转变的关键性诗人之一。本章打算对陆龟蒙诗歌艺术作一些概括性、整体性的论述，以期勾勒出陆龟蒙诗歌艺术的总体风貌。

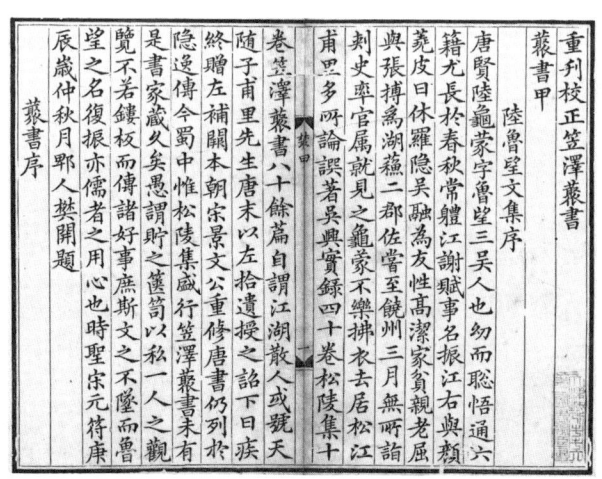

清雍正九年(1731)陆锺辉刻本《重刊校正笠泽丛书》四卷书影

第一节 以"赋"法为诗

以"赋"法为诗的基本特点,就是长于铺陈叙述,描写刻画,驰骋笔力,体势宏大,是"以文为诗"的一个重要方面。陆龟蒙的诗歌,在这方面有突出的表现。如他在"十载江南"时期写的《京口与友生话别》、《纪梦游甘露寺》等诗都是显例。同一时期的《引泉诗》(睦州龙兴观老君院作)开头云:

> 上嗣位六载,吾宗刺桐川。
> 余来拜旌戟,诏下之明年。
> 是时春三月,绕郭花蝉联。
> 岚盘百万髻,上插黄金钿。
> 授以道士馆,置榻于东偏。
> 满院声碧树,空堂形老仙。
> 本性乐凝淡,及来更虚玄。
> 焚香礼真像,盥手披灵编。
> 新定山角角,乌龙独巉然。
> 除非净晴目,不见苍崖巅。
> 上有拏云峰,下有喷瀫泉。
> 泉分数十汊,落处皆峥潺。
> 寒声入烂醉,聒破西窗眠。
> 支筇起独寻,只在墙东边。

以下,诗即转入叙写"引泉",以及泉水奔涌于眼前的景象、情状。仅从我们抄录的这一大段看,作者简直像是写游记文,从时间、地点、人物写起,再写到环境、景象、气氛以及人物活动等,款款写来,引入诗题的"引泉"的叙写描述。全诗将叙述和描写相结合,完全是"以文为诗"的作派。"赋"的手法,在此诗被用得淋漓尽致。

到了松陵唱和时期,陆龟蒙与皮日休二人往来酬唱,运用长篇五古、五排来斗难斗巧,以"赋"法为诗的特点表现得更为明显。《松陵集》

卷一、卷二、卷三里绝大多数是五古长篇,卷五里则有不少属于五排长篇,都是显例。如《奉酬袭美先辈吴中苦雨一百韵见寄》,大肆叙写铺陈,极尽形容刻画的能事,而又能不凝滞呆板,流畅贯注,展拓自如,体势开张,气足神完,明陆时雍评说道:"滚滚汩汩,相注而来,绝无排叠堆垛之病,所以为难。自少陵以来可称绝响。"①又如《奉和次韵江南书情二十韵》是一首排律诗,不仅排偶工整,而且铺张排比,叙写铺陈也是显而易见的特点,所以,陆时雍又评说:"语语新琢,其言皆筑笔而成。"②陆龟蒙此类诗篇甚多。既然它们是以"赋"法为基本写法,除了描写刻画、铺张形容,善于铺叙,形成"以文为诗"的基本特点之外,以议论为诗、以学问为诗等情形,当然也是诗中最常见的写作现象。如要举例,就要抄录较长的诗歌段落,因此略而不录了。正因为陆龟蒙这样的诗篇数量颇多,特色鲜明,因而受到后代诗论家的重视。他们中有的人在称述其善于铺叙的同时,指出它们渊源于杜甫、韩愈,如清宋育仁说陆龟蒙此类诗歌:"其源出于杜子美、韩退之,极力驰骋,排比为多。"③稍后李重华又说:"诗家奥衍一派,开自昌黎。……后此陆鲁望颇造其境。"④也有人指出它们对宋代诗人的影响很大,是"宋调"的先导。贺裳说皮、陆二人"集中诗亦多近宋调"。⑤ 袁枚说:"皮、陆二家,已浸淫乎宋氏矣。"⑥所指就包括陆龟蒙、皮日休松陵唱和中的这些诗篇。他们的评说,可以说都是很精到的论点。

陆龟蒙诗歌创作的后期,即《笠泽丛书》创作时期,以"赋"法为诗发生了很大的变化。长达五百字乃至千字的篇章很少了,一般都是中短篇,尽管它们仍然要采用叙述、描写、议论等常见的写法,但是点到即止,没有过多的铺陈排比、大肆扬厉的特点,又由于直陈其事的纪实性强了,多写自己隐居生活的情形,接触到的农夫渔父的生活和情感,诗风明显地向质朴平实转变了,使以"赋"法为诗又表现出另一种韵致。

---

① 陆时雍:《唐诗镜》卷五十二(晚唐第四),文渊阁《四库全书》本。
② 陆时雍:《唐诗镜》卷五十二(晚唐第四),文渊阁《四库全书》本。
③ 宋育仁:《三唐诗品》卷三,考隽堂刊本。
④ 李重华:《贞一斋诗说》,丁福保辑:《清诗话》下册,上海古籍出版社1978年版。
⑤ 贺裳:《载酒园诗话》又编,郭绍虞编:《清诗话续编》第一册,上海古籍出版社1983年版。
⑥ 袁枚:《答沈大宗伯论诗书》,《小仓山房文集》卷十七,《四部备要》本。

此种风尚,在宋诗里也是很常见的。

第二节　追求奇异险怪的风尚

　　追求奇异险怪的风尚,是陆龟蒙诗歌的一个重要艺术取向,它与上节说的以"赋"法为诗可以说是孪生现象。表现这种风尚最突出的就是上节所列举的五古与五排,尤以其中的长篇为甚。短小篇章中也有呈现,但那些毕竟不集中,也不够突出。陆龟蒙自述诗歌创作曾说:"少攻歌诗,欲与造物者争柄,遇事辄变化不一,其体裁始则棱铄波涛,穿穴险固,囚锁怪异,破碎阵敌,卒造平澹而后已。"①其诗歌的"平淡"我们将在下文再说。这里先说他的"险固"、"怪异",其实就是我们所说的奇异险怪的风尚。它在其"十载江南"时期的诗歌创作中就有突出的表现。如《纪梦游甘露寺》诗中有一段写眼前所见,云:

> 树细鸿濛烟,岛疎零落碧。
> 须臾群籁入,空水相喷激。
> 积浪亚寒堆,呀如斗危石。
> 跳音簇鞞鼓,溅沫交矛戟。
> 鸟疾帆亦奔,纷纷助勍敌。
> 思非水灵怒,即是饥龙擘。
> 怯慑不敢前,荷襟汗沾霢。
> 回经定僧处,泉水光相射。
> 岩磴云族栖,梢柯露华滴。
> 逍遥得真趣,逦迤寻常迹。

诗中就耳闻目见来写在甘露寺高处的景象,几乎不用典,多用描写刻画、比喻形容的方法来写,但撷取的物象和造成的情状,比较奇异险怪,是十分明显的。这种风尚在松陵唱和时期得到了较大的发展和提高。

---

① 陆龟蒙:《甫里先生传》,《笠泽丛书》卷一,影印文渊阁四库全书本。

《松陵集》卷一、卷二、卷三、卷四中的许多篇章都是例证,它们不仅铺陈排比,刻画形容,夸张比喻,"以文为诗","以议论为诗",极尽其能事,而且"以学问为诗"也达到了一个极端的程度。兹仅举《奉和古杉三十韵》诗对"古杉"的描写刻画为例说明一下。诗云:

> 节穿开耳目,根瘿坐熊罴。
> 世只论荣落,人谁问等衰。
> 有巅从日上,无叶与秋欺。
> 虎搏应难动,雕蹲不敢迟。
> 战锋新缺齾,烧岸黑黲黧。
> 斗死龙骸杂,争奔鹿角差。
> 胈销洪水脑,棱耸梵天眉。
> 磥索珊瑚涌,森严獬豸窥。
> 向空分荦指,冲浪出鲸鬐。
> 杨仆船樯在,蚩尤阵纛欹。
> 下连金粟固,高用铁菱披。
> 挻若苻坚棰,浮于祖纳榱。
> 峥嵘惊露鹤,趑趄阁云螭。
> 傍宇将支压,撑霄欲抵巇。
> 背交虫臂揭,相向鹘拳追。
> 格笔差犹立,阶干卓未靡。
> 鬼神应暗画,风雨恐潜移。

一棵年代久远、高大耸立,但全无小枝杈,更无树叶的"古杉",被诗人从其形、色、枝等方方面面作了细致入微的描写刻画、比喻形容,确实把"古杉"很形象生动、真切如画地呈现在我们的眼前,构成了其奇异险怪、诡谲瑰丽的风尚。

这种风尚,到了松陵唱和以后,虽然不是太普遍了,但偶尔也有突出的表现。如《江南秋怀寄华阳山人》诗,长达一百韵、一千字,就多方面地表现了排奡奇肆的作风。诗以排比错综的方法,驰骋笔力,反复叙写、抒怀,创造出奇峭的诗风。"以学问为诗"也有突出的表现,"种豆悲杨恽,投瓜忆卫玠。东林谁处士,南郭自先生。分野星多蹇,连山卦少亨。""兰叶骚人佩,莼丝内史羹。鹖冠难适越,羊酪未饶伦。"都是一句一典,逞才斗巧。在锻炼字词上,生新奇异,如"鹭毛浮岛白,鱼尾撇浪頳","性湍休激浪,言莠罢抽萌",或将用奇字和押险韵相结合,"荷笠渔翁古,穿篱守犬狞。公衫白纻卷,田饷绿筥擎。地与膏腴错,人多富寿并。"还运用双声叠韵、叠词等修辞方法,如"晚树参差碧,奇峰迤逦晴","和铅还挏挏,持斧自丁丁","桁排巢燕燕,屏画醉猩猩","谅难求摽摽,聊欲取铮铮",仅列举上述例句,已经能够充分说明陆龟蒙精意为文,力求奇峭险怪的风尚。这种因难斗巧的作风,险僻生新的诗风,对于宋代以后的诗歌产生过一定的影响,直到清代而未泯。清初叶燮说当时一些诗人"其涩险则自以为皮、陆",①虽是批评诗坛的弊端,而以"涩险",即生僻奇异、险怪诡谲来看待陆龟蒙、皮日休诗歌中的一种风尚,还是很准确,有见地的。

第三节 "触处成诗"、"驰骛新奇"的风尚

用"触处成诗"、"驰骛新奇"来评说陆龟蒙诗歌中一个特点和风尚,我们在叙论陆龟蒙"十载江南"时期、松陵唱和时期、《笠泽丛书》创作时期的诗歌时,都有所涉及。它们的基本特点,就是注重叙写日常生活情事,刻画琐细微小的事物,抒发深细微妙的情怀,使之与最平凡、最真实的生活情景十分熨贴,能够让人感受到一种生新奇妙、平实真切的日常生活的情趣。需要指出的是,这也是我们在上节所引的陆龟蒙说自己作诗"欲与造物者争柄,遇事辄变化不一"的又一种表现,与上节所说他的奇异险怪的风尚,形成了不同的趣尚。如果说,奇异险怪的风尚主要体现在长篇五古和五排上,那么,"触处成诗"、"驰骛新奇"的风尚,则主要体现在七言律、绝上。此类诗,都是写生活中的小事小景,乃至视无事为有事,小景为奇景,使本来是琐细微小、平淡无奇的情事,通过诗人

---

① 叶燮:《原诗·内篇》下,人民文学出版社 1979 年版。

巧妙的构思、工致的组织、精心的结撰,却取得了新颖奇巧、出人意表、令人叹赏的妙趣。这里,略举几个诗例,说明一下。《奉和钓侣二章次韵》(其二)

> 雨后沙虚古岸崩,鱼梁移入乱云层。
> 归时月堕汀洲暗,认得妻儿结网灯。

诗先写雨后古岸崩塌,渔夫移动鱼梁的小事;后再写夜晚回家,在月落夜黑之中,看到一处农舍尚有微弱的灯光,他知道,那是妻子儿女正在一边织渔网,一边等待他夜归呢。平凡人、平常事,却写得真切如画,充满了人性和亲情,让我们体会到了渔家生活的辛勤劳苦,也感受到了他们的朴实快乐。又如《浮萍》诗云:

> 晚来风约半池明,重叠侵沙绿罽成。
> 不用临池重相笑,最无根蒂是浮名。

诗的前二句写池上的浮萍为晚风所吹,漂到池岸的一边,形成了"绿罽",像绿色的毯子一样,形容得多么形象、真切!后二句仍然扣住一个"浮"字,由"浮萍"联想到"浮名"。"浮萍"漂到岸边,还能形成让人欣赏一番的"绿罽",相比较之下,"浮名"毫无所值,就什么也算不上了。道理说得很惬人心意,议论却直露浅明,但能让人感到很惊心,有警省的作用。《奉和夏景冲澹偶然作二首次韵》(其二):

> 只于池曲象山幽,便是潇湘浸石楼。
> 斜拂芡盘轻鹭下,细穿菱线小鲵游。
> 闲开茗焙尝须遍,醉拨书帷卧始休。
> 莫道仙家无好爵,方诸还拜碧琳侯。

诗的前四句写"夏景冲澹"。首二句描写所居房舍旁的池塘。在水池的曲折处垒土成一小山,幽邃寂静,好像是九疑山的石楼峰浸润在潇湘水中一样。有山有水,山水相映,水静山幽,一片美景。设想奇妙,情怀旷达。三、四句分别写水面和水下。水面上有"拂芡盘"而飞"下"的"轻鹭",水面下有"穿菱线"而慢"游"的"小鲵"。它们很安闲自在,当然侧透出"夏景冲澹"。清人毛张健《唐诗馀编》(卷三)说:"鱼鸟之趣,于极无意、极细碎处得其真机,俯仰优游间,别具心目。"所说很精妙。诗的后半,写作者的生活和情感。五、六句说自己因"焙茗"而遍尝新茶,好不闲暇;饮酒至醉,还握书开卷,直至睡着,多么惬意!诗人的生活和情怀,以"夏景冲澹"为背景,当然格外显得闲逸清雅。正如胡以梅《唐诗贯珠笺》(卷五十)所说:"如此境界,与仙人何异!"以上这些诗例,都是将人们日常生活中最常见的景象和事物撷取入诗,写得新鲜活泼,妙趣横生;真切平实,却收到生新奇异的韵致。在平凡的情事、景物中,常常抉发出盎然的诗情和理趣。这就是历来论者称道陆龟蒙的诗歌"触处成诗"、"驰骛新奇"的特点和趣尚的具体表现。通览陆龟蒙的诗歌,这样的情形,所在多有,确实是不容忽视的一个重要特色。陆龟蒙诗歌的这一风尚,被宋人所普遍接受,成为"宋调"的又一个先导。我们举杨万里为例。他的《读〈笠泽丛书〉》三首其一云:

> 笠泽诗名千载春,一回一读断人肠。
> 晚唐异味谁同赏,近日诗人轻晚唐。①

这个晚唐诗歌的"异味",是与一般人大为不同,而又有一种新颖奇妙的韵味,其实就是指陆龟蒙诗歌中所写的那些日常化、生活化、琐细化、微小化的情事,并由此所构成的"触处成诗"、"驰骛新奇"的风尚。杨万里的"诚斋体"继承了这种风尚,他的诗歌在写琐屑细小的景象、情事上,具有很明显的趋新趋奇的倾向,无论从题材上还是艺术风尚上看,都与陆龟蒙的诗歌颇有渊源关系。

第四节 追求"平淡"的诗风

对于陆龟蒙追求"平淡"的诗风,我们在叙论他在《笠泽丛书》创作时期的诗歌创作时谈到过。我们主要通过该时期陆龟蒙有意识地学习乐府民歌、吴楚民歌,从而使他的诗歌在语言和体势上都呈现出明显的

---

① 杨万里:《诚斋集》卷二十七,《四部丛刊》本。

通俗浅明、流利畅达的风尚,来论定他的"平淡"的诗风的。但是,正如在那一节所引述的陆龟蒙自己的话所说的"卒造平澹而后已",他是把"平淡"作为诗风的最高境界来努力的,因此,就不会只是一时的行为。只是到了那时,他已经作了多年的努力,而且又因为生活境遇的改变,导致了此时期诗歌创作在题材取向和风格追求上更有利于"平淡"诗风的建立,获得了"平淡"风格范式的成功罢了。我们注意到,前代诗论家有人认为陆龟蒙在松陵唱和时期创作的诗歌里,"平淡"的诗风已经很突出了。那可以说是另一种范式的"平淡"诗风。而这种"平淡"诗风,在文学史上是对宋诗产生过很大影响的。我们先看清人余成教的一段话:

> 陆自撰《甫里先生传》云:"少攻歌诗,遇事辄变化不一其体裁,卒造平澹而后已。"集中如"朝朝贳薪米,往往逢责诟。既被邻里轻,亦为妻子陋。""所贪既仁义,岂暇理生活。""懒外应无敌,贫中直是王。""只有经时策,全无养拙资。""身从乱后全家隐,日校人间一倍长。""一代交游非不贵,五湖风月合教贫。"皆能寓新奇于平淡。①

余氏所引陆龟蒙诗歌的例句,除一例是《笠泽丛书》时期的作品外,其馀都是松陵唱和时期作品。它们无论是叙写作者的生活状况,抒发作者的情怀,或者表达对人生、世态的看法,可以说都是比较通俗朴实、直白浅近的,同时又有一些新奇巧致的韵味。这种在"平淡"之中不乏"新奇"的风尚,对宋代诗人所追求的"平淡"美产生过直接而重大的影响。如被称之为宋诗"开山祖师"②的梅尧臣,他以"平淡"作为诗歌风格的最高境界,"作诗无古今,唯造平淡难"③,这与陆龟蒙所说的"卒造平澹而后已"可谓同一个含义。梅尧臣追求的"平淡",欧阳修说他曾经听过梅氏自己所说,乃是一种"古淡","子言古淡有真味"④,欧阳氏又说:"圣俞

---

① 余成教:《石园诗话》卷二。郭绍虞编:《清诗话续编》第三册,上海古籍出版社1983年版。
② 刘克庄:《后村诗话》前集卷二,中华书局1983年版。
③ 梅尧臣:《读邵不疑学士诗卷,杜挺之忽来,因出示之,且伏高致,辄书一时之语以奉呈》,《梅尧臣集编年校注》卷二十六,上海古籍出版社2006年新1版。
④ 欧阳修:《再和圣俞见答》,《欧阳修全集》卷五,中华书局2001年版。

平生苦于吟咏,以闲远古淡为诗,故其构思极艰"①。梅尧臣的这种"平淡",朱熹评之为"枯槁"。他说:"或曰:'圣俞长于诗。'曰:'诗亦不得谓之好。'或曰:'其诗亦平淡。'曰:'他不是平淡,乃是枯槁。'"②就是因为梅尧臣诗歌的"平淡"乃是一种刻意搜求,透出一种奇异生新的韵致的缘故。而在这一点上,他正与陆龟蒙相同,也可以说是受到了陆龟蒙的影响。朱自清说:"'平淡'有二。韩诗云:'艰宕怪变得,往往造平淡。'梅'平淡'是此种。朱子谓:'陶渊明诗平淡出于自然。'此又是一种。"③韩愈也追求"平淡",他是由"艰宕怪变"磨淬变化而来的"平淡",其中包含着新奇怪异的韵致和趣尚。而陆龟蒙处在韩、梅之间,他所追求的"平淡",正如我们曾多次引述过的他在《甫里先生传》里的一段话所昭示的那样,是由"鞭轹波涛,穿穴险固,囚锁怪异,破碎阵敌,卒造平澹而后已"所取得的,其途径、风容都与韩愈一致,又与梅尧臣相近,实际上,他是上承韩愈,下启梅尧臣的一位关键性的诗人。有鉴于我们上面的讨论,可以认为,陆龟蒙诗歌里的"平淡"诗风,一种是学习、效法乐府民歌、吴楚民歌所得来的,是通俗流畅、浅明朴实的"平淡";另一种则是沿袭韩诗而来的,表现出苦吟巧思、生新奇特的韵致的"平淡"。前者主要体现在陆龟蒙《笠泽丛书》创作时期的诗歌里,而后者则是在松陵唱和时期的诗歌里最突出。两方面结合起来看,就可以说是这个问题的全貌了。

第五节 浑沦俊爽的诗风

陆龟蒙诗歌在艺术风尚上,从多方面影响了宋代诗人,成为"宋调"的先导。但是,正如我们将在本编第八章第一节所探讨的那样,陆龟蒙对先唐和本朝的诗歌史发展历程都有着清晰而深刻的认识,对以陈子昂、李、杜、韩为代表的唐代著名诗人都很尊重敬佩,所以他在诗歌创作

---

① 欧阳修:《六一诗话》,人民文学出版社1962年版。
② 朱熹:《答巩仲至》第四书,《晦庵先生朱文公文集》卷六十四,《四部丛刊》本。
③ 朱自清:《宋五家诗钞·梅尧臣》,上海古籍出版社1981年版。

上所走的是一条唐代诗歌发展的主流道路,而其诗歌艺术和变化,只是唐诗艺术通变发展的结果。正是在这一基础上,我们也可以明显地感受到,陆龟蒙对唐诗艺术最高成就所概括、归纳出来的所谓的"唐音",还是有所学习、继承,并取得令人瞩目的成就的。

在一般的认识里,"唐音"的风调,往往以描写具体、刻画逼真、形象生动、境界鲜明为特色,从而建立起一种清健朗畅、浑沦俊爽、含蓄蕴藉、韵味隽永的风尚。这种所谓以盛唐诗歌为代表的"唐音",其流风余韵在陆龟蒙的诗歌里也有突出的表现。如他的《奉和春夕酒醒》诗云:

几年无事傍江湖,醉倒黄公旧酒垆。
觉后不知明月上,满身花影倩人扶。

此诗叙写作者"十载江南"期间放浪江湖的生活和潇洒豪纵的情致。诗中既有清秀幽雅的环境气氛的渲染点缀,更有作者放纵旷达、略无拘束的自我形象的刻画,可谓是一幅"江湖散人"的生活特写。诗作形象丰满,韵味婉畅,风格浑融,确实具有盛唐之音的风神,特别是与李白诗风相近。作者还有一首《怀宛陵旧游》诗,是回忆怀念昔日漫游宛陵(唐代的宣州在汉代的名称,今安徽省宣城市)的情景。诗云:

陵阳佳地昔年游,谢朓青山李白楼。
惟有日斜溪上思,酒旗风影落春流。

此诗首句以赞叹的语气,点时点地,其余三句均描写当年游宛陵的情景。次句虽然只是点人点景,没有具体描写刻画,但由其人文和自然的历史积淀,自然可以让我们感受到它们的高峻巍峨、秀丽美好。三四句写景生动鲜明,"日斜"、"溪上"、"酒旗"、"风影"、"春流",一个又一个的景象,构成一幅境界优美的画面,清沈德潜评赞云:"佳句,诗中画本。"[1]更胜处在于此诗融情入景,作者激赏宛陵历史人文和自然美景的兴致,被饱满而又浑涵地表现出来,含思无穷,韵味悠长,令人玩索不尽。这是比较典型的"唐音"风尚。陆龟蒙还有一首历来传诵的咏物名作《白莲》诗:

---

[1] 沈德潜:《唐诗别裁集》卷二十,中华书局1975年版。

> 素蘤多蒙别艳欺，此花端合在瑶池。
> 无情有恨何人觉？月晓风清欲堕时。

虽为咏花之作，实有诗人隐喻自己的意蕴。它写出了白莲的清高素雅，洁白无瑕，不同凡众，俨如神仙之物，隐隐然有作者孤芳自赏的含义。同时，诗中也将"白莲"拟人化了，表现了她每当"月晓风清"，在一片幽静冷寂的环境氛围中悄然凋零时，大概也会感受到孤苦寂寞的凄凉，充满了幽怨的情怀，只是无人知晓而已。这似乎又暗示了诗人才高不偶、时运不济的伤感。咏物写人，托物寓怀，二者紧密结合，浑然天成，不着痕迹，含蓄委婉，情致幽远，就是此诗的基本特色。前人对此诗的赏评极多，亦缘于此。明焦竑说："花之神韵，宛然在掬，谓之写生手可也。"①清沈德潜说它是"取神之作"②，都指出了此诗的妙诣。其实，就是指此诗咏物写人相关合，兴寄在有无之间，不粘不脱，空灵生动，令人反复吟咏，旨趣无穷，其浑融委婉的风尚，是历来的人们所称道的"唐音"最基本的风格特征。

"唐音"还有另外一种基本的风尚，就是慷慨激昂、意气风发，显示出一种豪迈雄健的气概。这在陆龟蒙的诗歌里，也有一定的表现。他有一首《别离》诗云：

> 丈夫非无泪，不洒离别间。
> 仗剑对樽酒，耻为游子颜。
> 蝮蛇一螫手，壮士疾解腕。
> 所思在功名，离别何足叹。

此诗表现大丈夫男子汉仗剑远游，面对饯别酒宴，也不悲伤愁苦，轻别离，重功名，有志于四方，一往无前。明黄溥有一段话，指出了此诗的意蕴，还探讨了它与盛唐李白、孟浩然之间完全一致的风调。他说："大丈夫以功名意气自许，大笑出门，何泪之有！龟蒙此作，慷慨激烈，有男子心。回视邮亭执手，杯酒阳关，哽咽凄凉，昵昵作儿女态者，良可鄙矣。

---

① 焦竑：《焦氏笔乘》卷三，中华书局2000年版。
② 沈德潜：《唐诗别裁集》卷二十，中华书局1975年版。

且此诗文从字顺,风度高迈,音调洒落,八句皆不用对偶,与李太白《牛渚有怀》、孟浩然《访天台》诸作同体也。"①"同体"之义,既指"男子心"、"大丈夫"的意气而言,也指其具有"风度高迈,音调洒落"的盛唐诗歌的风尚。这也再次表明,陆龟蒙诗歌还是具有一定的"唐音"的宗尚,并且思想内容和艺术质量都达到了上乘的境界。

第六节 多方转益的创获

陆龟蒙与文学史上任何一位有成就的作家一样,能够创造出独特的艺术特色,与他善于学习、继承前代丰富的诗歌遗产,并进行创新是密不可分的。我们在前面叙论的过程中,就这方面的问题从多角度已经有所涉及,此处只是再作一些归纳概括性的讨论。

一、学习、效法杜甫、韩愈等唐代大诗人

陆龟蒙对唐代大诗人的学习、效法贯穿于他一生的创作过程中。如他善于以"赋"法为诗,铺叙排比,夸张形容,创造出了所谓"奥衍"、"涩险"的风尚,在文学史有很大的影响。我们在本章第一、二节对此有详细的论述。正如我们在那里所说过的,他的这一成就是他直接学习、效法杜甫、韩愈的结果。宋刘克庄曾引孙何云:"陆龟蒙得其(按指杜甫)赡博。"②指出的就是这一点。这是有一定道理的。我们还多次引述前代论者所说的"其源出于杜子美、韩退之"的话,以明其渊源所自。

本章第三节探讨陆龟蒙诗歌里"触处成诗"、"驰骛新奇"的风尚,指出它的基本特色是在题材内容上的日常化、生活化、琐细化,往往就自己的耳闻目见,即景即事即感,最平常的小景,最琐屑的小事,最普通的感怀,却又往往能够收到生新奇异的韵致。此类诗篇在陆龟蒙的诗歌里数量众多,特色鲜明,对后世的影响也很大。从题材取向和艺术风尚

---

① 黄溥:《诗学权舆》卷十六《唐五言律诗》,吴文治主编:《明诗话全编》第二册,江苏古籍出版社1997年版。
② 刘克庄:《后村诗话》新集卷一,中华书局1983年版。

上来说，它应该是受到了杜甫、韩愈乃至白居易诗歌的影响。因为这种题材的日常化、即事即景的微小琐细化，在他们的诗歌里已有了明显的表现，陆龟蒙恐怕正是沿波讨源，顺着这条创作道路学习、发展而来的。

陆龟蒙对于"盛唐之音"的学习、继承，尤其是对李白的效法，取得了较高的成就，我们在本章上节刚刚谈论过，此处不再赘言。陆龟蒙曾为李商隐《李贺小传》作过"后序"类的文章，即《书〈李贺小传〉后》，对李贺、孟郊、李商隐的遭际很同情，对他们的诗歌成就很推崇，说明他在诗歌创作上是学习、继承他们"暴天物"、"抉擿刻削"的艺术精神的。陆龟蒙《杂讽九首》，与李贺《感讽五首》、《感讽六首》之间，似乎有一定的学习、继承的关系。《句曲山朝真词二首·迎真》诗，王闿运认为是"学昌谷"。① 陆龟蒙叙写自己的穷愁潦倒、困顿艰窘的生活的诗篇很多，在风容上与孟郊多有相近之处。其《五歌·水鸟歌》，王闿运认为"是学玉川"②。可作参考。还有陆龟蒙与皮日休二人在唱和诗、联句诗、杂体诗上的写作，受到韩孟、元白、刘禹锡等人的启发和影响，都是明显的文学史常识。因此可以说，陆龟蒙对于唐代先贤的学习、继承是很广泛的，许多重要诗人都是他效法的对象。

二、继承乐府民歌的传统

学习、继承乐府民歌（包括古歌、民间歌谣、汉魏乐府、南朝乐府直至唐代新乐府）传统，在陆龟蒙的诗歌创作中是一个明显的特点，显示出他对这一份文学遗产的爱好、选择和融摄。明何良俊说：

> 陆鲁望则近于里巷风谣，故皆有讽有刺，而不求工于言句之间，可谓尽善。③

很符合实际情形。如《彼农》二首，同情农民，谴责官府，慨叹世路险巇；运用四言形式，质朴平实，简明流畅，古歌谣的风调是很明显的。特别是像《祝牛宫辞》，为农民筑牛舍而作，事极平常，作者由"乡教"的传统

---

① 王闿运：《手批唐诗选》卷十，上海古籍出版社1989年版。
② 王闿运：《手批唐诗选》卷十，上海古籍出版社1989年版。
③ 何良俊：《四友斋丛说》卷二十五，中华书局1959年版。

习俗发"而为之辞";也用四言句式,"四牸三牯,中一去乳。天霜降寒,纳此室处。老农拘拘,度地不亩。东西几何,七举其武。南北几何,丈二加五。"如此写法,语言、调式、韵致,极具古歌谣的风神。

陆龟蒙的家乡,具有地方特色的"吴楚民歌"一直比较流行。自中唐"吴中诗派"以来,这种宗尚更是盛极一时。陆龟蒙诗歌里,许多五、七言绝句,无论它们是拟写乐府旧题,还是自立新题,都有浓厚的民歌风味,这与他汲取吴楚民歌的风调入诗有很大的关系。我们将在下文从乐府的角度谈论到它们。还有陆龟蒙《迎潮送潮辞》二首,尽管他在"小序"中说"聊寄声于骚人之末云",句式上又每句用一"兮"字,都与《楚辞》相同,但实际上二诗并无"骚怨"的意蕴,只是就潮水阐明所体悟的用舍行藏的道理,不应视作效法屈原作品,而应看作效法吴楚民歌体作品。他的《问吴宫辞》,句中也用"兮"字,遣辞造语有着更明显地撷取《楚辞》的痕迹,但从根本上说,恐怕它仍然是作者深受其家乡流行不衰的吴楚民歌所熏染、陶冶的结果。所以,上述诗篇是诗人效法地方文化传统特色,植根于民间文学土壤中的民歌体作品。只有《紫溪翁歌》,明显效法《楚辞·渔父》,从思想内容到形式风格,都模拟屈原作品,另当别论。

陆龟蒙的《五歌》五首,也是他学习、继承乐府民歌传统、即事名篇的民歌体作品。这五首诗,《放牛歌》为七言八句短章,写出江南江边放牛的景象,极富地方特色,乡土气息很浓厚;《水鸟歌》寓物咏怀,抒发诗人散诞高逸的情怀;《刈获歌》为长篇七古,同情农民遭受天灾人祸的悲惨生活;《雨夜歌》也是七言八句短章,写诗人在暴雨之夜的感受,反映了他的贫困;《食鱼歌》也是短章,由"食鱼"的生活情事,激发起了作者的愤世情怀。它们题材不同,内容各异,但都是从作者的所见、所闻、所感而来,生活性、现实性、社会性很强烈。从题材内容上说,它们符合古歌谣、乐府民歌"缘事而发"的基本精神;从写作特点上说,它们采用七言古体,长短随宜,平实质朴,明白畅达,也是符合古歌谣、乐府民歌的艺术特征的。其实,陆龟蒙在这组诗前面的小序里,已经对此作出了明确的阐述。小序全文如下:

古者歌咏言。《诗》云:"我歌且谣。"《传》曰:"劳者愿歌其事。"

> 吾言之拙艰,不足称咏且谣。而歌其事者,非吾而谁？作《五歌》以自释意。

从这篇小序的说明,到《五歌》作品本身的特点,都可以确认这组诗是陆龟蒙有意识地实践古歌谣、乐府民歌的传统,向民歌学习所创作的作品。从这组诗的内容、体式、风格等多方面看,其做法与中唐"吴中诗派"的某些特点一脉相承,[①]正体现了它与吴楚民歌之间的密切关系。

陆龟蒙拟写乐府古题的情况,也值得我们注意。汉乐府和南朝乐府,是唐代诗人拟乐府古题的两大渊薮,陆龟蒙也同样主要集中于此。对于汉乐府,陆龟蒙拟写较多的是与其生活有关的江南风物人情方面的古题。如他的《江南曲五首》,不仅意旨上沿袭"江南古辞,盖美芳辰丽景,嬉游得时"[②],而且五首诗的首句依次为"鱼戏莲叶间"、"鱼戏莲叶东"、"鱼戏莲叶西"、"鱼戏莲叶南"、"鱼戏莲叶北",都是直接用古辞原句,恰如郭茂倩所说:"唐陆龟蒙又广古辞为五解云,"[③]明白点出了二者之间的承传关系。他还有《江南曲》一首,抒发女子怀远之情,诗中风物有浓郁的江南气息;但全诗运用复沓、蝉联,流利婉转,则显然汲取了南朝民歌的艺术手法。又有《江南二首》,虽用汉乐府古题,也吟咏江南风物人情,但以七绝结体,则在承袭中有了较大变化。陆龟蒙沿袭汉乐府古题(或与之渊源关系极为密切)的作品尚有不少。如《别离》、《鸣雁行》、《短歌行》、《挟瑟行》、《婕妤怨》等诗,均为五言短章,大抵缘题吟咏,语言质朴,风格简劲,很有汉乐府的风神韵致;但它们都有抒怀寄兴、感慨深挚的特点,这也是继承古乐府呈现出的新特点。他还有一些作品,虽然直接袭用古题,但在体制、内容、风韵上,都别创畛域,颇有特色。如《古别离》,题目、意旨均与古题相同,但用七绝体裁,风韵婉畅,则大异于古题。又如《陌上桑》诗云:

> 皓齿还如贝色含,长眉亦似烟华贴。
> 邻娃尽著绣裆襦,独自提筐采蚕叶。

[①] 赵昌平:《"吴中诗派"与中唐诗歌》,《赵昌平自选集》,广西师大出版社1997年版。
[②] 郭茂倩:《乐府诗集》卷二十六,中华书局1979年版。
[③] 郭茂倩:《乐府诗集》卷二十六,中华书局1979年版。

袭用汉乐府古题,在遣词上也有取用古辞之处。但将原五言改用七绝,藻饰上更增添了南朝诗歌的绮丽,体现出较大的相异之处;特别是在主旨上,完全与古题不同。作者对于这位"独自"采桑的女子,赞美她的年轻漂亮,同情她的贫穷辛劳,与"邻娃"的豪华享乐形成鲜明的对比,不禁感慨系之。在全诗秀丽的藻饰华彩中,表现了诗人深沉的情思。此诗可能寄寓了作者对自己人生遭际的叹息和无奈。虽有曹植《美女篇》在前,仍有一定的创造性。

陆龟蒙拟写南朝乐府的作品也不少。大多是五言四句的小诗,正符合南朝乐府体制上的主流现象。《上云乐》,拟梁武帝萧衍同题乐府;诗写乘槎星汉、捣药成仙事,亦与原作宣扬神仙思想相合。但由原作的五言改成七绝,则是不同处。《大堤》源出南朝乐府《襄阳乐》,旖旎的风情、婉畅的风格,都有南朝乐府的韵致。《乐府杂咏六首》或咏江南风物景象,或抒男女之情,词句清丽,境界绮艳,富有南朝小乐府风味。至于《子夜四时歌》四首等诗,都是直接效法南朝小乐府《子夜歌》的系列作品,从题材内容到艺术风貌,也都是南朝小乐府的宗尚。总之,陆龟蒙拟南朝小乐府,未必在文学史上创造出什么新特色,但他的学习、效法颇为精心刻意,则是显而易见的。

陆龟蒙仿效中唐"新乐府辞"的作品不多,但很有意义,也很有特色。如《寄远》诗,显然有沿袭张籍、王建《寄远曲》的痕迹。张、王二诗都是七言六句成章的短古,抒发"美人"怀远的情感。陆龟蒙则用五绝形式,在内容上又将女子思念征夫的感情,与渴望平定战乱、生活安定结合在一起,"中原犹将将,何日重卿卿。"言少义丰,极有深度。乐府《筑城曲》,虽然其渊源可追溯到秦始皇筑长城[1],但现存作品以张籍为最早。陆龟蒙《筑城词二首》显系拟写张籍诗。张籍原诗为七古,陆龟蒙则用五绝;张籍诗笔墨集中于同情筑城士兵的艰辛悲惨,而陆作则不仅同情人民,更集矢于筑高城、邀功勋的将军,写出了新意,批判也极为辛辣、深刻,可称为佳作。

陆龟蒙在拟写前人的乐府诗方面,如上所说,涉及从汉乐府到唐代

---

[1] 郭茂倩:《乐府诗集》卷七十五,中华书局1979年版。

新乐府辞,这种广度在晚唐诗人中是较少见到的,正表明了他对乐府传统的重视。这里还要简单地提及一点,他有时直接采用前人诗题,如他用屈原《离骚》为题作五绝一首,同情其遭受谗言的不幸。又如用元稹《连昌宫词》为题作诗二首,变其七古长篇为七绝,表达兴亡感慨。诗例虽然不多,但他将沿袭乐府古题的做法,拓展到一般意义上的作家作品,这一现象则颇为独特,显然是从前者得到启发而来的,饶有新意。

陆龟蒙即事名篇,自立新题,富有乐府歌谣韵致的作品颇多。这里略述两点情形:一是上文论述到的学习、效法古歌谣一类作品,其实都是即事名篇的显例,它们在内容上颇具社会性、现实性,风格上有浓厚的乐府民歌风尚,深得乐府现实主义传统的真髓,比起元、白等人强调的这类即事名篇的作品一定要以儒家"诗教"为指归,要通达得多。二是陆龟蒙还有许多虽然属于自立新题,但显然又与乐府古题有着一定的渊源关系的作品,在内容上,它们一题一意,比较庞杂丰富,体裁上则大多用五、七言绝句,风调上与南朝乐府最为接近,如《庭前》、《江行》、《南塘曲》、《金陵道》、《井上》、《门前》、《汉宫词》二首、《邺宫词》二首、《洞房怨》等等。这些情形,都可以说明陆龟蒙效法前贤、转益多师、继承乐府民歌传统是多方面的。在传承之中有不少变化创新,取得了较高的成就,受到了不少评论家的赞誉。

三、继承"古诗"的传统

陆龟蒙学习、效法"古诗",也是有成就的。作为专名的"古诗",是指汉魏文人五言诗而言。它在诗歌史上创造了一种典范,其特征就是"讽兴"。《文选》卷五十五"连珠"一目下李善注引傅玄《叙连珠》云:"其文体,辞丽而言约,不指说事情,必假喻以达其旨,而览者微悟,合于古诗讽兴之义。"可见,"讽兴"是魏晋以来人们对"古诗"基本特征的认识。直到中唐,皎然还是持这一看法,说明唐代仍有许多人是这样理解"古诗"的。他说:"古诗以讽兴为宗,直而不俗,丽而不巧,格高而词温,语近而意远,情浮于语,偶象则发,不以力制,故皆合于语,而生自然。"[1]

---

[1] 皎然:《诗议·论文意》,张伯伟:《全唐五代诗格汇考》,江苏古籍出版社2002年版。

"讽兴"即讽谕、兴寄,有所寓托,生发感慨之义。语言浅明,却又不失华丽;意旨显豁,却又耐人寻索;多用比喻取得意象,则境界生动;即使议论说理,也富有形象性,这是"古诗"的"讽兴"在表达上的基本特色。陆龟蒙的诗歌,合于此义的作品颇多,即是由效法"古诗"而来,如《杂讽九首》,均为五言古诗,是作者有感于社会、世事、人生百事而写的感怀诗,概括起来,讽刺各种世相、悲慨怀才不遇,是这九首诗的两大主题。"讽"者,正与"讽兴"之义基本相吻合。所以,九首诗中虽然常常直接明白地点出意旨,但并未流于枯燥的议论说理,而是大量地运用比喻和神话传说故事,让读者通过感受艺术形象来更具体深切地把握其内容,诗中的感情色彩也就非常饱满充沛、强烈感人。如其九云:

> 朝为壮士歌,暮为壮士歌。
> 壮士心独苦,傍人谓之何。
> 古铁久不快,倚天无处磨。
> 将来易水上,犹足生寒波。
> 捷可搏飞狄,健能超橐驼。
> 群儿被坚利,索手安冯河。
> 惊飙扫长林,直木谢楠科。
> 严霜冻大泽,僵龙不如蛇。
> 昔者天血碧,吾徒安叹嗟。

"壮士"慷慨悲歌,词情哀苦,实际上就是作者抒发自己怀才不遇的牢骚悲愤。此诗很有"古诗"的传统特色,是不难体会的,这就是"讽兴"特点的具体体现。在艺术表现上,与我们在上文所引述的前人的论述和作出的诠解,是正相符合的。陆龟蒙将这九首诗统题为《九讽》,构成组诗,但内容上各篇独立,没有什么统一的安排。李善注《文选》卷二十九"杂诗"类选王粲《杂诗一首》题下注曰:"杂者,不拘流例,遇物即言,故云杂也。"陆龟蒙的做法与此相一致,实即效法它而来,这又从另一方面说明《九讽》的写作在"流例"上有取于汉魏的"杂诗",是其学习"古诗"的一个佐证。其他如《美人》、《感事》、《素丝》、《赠远》等诗,在内容上的特征和艺术上的风调,也都是符合"古诗"规范的。当然,由于"古诗"脱胎于汉乐府,带有浓厚的乐府风味,所以陆龟蒙效法"古诗"的作品,也很自然地明显具有汉乐府的某些特点。应当说,陆龟蒙效法"古诗",追求其"讽兴"的宗尚,以表现其愤世的悲慨,无论在题材内容的基本特征上,还是在形式和艺术上,都逼肖"古诗"的风尚而又能有自己的特点,是有成就的。

通过以上几点简单的论列,我们完全有理由说,陆龟蒙的诗歌创作,在多方学习、效法前贤,转益多师方面,确实颇有创获。

第五章　陆龟蒙的散文

陆龟蒙的散文,具有很高的思想性和艺术性,在文学史上有一定的地位和影响。按照文体特点来划分的话,大致上可以归纳为:序、传(赞和祭主要也是就人而言,故附列此处)、铭、杂记、杂论等五类。本章拟简要地做一些论列。

第一节　序

陆龟蒙的散文里,序一类的文比较多。分列的话,有诗序十八篇(包括单首诗和组诗的序),赋序八篇,文序四篇(《怪松图赞》并序、《祭梁鸿墓文》并序、《耒耜经》并序,《书〈李贺小传〉后》可视作后序),赠序三篇,还有《笠泽丛书序》可作为书序看待,合计共三十四篇。再将它们略作归纳的话,可以分为两大类,即赠序三篇是送别赠人之作为一类;另外三十一篇,都是就自己或他人的作品而言,姑且统称为作品序。

陆龟蒙的三篇赠序,分别是《送小鸡山樵人序》、《送豆卢处士谒宗丞相序》、《送侯道士还太白山序》。它们的主旨各不相同,写法上也各有特色。《送小鸡山樵人序》深刻地反映了晚唐时期国家分裂、藩镇割据,社会动乱,人民遭受重赋,生计艰难的现实。更为可贵的是,文中"吾责""樵人"在灾荒之年送来的樵薪既少且迟,而"樵人"则借此发挥:照此之理,六十年来,重赋增加了数倍,又有"盗兴",加之水旱灾害,一家人受尽饥寒之苦,"吾将欲移其责于天下之守,则吾死不恨矣。"表达了对统治者尖锐的批判和强烈的谴责,对社会问题的揭示很深刻。此文前半就小鸡山、作者置薪此山、一家人一年樵薪的需求、樵人的姓名,以及当年的水旱灾害和樵人送薪等事层层叙写,比较仔细详尽,为文章后半的对话做了很好的铺垫。而后半的对话,"吾责""樵人"很简单,只斥责其送樵薪既少又迟,使一家人烧饭无柴,而"樵人"的回答则从他已"年八十馀矣",历述他六十年来从京师到江南的经历,表现了整个国家从上到下、由内而外的社会动乱、民生疾苦,以及他自己一家人的艰难生活,从而发出了"吾将欲移其责于天下之守",直接指斥统治者的呼声。这样,作者就将文章表现的广度和深度都极大地拓展了、深化了、升华了,可以说达到了无以复加的程度。再者,"樵人"的回答,虽然含有许多事实的陈述,但他是以议论的口吻展开的,这与文章的前半比较单纯的叙写,明显形成了前半叙事、后半议论的艺术特色。

《送豆卢处士谒宗丞相序》表现了作者尊崇扬雄、文中子的学说思想,希冀国家能够"中兴",再现唐太宗"贞观之治"的太平局面,以及个人的事功渴望。这在赠别序中也是一篇别开生面之作。此文全篇以夹叙夹议为特色。在第一部分,由自己读扬雄、文中子书叙起,随后便展开议论扬雄之道未通,"文中子之道始塞而终通"的具体情形,而议论中又有叙述人和事的成分,二者水乳交融地结合在一起。第二大段才写到题目的内容。而在赠别之时,又联系到主人公与文中子家族的亲缘关系,并由这一关系,点到主人公的宗人豆卢瑑丞相,表达了希望其发扬文中子的思想,能够"致君中兴"的政治愿望。又回忆自己年少时与豆卢瑑的交游,以及自己的生平遭际,诗文著述情况,并希望其能够顾念旧游的情谊援引自己。这部分主要以对话形式展开,写法仍然是叙议结合,夹叙夹议,只是议论的比重要少一些。从行文结构上看,确如文末二句所云:"杂而书之,用以为送。"文章中涉及许多古今的人和事,看似拉杂,其实交代得非常清楚,有条不紊;前后照应,详略得当。同时,文章行散神聚,围绕再现"贞观之治"的国家中兴着墨,运笔灵活,收放自如,点到即止,言简意明。这是高手才能臻于这一境界的妙文。

《送侯道士还太白山序》除了开头几句交代侯道士其名,能写诗,曾应举以外,全文主要即由侯道士和作者的对话构成。侯道士的话,主要说他所居住的太白山常年积雪,属高寒地区,树木成材期长,进而发出"民乘是气,皆寿而不衰,况养生者耶"的议论,引发出作者一大段的议论。这是文章的重心所在。文中虽然引出《论语·雍也》"仁者寿"的话,但并未全盘接受孔子这位圣人的考语。文章中说,不管在什么自然地理环境中,人都是有寿有夭,"仁者寿,不仁者亦寿","存乎人者天不能夺而已矣","吾又不知命乎天存乎人,果可信乎未也。"一句话,不管什么人,生活在什么地方的人,其寿命的长短是"天"决定的,是没有一定之数的。应当说,这种观点是符合人类生活的实际情况、富有思辨色彩的,所以,清人评赞此文"清辨似柳子礼部时诸论"。① 以"清辨"二字激赏此文,确实颇中肯綮。陆龟蒙的赠序虽然只有寥寥三篇,但每篇都有明确的主旨,它们颇有现实意义,也有思想深度。每篇在写法上也都各有特色,语言朴实自然,文风畅达平易,艺术个性很鲜明,令人爱读。

陆龟蒙的作品序数量较大,情况也就比较丰富复杂。首先,这些序是我们了解陆龟蒙文学思想最重要的第一手资料,这应该可以说是陆龟蒙的作品序第一个价值所在。稍作考察就可以看得出来。我们在本编第八章《陆龟蒙的文学理论》中所论述的问题,绝大部分都来自陆龟蒙的作品序,就可以充分地说明这一点了。利用作品的序来阐述文学理论,这是一个早已有之的做法,《诗》大序、小序就是一个极好的例子。但在唐代诗人中,文学思想比较丰富,而主要以作品序的形式为载体的,陆龟蒙应该是其中重要的一家。

其次,既然是作品序,作者在序中表明自己所要表达的情感或者旨意,当然就是完全正常的事情了。如《添酒中六咏》(并序)中,不仅将所咏与饮酒有关的六个器物及其所有者一一作出说明,而且将他们分为"四荒"和"二高"两类,进而说道:"四荒不得不刺,二高不得不颂,更作六章附于末云。"《鸂鶒诗》(并序)叙写性情"野逸"的鸂鶒被捕捉,关在笼子里,毫无自由,"真天地之穷鸟也,"作者表达了"极哀"的情感。《祝牛宫辞》(并序),简要叙述了唐代吴中地区冬天人们为牛建棚舍过冬的民俗,记事很真实。《怪松图赞》(并序)是一篇较长的序文,序中详记

---

① 陆钟辉水云渔屋刻、吴骞校:《重刊校正笠泽丛书四卷补遗诗一卷》丁集,上海图书馆藏。

"怪松图"的来历,"怪松图"的景象,以及揭示其变成"怪松"的原因,并由"怪松"联类到"怪民",既赞"怪松",又赞"怪民";并由"怪民"联类到"奇文"。唯有如此,这篇序的思想才得以拓展、深化、升华到极高的境界,成为一篇千古奇文。《后虱赋》(并序)对玉溪生原赋的矫激之意,《杞菊赋》(并序)的安贫乐道的旨意,《蚕赋》(并序)的"激而为之",表现"诗人《硕鼠》之刺"的主旨,《求志赋》(并序)表明自己一生的学说思想就是"志在《春秋》"等等,不用再多举例,我们可以体会到,陆龟蒙的作品序,不仅简要地点明作品的旨意,而且还在于它的表述与诗或赋之间形成了紧密的关系,从而让我们对正文能够有更深入、透彻的了解和理解,使正文更血肉丰满,主旨更突出,情感更强烈。

  第三,陆龟蒙的作品序,有相当一部分表现了他考述或纪实的精神。如《渔具诗》(并序)中,将这组十五首诗所吟咏的十五种渔具一一作了名义上的记述,简直犹如一篇《渔具记》,最后再概言之曰:"皆出于诗、书、杂传,及今之闻见,可考而验之,不诬也。"《樵人十咏》(并序)说"樵"与"渔""必联其命称","樵"的历史文化渊源深远,"《诗》之言'错薪',《礼》之言'负薪',《传》之言'积薪',史之言'束薪',非樵者之实乎?"体现了"樵"的丰富的文化积淀。《耒耜经》(并序)不仅强调记叙"耒耜""命称之义"于国于家的重大意义,"耒耜者,古圣人之作也,""生民赖之","有天下国家者,去此无有也。"而且明确地说对"耒耜"的详细记叙,是作者自己在"田野间"询问"耕甿"而来。之所以要一丝不苟地记录下来,是"知圣人之旨趣,朴乎其深哉!""孔子谓'吾不如老农',信也。"又"以备遗忘,且无愧于食"。《四明山九题》(并序)中点明九首诗所写的景点或景象,来自于朋友谢遗尘所叙述的亲身经历,一题一景,都很生动奇异,曾引起后世文人、学者进行实地考察和论证的兴趣。全祖望《剡原九曲辞》和黄宗羲《四明山九题考》是其中的代表。《二遗诗》(并序)中对"二遗"之物作了纪实性的介绍,对其产地、生长过程、环境特点,"遗余"二物的友人等等,都一一作出了记叙。更值得注意的是,此序将记叙和描写相结合,再辅之以长短错落的散文句式,以及排比句式和问句句式的运用,使之成为一篇极富文学性的优美小品文。全文如下:

> 二遗者何？石枕材、琴荐也。石者何？松之所化也。松者何？越之东阳也。东阳多名山，就中金华为最。枝峯蔓壑，秀气磅礴者数百里，不啻神仙登临，草木芬怪。永康之地，亦蝉联其间。中饶古松，往往化而为石。盘根大柯，文理曲折。尽为好事者得而致于人间，以为耳目之异。太山羊振文得枕材，赵郡李中秀得琴荐，皆兹石也，咸以遗余。余以二遗之奇，聊赋诗以谢。

诗人写作《二遗》诗，是为了感谢两位朋友分别馈送给他石枕材、琴荐这两件物品。通过阅读此序，我们方知其珍奇可宝。优美的文笔，生动的描写，朴茂的文风，更使这"二遗"之物增添色彩。

第四，陆龟蒙的一些作品序，在介绍作品的主人公时，写得犹如文学性的人物传记，不仅人物的生平行事令人敬佩，形象品格更令人仰慕。如《丁隐君歌》(并序)，显然运用了传记文学的写法来介绍丁隐君。此序可以分为四段。第一段从开头到"事耕稼，如常人"，属一般性介绍，其姓名、籍贯、居处、思想、爱好、家庭、生活等等情况，全部一一点到，已使读者对他有了一个基本的了解。第二段"余尝南浮桐江，……逮今十四年矣"，回忆十四年前自己拜访丁隐君的一段往事。这里有对其形象的刻画，文学爱好的说明，待人接物的叙写；还点到其年龄、与其见面的时间，虽然用的是补叙之笔，但是非常自然顺适。第三段从"雷平道士葛参寥话与翰之熟"至"治心修身之外，复有何物？"叙写葛参寥所见到的丁隐君眼前的生活状态和健康状况。第四段是作者的议论，称述其"乐而寿"，"乃作《丁隐君歌》以寄其声云。"这一段有点类似于史论，也可以说是从史传文学脱化而来。这样的序，本身就可以独立成篇，作为人物小传来读。还有一篇《书〈李贺小传〉后》，除了开头引述李商隐《李贺小传》为下文张本，文末作者自己的议论之外，中间从"予为儿童时，……东野竟以穷去"一段，记述自己当年在溧阳(今江苏省溧阳市)时听老年的佐吏所说的诗人孟郊在此任县尉的往事，重点叙写其到"平陵城"观赏景致，寻觅诗料，苦吟作诗的情景，也极具文学特色。可以说它是一段极好的游记小品，放到柳宗元的游记文里，也毫不逊色。

> 溧阳昔为平陵,县南五里有投金濑。濑南八里许道东,有故平陵城。城周千馀步,基址陂陀,裁高三四尺,而草木势甚盛,率多大栎,合数夫抱。丛筱蒙翳,如坞如洞。地洼下,积水沮洳,深处可活鱼鳖辈。大抵幽邃岑寂,气候古澹可嘉,除里民樵罩外无入者。东野得之忘归,或比日,或间日,乘驴领小吏径蓦投金渚一往。至则荫大栎,隐丛筱,坐于积水之傍苦吟,到日西而还,尔后衮衮去。

清人说,"此篇叙致,极得情肖景。泉石烟霞,深入骨髓。"①确实,这一段叙写很具体生动,种种景致如在眼前,充分表现了陆龟蒙高超的艺术功力。

第五,陆龟蒙的作品序,无论是寥寥数语的短章,还是长达数百字的较长篇幅,都能根据所要表达的内容,用灵活自如的笔触将其表现出来。如《紫溪翁歌》(并序)云:"紫溪翁过甫里先生,举酒相属,醉而歌曰。"寥寥十六个字,就将人物、事由、活动情况介绍得清清楚楚。《求志赋》(并序)云:"孔子曰:'吾志在春秋。'予以求圣人之志,莫尚乎《春秋》。得文通陆先生所纂之书,伏而诵之,作《求志赋》。"简单的几句话,就将作者的一生坚持尊经,尤重《春秋》的学说思想和这一思想的渊源,以及他直接继承的《春秋》学派等几个荦荦大端,都作了简洁扼要的说明。较长一点的序文,如《怪松图赞》(并序),开篇虽然是叙写《怪松图》的来历,但整篇就"怪"字着墨的构思特点,即已在此逗发出来。以下,文章就"怪松"之"怪"的具体情况作出了生动形象的刻画形容;并运用问答对话形式,进一步推展开去,就"草木之生"是否会变"怪"的客观原因进行探讨,转而又由一般到具体,再回到阐述"怪松"之所以变"怪"的原因上来,并称赞"怪松"对外物阻遏挤压所表现出来的抗争精神。至此,"怪松"的话题可说是已经写完。但作者心中有块垒,不吐不快,所以笔锋一转,一声感叹,写道:"吁!岂异人乎哉?"然后转而感慨人由于受到社会排挤打击,无法施展才华抱负,以一种奇瑰怪异的文风来表现自己的不满和抗争,此人成为"怪民",其文就成为"奇文"。正如文中所云:"大奇出于文彩,天下指之为怪民。"由"怪松"的借题发挥,说到"怪

---

① 陆钟辉水云渔屋刻、吴骞校:《重刊校正笠泽丛书四卷补遗诗一卷》甲集,上海图书馆藏。

民"的"奇文",作者仍然意犹未尽,再由"呜呼"一词发出感叹,将"怪松"和"怪民"二者紧密结合在一起再作一番议论,进一步升华文章的旨意,"木病而后怪,不怪不能图其真;文病而后奇,不奇不能骇于俗,非始不幸而终幸者耶?"这样,当然也就不能不作"赞"了。唯有如此,文章才将作者借"怪松"发牢骚,表现"怪民"的志趣,也就是作者"发愤著书"的文学思想,作了形象生动、深入浅出的表达,成了一篇既表现了其人品,也体现了其诗文风尚的妙文。整篇文章,一个"怪"字自始至终贯穿在行文之中,针线弥缝之密,堪称天衣无缝。读完这样的文章,我们完全可以感受到,陆龟蒙的一些序文看似散漫,毫不经意,零落错综,枝蔓成文,其实,它们是作者精心结撰而成的好文章,运笔灵活,收放自如,形散神聚,思想深刻,主题集中,又能够提供丰富而有启发性的思想材料,成为千年以来深受人们激赏的名篇佳作。

第二节　传(附:赞、哀祭文)

陆龟蒙没有为他人作过传。现存两篇都是他的自传,即《江湖散人传》、《甫里先生传》。在文学史上,这两篇自传很有名,它们是研究陆龟蒙最直接、最重要的文献,对了解陆龟蒙这个"江湖散人"的性格、志趣、爱好等方面最有权威性,成为后世文学作品里歌咏"江湖散人",刻画其形象,称颂其品行的经典。陆龟蒙的这两篇自传,在后人对其研究上有无可替代的价值。关于这一点,我们已在本书上编第七章《"江湖散人"宗风的深远影响》中作过论述,这里不再重复。即使是从写作上来说,这两篇自传也很有特色。

先看《江湖散人传》。这篇传很短姑且不说,最让人称奇的是,它通篇没有对"江湖散人"的生平行事作任何记叙,只在开篇云:"散人者,散诞之人也。心散、意散、行散、神散,既无羁限,为时之怪民。"揭示其人放浪恣肆的举止行为和内心世界的特点。随后,就以"束以礼乐者"和"散人"之间的问答对话的形式,运用寒暑、土水以及雨露霜雪等自然现象,连类设譬,比喻形容"散"的好处,表达坚持做"散人"的志尚。这样,也就自然而然地呼应题目，结束文章，"遂为《散歌》、《散传》以志其散。"这样以"传"名篇的文章，不仅罕见，而且高妙，实属奇文。再联系它的姊妹篇《江湖散人歌》看，此诗属长篇七言歌行体，但是它仍然扣住"散"字进行歌咏，称赞其愤世嫉俗的品格，表达其关切国家大事，希望国家中兴、天下太平的强烈愿望，也没有对其生平事迹作任何具体的叙写描述，可以说是一首抒怀诗。它们与中晚唐时期常见的诗、传结合，传偏于叙事，诗重于抒情的情况迥然有别。这也可以说从另一个方面表现了陆龟蒙创作中富有创新意义的特色。

再看《甫里先生传》。它显然是陆龟蒙继承文人喜作自传的传统的结果。此前，如陶渊明《五柳先生传》、王绩《五斗先生传》、白居易《醉吟先生传》等等，都是例证。此篇较长，比较全面地反映了作者自己的一生，是了解其生平与思想的重要文献。但是，此篇与一般的传记文多以传主的生平经历的前后次序为基本脉络来叙写，还是完全不同。初读此文，似乎觉得它很散漫，这也是陆龟蒙的散文最容易给人的感受。细看一下，它一段一意，各自独立，而且完全依赖内容内在的关系，使文章潜气内转，在思想脉络上连成一体，构成完篇。再具体看，此传开头数句，简单叙写传主，以及居处、身份、性情（"性野逸，无羁检。"此为文章后半伏笔。）；然后就其作为一名"士"的特点来写，每个自然段写一点，依次是"探六籍"，"乐《春秋》"；"平居以文章自怡"；一生创作诗歌，"卒造平澹而后已"；好读书、好校书等等方面，可谓多角度、多方面地展现了一位"士"的志趣爱好。然后以"先生贫而不言利"一段为前后转折段，表明既然是"士"，应当"贫而不言利"；但人还是需要生计之需的，以下文章又以"先生之居"、"先生嗜荈"、"先生始以喜酒得疾"、"性不喜与俗人交"的句子开头，从四大方面叙写其房屋、田产、生活爱好、交游、江湖游赏的日常生活情形，着重描述其"时乘小舟，设篷席，赍一束书，茶灶、笔床、钓具、棹船郎而已"的江湖形象，"人谓之江湖散人"，自然与文章开头"性野逸"相呼应。这样，全文就很全面、很深入地表现了作者自己在思想精神层面和物质生活层面的情况，塑造出了"江湖散人"的形象，影响了上千年的文人士大夫。

陆龟蒙的赞只有两篇，即《汉三高士赞》和《怪松图赞》。前篇赞颂前汉王霸,后汉挚恂、申屠蟠"汉三高士"。他们都是乐于隐居的人士,不慕荣利;后二人更是通经、博涉群书的学者,所以,无论在人生趣尚上,还是在尊经志学上,都与陆龟蒙颇为一致。陆龟蒙赞他们,实际上也就是自我期许。《怪松图赞》很短,精彩处在其"序"上。关于其"序",我们已在本章第一节作过论列,可参看。略说一句的是,此赞也是由"松"及"人","松""人"结合,因此文中是有借物兴寄,以"松"比作者自己的意蕴的。

陆龟蒙的哀祭文也很少,就是《祭梁鸿墓文》和《哀茹笔工文》两篇。前者"奉奠而来过",到梁鸿墓祭拜这位后汉的名士,就是敬仰其《五噫》所表现出来的批判统治者的态度,"力耕而自获"的隐逸生活的精神,显然它寄寓着作者的人生追求和生活态度。《哀茹笔工文》是哀悼制作毛笔的工匠。他千辛万苦、精心制作出毛笔,供人书写,其于他人,功莫大焉。"毫健身殒,吾宁不悲?"深切哀悼其亡故,表现了陆龟蒙对普通劳动者的哀悯同情之心。

第三节　铭

铭,最早指刻在器物上的文字,可以是祝颂,也可以是警戒的旨意。陆龟蒙的铭有五篇,主旨上偏重于后者。如《两观铭》借春秋时的史事,指斥臣下僭越,警戒犯上者,"政不得乱,国是以理。"这种"尊圣"之意,其实是针对现实而言的,"下及千祀,浇风四起。""岂无奸邪,佩玉蕊蕊。"明显是批判晚唐藩镇割据,社会动乱的现实,渴望天下太平,国家安定。《卜肆铭》借古代严君平事宣扬"忠孝仁义",谴责后世卜肆"偷佞险诐",以古讽今,针砭世俗的奸邪败坏。《陋巷铭》以权豪势要的华堂与颜回的"陋巷"形成对照,以表示对后者的敬慕,"贤哉是思",表明自己安贫乐道的隐逸精神。《书铭》有感于文风的浇薄,导致世风的败坏,希望回到上古时代去,"复以太古,结绳之前",显然是作者愤世嫉俗之文。《马当山铭》更是针砭现实,愤切小人横行,世风败坏,"合是三险而为一,未敌小人方寸之包藏。"作铭以作警示,"在古已极,于今益昌。敬篆岩石,俾民勿忘"。可以看出,陆龟蒙的铭,每篇都具有社会现实意义,从关切国家时事,到针砭社会风气,再到个人安于贫俭的隐逸生活,不慕荣利等等,都表现得非常强烈、深切,从中可以看出,陆龟蒙既希望社会安定,天下太平,也希望世风时俗朴实淳厚,而他个人则追求清贫闲散的隐逸生活。他的铭,真可谓"篇篇无空文"。

在形式上,陆龟蒙的铭,既有采用四言一句成篇的,也有采用杂言成篇的,其中有的完全散文化,颇有特色。《两观铭》《陋巷铭》《书铭》三篇,是以四言一句成篇的。四言向来以典雅厚重为特色,但陆龟蒙的这三篇铭,显然比较浅显明白,流利畅达,自具特色。前两篇比较短小,浅近晓畅,阅读一下,立刻可知。后一篇在铭中属长文了,但同样的浅明通畅。如此铭中对各种文体中不良文风的描述:

  其巧益甚,其说益繁。盟契质要,朝成夕反。诰誓制令,尾违首言。笺檄奏报,离方就圆。传录注记,丑仇美怜。铭诔碑表,虚功妄贤。歌诗赋颂,多思诡权。

应该说,对各种文体的弊端的归纳,是比较浅显通俗、流利明白的。稍有古文阅读能力的人,都可以读懂它。

陆龟蒙的另外两篇铭,都是杂言成篇的。虽然文中也有不少四六句式,但是由于作者善于变化,插入其他句式,或运用一些修辞方法,使其在体式上更富于散文的气机。《马当山铭》的句式,就其数量而言,四言句式占大部分,但我们在阅读时,竟然对它的感觉是不太突出的。其原因大概有二。一是这些四言句式本身已经有所创变,渗透进了散文的气机,而不是像大多数作品中这种句式的平正典实;二是在每一小节四言句式前,都有一二句至数句的散文化的句式,甚或是用三二个字作为句子的开头,使四言句式的特点被融汇在散文化的体势中了。为了具体感受它,我们将全文抄录如下:

  言天下之险者,在山曰太行,在水曰吕梁,合二险而为一,吾又闻乎马当。彼之为险也,屹于大江之旁。怪石凭怒,跳波发狂。日黯风助,摧牙折樯。血和蛟涎,骨横鱼吭。幸而脱死,神魂飞扬。殊不知坚轮蹄者,夷于太行;仗忠信者,通乎吕梁;便舟楫者,行于马当。合是三险而为一,未敌小人方寸之包藏。外若脂韦,中如剑芒。蹈藉必死,钩辫必伤。在古已极,如今益昌。敬篆岩石,俾民勿忘!

细读一遍,上述句式上的两个特点,很容易体会出来。句式上这两点结合在一起,使得文章气机更流畅,气势更跌宕,爱憎分明,感情强烈。除了这一点,此铭还有几个特色。全文紧扣"险"字来写;写"险"字又采用层层递进的方法,由山"险"到水"险",再到"合二险而为一"的马当之险,最后进一步"合是三险而为一,未敌小人方寸之包藏"。小人之"险"的可怕程度,不言而喻。这种由自然山、水之"险"说到小人方寸之"险",又是设譬手法的巧妙运用。再加之文中运用排比、比喻、形容等写法,更使得文章形象生动,气势鼓荡,波澜起伏,极尽抑扬顿挫感慨淋漓的能事。《卜肆铭》从"呜呼成都"到文末五句,完全是散文体式,而从开篇到"乃化为庸妄之器"这部分,粗粗一读,也觉得它是散文的体式,但是细心考察一下,将分布在其中的"小人"、"曾不究得失之所自"、"故"及上引该部分最后一句去掉,它就是很整齐的"七五、七五、五五、四四、四四、四四"的句式了,完全符合骈体的要求。正是由于在有关句子的前面加上了一些字词,或在其后面缀上散文的句子,使得它们改变了句读的节奏,从而散文化了。再考察上列骈体句式本身,它们共用了八个"之"字,两个"以"字,两个"也"字,四个"唯……是……"的句子,使本来的骈文句式散文化了。凡此种种,使得此文呈现出骈、散结合,而主要是以散文化为特点的文体结构。陆龟蒙的古文写得好,骈文也有深厚的修养,此文则将他在这两方面的功力,较好地结合在一起,并进行创新,写出了非散非骈、即骈为散的好文章。

第四节　记叙文

陆龟蒙的散文,除了上面三节所论列的各种文体之外,尚有二十馀篇,如果按照传统的分类方法,其中有书、碑、志、说、辞、记、文、解、评、辩、问对、谕告等文体体式,琐细繁杂。若采用现代文体分类方法,大体上可以将它们分为记叙文和议论文两大类。尽管记叙文中免不了会有议论,有的篇章中议论还占有一定的比重,而议论文中也常有记叙的成分,但大体上还是可以作出比较明晰的区分的。因此,我们就采用这种方法,将陆龟蒙这二十多篇散文,分为记叙文和议论文两大类,做一些论述。本节先谈记叙文。

陆龟蒙的《记锦裾》,可谓是典型的记叙文。文中就是详记这一块锦裾的大小长短宽窄,特别是尽兴尽致地描绘出锦裾上的花纹图案,简直就是一副天上地下的美丽图景,其繁复绚烂的程度,堪比一幅美妙精湛的山水画。《耒耜经》也是一篇记叙性的美文。一具吴中农具"江东犁"被巨细无遗地记叙了出来,它的每一个部件,每一个槽穴,无论其大小、位置、形状、材质、用途,都作出了详尽的记载,如果有一位能工巧匠,完全可以据此复制出这一唐代吴中农民使用的农具。

陆龟蒙其他的记叙文,不论是记事、记物、记时,都呈现出由所记的对象发挥拓展开来,借以兴寄寓怀,抒发感慨,生发议论的特色,具有深刻的社会现实性,强烈的政治批判性,辛辣的谴责讽刺性。金人元好问说陆龟蒙《笠泽丛书》里的作品"多愤激之辞","标置太高,分别太甚,镂刻太苦,讥骂太过。"①在他的这部分作品里就表现得很鲜明突出。《蟹志》通过记叙"江东人云"蟹在秋天稻熟时在其魁首带领下,成群结队由稻田的"沮洳"泥穴,"指江而奔",又"自江复趋于海","形质益大",意指蟹所遵循的是一条正确、符合其生活习性的道路。由此作者连类设譬,批评"今之学者"只学"百家小说","不知孟轲、荀、扬氏之道","又不汲汲于圣人之言",得小遗大,完全走错了治学之路。文章训导、嘲讽时人废学,表现了作者尊经重道的儒家道统论思想。

关心国家大事,关切时局混乱,同情人民疾苦,批判统治者对人民的重赋剥削,是陆龟蒙记叙文的一个重要内容。如《战秋辞》前一段铺陈扬厉地描写刻画秋天的"雨阵"犹如战阵,挫折万物,势不可挡;后一段作者突发奇想,将"雨阵"人格化,嘲讽它只能对自然万物展现摧枯拉朽之势,而对"盗兴五期",盗贼兴起五年来,"方州大都,虎节龙旗。瓦

---

① 元好问:《校〈笠泽丛书〉后记》,《元好问全集》卷三十四(增订本),山西古籍出版社2004年版。

解冰碎,瓜分豆离。斧抵耋老,干穿乳儿。昨宇今烬,朝人暮尸,"国家分裂,藩镇叛乱,人民遭殃,惨遭杀戮的社会现实毫无作为,"可谓弃其本而趋其末,舍其大而从其细也。""吾为而羞之",而"秋"则"色若愧耻"。曲笔旁透,强烈批判和辛辣嘲讽了当时统治者的无能。又如《禽暴》叙写江东野凫成群,吞噬了大量本来就因为旱灾而歉收的稻谷,而捕杀野凫的药物,却因为战乱频仍,商贾不通,无法购得,"使江湖小禽,亦肆其暴,以害民食",统治者却不能帮助人民,驱除"害民之物","俾生灵死乎饥,吾不知安用驭者为?"文章以小见大,由禽鸟之害显现出国家、社会、人民的大事,对统治者大加挞伐,对人民的疾苦则给予了深切同情。《记稻鼠》有同工之妙。本来是大旱之年,稻子歉收,又"群鼠夜出",田鼠成灾,将稻谷"信宿食殆尽"。而在此时,官府不仅不体恤人民疾苦,反而"赋索愈急",暴力征收赋税。这不由得不让作者想起"《魏风》以《硕鼠》刺重敛,斥其君也",直接将矛头指向最高统治者,强烈而深刻地谴责嘲讽其对人民的沉重剥削,当然也就表达了对人民疾苦的深切同情。以上诸篇,放在任何一个时代,都可以说是反映社会现实的优秀作品。

陆龟蒙的记叙文,就一些世风时俗进行记叙,并由此表明自己的看法和态度,也颇为惹人注目。他所写的一般都是陋习弊俗,所以往往所持的是批判、廓清的态度,也就是一种愤世嫉俗的精神。甚至于有时还将针砭时俗与批判统治者结合了起来,深化了表现社会问题的广度和深度。如《登高文》,就九月九日重阳节"稚子"劝"予"选胜"登高",消灾释怀,而"予"不愿"登高",进而作出详细解释,表达自己不愿"登高",是不愿意因"登高"而见到四种人,一是"前呵后骑","所向上下",阿谀奉承之辈;二是高门大宅,奢靡享乐之辈;三是无德无信无义,"反掌背面,天辽海隔"之辈;四是导致社会动乱,残害人民的人。文中描述每一种人的情形后,都用一句"如此者又欲见耶?",表达了鄙夷不屑之情。显然,这是作者在借"登高"抒发感慨,它既是愤世文,也是嫉俗文。《野庙碑》历来被认为是《笠泽丛书》里最有名的代表作。文章在第一层次上是批评"多淫祀"的恶习陋俗,将"真土木"之偶奉为"神",为了供奉"神"而劳民伤财。第二层次则由民间习俗联系到社会现实。那些尽情享受人民的财富的豪门权贵,他们就是"缨弁言语之土木",人民像供"神"一样供养着他们,他们却丝毫不为人民着想,只会残害人民,"较神之祸福,孰为轻重哉?"虽是疑问句,但斥责人民所供养的统治者的意旨不言自明,且更为透彻深至,发人警省。还有《告白蛇文》、《蠹化》两篇文章,则可以说是比较单纯的针砭世俗。《蠹化》借橘蠹化为蝴蝶,翩翩飞舞,"犯蝥网而胶之,引丝环缠,牢若桎梏",即为蜘蛛网缠缚而死。进而比喻人如果贪求名位,奢华浮躁,而没有真正的德行,"得不为大蝥网而胶之乎?"无疑也是会被社会这只大蜘蛛网缠缚的。所以,作此《蠹化》,使人"可以惕惕",以示警诫。《告白蛇文》,前人说是作者"拟韩《鳄鱼文》"。① 文中主要就是训斥据说能够危害人的白蛇,要求白蛇对人要"不相害","不当与人争。"如果不听劝告,我当呼唤雷霆将你"断裂首尾","吾诚不移,无易尔为"。可以说这是一篇游戏笔墨的文章,但也有借端发慨,兴寄寓意,谴责社会上为非作歹之辈的意蕴。

作为记叙文,总是要有一定的叙述描写的成分的。陆龟蒙在这方面可谓是高明的作手。他善于化繁为简,能够以简明扼要的叙写,将事物繁杂细屑的过程性展现出来,而且还形象生动,如在眼前。如《蠹化》,文中只用"一旦视之,⋯⋯明日复往,⋯⋯又明日往,⋯⋯须臾⋯⋯"几个时间上过程性的语句,伴之以生动的刻画,形象的描写,就将"蠹化"的整个题意全部叙写出来了,简切明白,令人赏读不已。再如《蟹志》"江东人云"以下一段,将秋天稻熟之时,由稻田的窟穴成群结伙"指江而奔",又"自江复趋于海"的过程叙写得清清楚楚,简洁明了。不仅如此,行文中对蟹在每个阶段爬行的情状态势,它们的形体在物理性上的变化,以及渔民如何用"蟹簖"捕捉的这三个方面的具体情形,都随之有着很生动的描述,紧凑而简洁,并不使人感觉到因为三者并序而条理紊乱,枝节横生,确实表现出高超的叙事艺术的手段。有时为了尽可能仔细详尽地把叙写对象毫发无遗地记录出来,呈现给读者,以存其真,陆龟蒙也有一些记叙文写得繁杂细屑,达到无以复加的程度。如《记锦裾》,文中将一块"锦裾"上的图案花纹作了十分详细的描述以后,

---

① 清陆钟辉水云渔屋刻、吴骞校:《重刊校正笠泽丛书四卷补遗诗一卷》丙集,上海图书馆藏。

作者感叹道："昔时之工如此妙耶?"后人也称赞"《记锦裾》一篇,备言其工妙"①。"锦裾之工妙如此,而文亦碎锦","笔能曲细"。② 都指出了此文在描写叙述上的基本特色,是颇为中肯的评骘。再如《耒耜经》,很长的一篇散文,就是介绍"江东犁"这一农具。文中对它的每个部件、每个孔洞的名称、材质、大小、长短、形状、位置、用途以及它们之间的相互关系和作用,无不作出了详尽的叙写和描述。恰如作者在序中所说,作此文是"以备遗忘",所以他就是要使物件一丁点不遗漏。作者做到了。在此文的最后,作者又说"江东之田器尽于是",后人也称赞"是篇纪犁制特详","叙述古雅,其词有足观者。"③确实,该文头绪极为纷繁,但记叙条理却非常清楚;通篇散文成章,句子长短极为错落,遣词平实朴素,别有一种古朴雅致的趣味,在古代记叙文里非常少见。

作为记叙文,描写刻画,展现出笔下所叙写的对象的真切情景,自然是必不可少的成分,而且它的成功与否,往往是决定文章优劣的重要部分。陆龟蒙的记叙文,从三言两语的片段描写,到肆意详尽的大段刻画,都有很多成功的例证,成为其艺术特色鲜明,艺术成就高的重要表现之一。如《野庙碑》中对"庙貌"即所祭祀之神的生活环境的描写,"其居处则敞之以庭堂,峻之以陛级,左右老木,攒植森拱,萝茑翳于上,枭鸮室其间。车马徒隶,丛杂怪状。"具体生动,使人如临其境。又如《蠹化》,文中描写橘蠹化为蝴蝶,刻画其翩然翻飞的情状,"则倚薄风露,攀缘草树,耸空翅轻,瞥然而去。或隐蕙隙,或留篁端,翩旋轩虚,颭曳粉拂,甚可爱也。"一只蝴蝶轻飞曼舞的情形被刻画得如此形象生动,不能不使人惊叹作者文笔的功力!他如《蟹志》中以"蚤夜觱沸,指江而奔",形容刻画蟹成群爬行的情状,《登高文》中仅以"桐阴雨压乎泥沙,菊气风扬乎户牖"二语,来描写刻画九月九日重阳节的景象,无不都是非常真实贴切,让人体味再三。至于陆龟蒙的散文描写刻画的名段,我们不能不举《记锦裾》为例:

---

① 顾宗泰:《月满楼甄藻录》卷三十一,《丛书集成续编》本。
② 清陆钟辉水云渔屋刻、吴骞校:《重刊校正笠泽丛书四卷补遗诗一卷》乙集,上海图书馆藏。
③ 清永瑢等:《四库全书总目》卷一〇二《耒耜经提要》,中华书局1965年版。

  李君乃出古锦裾一幅示余。幅长四尺,下广上狭,下阔六寸,上减下三寸半,皆周尺如直。其前则左有鹤二十,势若飞起,率曲折一胫,口中衔荸荙辈。右有一鹦鹉,耸肩舒毛,数与鹤相等。二禽大小不类,而隔以花卉,均布无馀地,界道四向,五色间杂。道上累细钿,点缀其中。微云琐结,互以相带,有若驳霞残虹,流烟堕雾。春草夹径,远山截空。坏墙古苔,石泓秋水。印丹浸漏,蕊粉涂染。鳌緺环佩,云隐涯岸。浓澹霏拂,霭抑冥密。始如不可辨别,及谛视之,条断轩绝,分画一一有去处。非绣非绘,缜致柔美,又不可状也。里用缯彩,下制线尚仍旧,两旁皆解散。盖拆灭零落,仅存此故耳。

一片锦裾,从它的长宽大小的尺寸,到上面清晰可数的鹤、鹦鹉,以及它们的体态情状,还有两种鸟群之间以花卉相隔的景象,都描写得既具体又生动。"界道"上的图形色彩斑斓,变化多端,而整个画面从空中的微云缭绕,流霞彩虹一般的色彩;再到地上的小路草色,远山高耸,颓垣残壁,青苔漫生的景象,以及环绕着这些物象的霏微的云雾烟霭等等,都一一作出了详细的记叙,精美的刻画,既淋漓尽致、纤细无遗地展现了锦裾之美,也表现了作者对它的赞叹欣赏之情。

  陆龟蒙的记叙文,比较单纯的记事写景的不多,绝大多数都是在有感慨激愤的情况下写作的,所以他在记事写景的情况下,本来心中就另有旨意需要宣泄表达,从而构成了这些文章往往由叙到议,由事及理,由现象到本质的转折切换的写作特色。简言之,就是叙议结合的艺术特色。我们已在上文对其中的主要篇章在这方面的具体情况做过分析,这里就不再重复了。现在,我们重点来探讨一下陆龟蒙在进行叙议结合,表达思想情感的时候,主要运用了哪些基本的表现方法和修辞手段。首先,由此及彼的设譬类比是陆龟蒙常用的表现方法,如《野庙碑》里"庙貌"即野庙里"真土木"的神灵塑像,与社会中享受豪奢、残害人民的"缨弁言语之土木",即统治者这尊"神"之间,不仅设譬类比的关系很明显,辛辣嘲讽之意也十分深刻。《战秋辞》前写秋天的豪雨如注所产生的摧折肃杀的情景,与后文所写的社会分裂、人民惨遭杀戮的情形,也存在着设譬类比的内在关系。《蟹志》前文记叙蟹由江入海的爬行线路,与后文议论为学的途径,显然是设譬类比的关系。《蠹化》里前面叙蝴蝶"犯蟊网而胶之,引丝环缠,牢若桎梏",与后文议论人"苟灭德忘公,崇浮饰傲,荣其外而枯其内,害其本而窒其源,得不为大蟊网而胶之乎?",也是由物及人的设譬类比的关系。《记稻鼠》由食稻谷的田鼠,进而感慨议论,联系到《诗经》里重赋害民的硕鼠,也存在着设譬类比的关系。随之而来,陆龟蒙的此类文章中运用比喻形容就比较多,这就使文章更为具体形象、生动贴切。如《蠹化》云:"天下,大橘也;名位,大羽化也;封略,大蕙篁也。"《蟹志》云:"百家小说,沮洳也;孟轲、荀、扬氏,圣人之涘也;六籍者,圣人之海也。"《战秋辞》云:"烟蒙上焚,雨阵下棘,如濠者注,如垒者辟,如纛者亚,如隧者析,如矛者折,如常者拆,如矢者仆,如弦者磔,如吹者瘖,如行者惕。"都是例证。至于陆龟蒙在文章中随时所用的个别的比喻,则要更多一些,只要注意一下,读者即可看出来。

其次,陆龟蒙为了使自己的文章记叙真实可信,议论真切可靠,经常在文中运用引古作证、援古立论的方法,从而使文章更有说服力。如《登高文》云:"《奇谐》之流载此,世所谓夫登高者也。"《告白蛇文》引述《史记·高祖本纪》的"白帝子"化为白蛇之事。《野庙碑》考述古代有关"碑"的用途以及其衍化。《记稻鼠》云:"且《魏风》以《硕鼠》刺重敛,斥其君也。"又云:"《春秋》螽蝝生,大有年,皆书,是圣人于丰凶不隐之险也。"又云:"吾闻之于《礼》曰:'迎猫,为食田鼠也'。"又云:"《国语》曰:'吴稻蟹不遗种。'"反复引述古事古语,为自己的立论服务。《禽暴》云:"古圣人驱害物之民,出乎四裔,矧害民之物乎?"也属于援古立论,强化自己的观点。《蟹志》记叙蟹的有关生活习性、物种特性等自然性的情况,文章开篇即主要以概括地引述经籍中有关蟹的载录作为依据,有浓厚的文化意味,也使对蟹的相关介绍令人信服。"蟹,水族之微者。其为虫也,有籍见于《礼经》,载于《国语》、扬雄《太玄》辞、《晋春秋》、《劝学》等篇,考于《易·象》为介类,与龟与鳖,刚其外者,皆乾之属也。周公所谓旁行者欤?参于药录、食疏,蔓延乎小说,其智则未闻也。唯左氏纪其为灾,子云讥其躁,以为郭索后蚓而已。"这一大段文字,全是引古作证。对于蟹的介绍,即以其为依据,作者不需要另花笔墨了。这比起作者的直接记叙,应该说更容易产生使人信服的效果。这种引古作证、援古立论的方法,在陆龟蒙的议论文里被运用得更多,艺术上的作用也更为明显。

  运用排比的方式,使记叙事物、议论说理或依次逐渐地展开,或多维度地全面展开,使得这些从体式上整体看来是散文的文章,具有明显骈散结合的特点,也是陆龟蒙记叙文的重要特色。如《战秋辞》前段在描写秋天的豪雨摧折万物时,连用十个"如……者……"的四字句,两个"……有……兮……"的六字句;后段在形容秋雨肃杀之势时说:"欺荒庭,凌坏砌,挫崇苴,批宿蕙。揭编茅而逞力,断纬萧而作势"。先后用上这样的十数句形成排比,使文章"战秋"的气势和效果很强烈,给人的印象很深刻。《登高文》中作者陈述自己不愿登高望远的四个原因占了全文近半的篇幅,而陈述每一个原因时,又依次用六个、十个、十二个、十六个四言句之后,都同样缀上"如此者又欲见耶"的句子,使文章既骈散结合,又形成四个排比段落,诵读起来,特别有韵味,作者爱憎分明的强烈感情跃然纸上。《耒耜经》是陆龟蒙散文中的妙文,它的语言通俗朴实,与记录农具的要求极为相合。全文单行散句,长短错综,几乎没有骈俪句式。但文中用"曰"字多达二十五个,开篇一句就云:"经曰耒耜",随后介绍"江东犁"的部件云:"冶金而为之者曰犁镵,曰犁壁。斫木而为之者曰犁底,曰压镵,曰策额,曰犁箭,曰犁辕,曰犁梢,曰犁评,曰犁建,曰犁槃。"本是对犁各部位一一作介绍,却构成了朴实古雅的排比句,饶有兴味。以下文章即对犁的各部分的形状、大小、用途等作具体介绍,从而构成若干小节。每个小节或三二句、或五七句不等,又完全是散文句式。由于在每个小节都运用了一个"曰"字,给人以形成排比的感觉。但这个"曰"字在各个小节的位置是变化多样的,所以,行文表现出来的仍然是散文化的气机。反复阅读,真让人感觉到对于排比的运用达到了一种新颖奇妙的境界。《野庙碑》运用排比又是另一种特色。文章开头和结尾两个段落完全是散文句式,中间就"真土木"和"缨弁言语之土木"的描述,则在散文体式下,较多地运用了排比句式;而散体句式又与排比句以多种变化的方式结合在一起,既抑扬顿挫,又整饬有力,别有一种韵致,极大地增强了文章嬉笑怒骂、讥诃嘲讽的效果。

抄录一段如下：

> 其庙貌有雄而毅、黝而硕者，则曰将军；有温而愿、晳而少者，则曰某郎；有媪而尊严者，则曰姥；有妇而容艳者，则曰姑。其居处则敞之以庭堂，峻之以陛级，左右老木，攒植森拱，萝茑翳于上，枭鸮室其间。车马徒隶，丛杂怪状。

如果我们通览全文，其中散文句式与排比句式结合在一起，或长或短，长则如上引的一段，短则如"解民之悬，清民之喝，未尝怵于胸中"的句子，在文中反复出现，读起来令人玩味再三。

陆龟蒙的记叙文，问答对话的方式运用得较多，也很有特色。如《战秋辞》在描写刻画秋天肃杀阴沉的景象，豪雨如注的情状之后，文中直接就说"天随子曰：'吁，秋无神则已，如其有神，吾为而羞之。……'"随之大段叙写眼前社会一片混乱，人民惨遭涂炭的情形，而"秋"未能有任何作为，而只是摧折毁坏自然界的事物。"秋"在听了"天随子"的一番指斥训导以后，没有说任何一句话，但是，"辞犹未已，色若愧耻。于是堕者止，偃者起。"不仅在运用对话问答的方式上颇为特殊，而且正是用了这样的方式，既将"秋"很自然地人格化了，同时也就巧妙地将文章的立意和主旨提高升华了，富有强烈的现实意义。"战秋"的题面也被突出地表现了出来。《告白蛇文》在灵活运用问答对话的方式上，也很有匠心。文章开头说："予"将登古丘，"农民遮曰：'……宜无往。'"因为上面有白蛇作祟作歹。"予"并未回答"农民"一言半语，然后接着就是"予取酒沃其丘告之曰：'……'"对白蛇进行了一番训斥，随之警告白蛇不可以危害他人他物，"无越昆虫之职"，"无杂鬼神之事"，与人"不相害"，"不当与人争"，不然，你会遭受天雷"断裂首尾"，文章就结束了。这样，文章两次运用问答对话的方式，将作文的缘由，特别是"告白蛇"的旨意显豁突出地表达了出来，比起如果不用问答方式的"告"白，显然更有较为强烈的艺术效果。陆龟蒙也有完整运用问答对话方式的文章，如《登高文》，只看题目，似乎是表明作者要重阳登高，禳灾祈福了，起码也是想通过登高，游览观赏，放松心情。实际上，作者要表达的是不愿登高望远，为的是避开社会上那些令他憎恶讨厌的人。这样的旨意,如果由作者通过自述来表达也未尝不可,但陆龟蒙则运用问答对话的方式,"稚子拱而进曰"云云,劝说他登高,尔后再以"予曰"云云来作回答,很自然地表达了自己的意思。借端感慨,对社会上群小之辈的谴责嘲讽之情十分强烈,效果很突出,比用其他表达方式应该说更胜一筹。《禽暴》一文,除了开篇几句话对时间和情事作出简要说明外,以下都是以"予曰"与"甿曰"双方的问答对话成文的。"禽暴"的情状,如何消除"禽暴",为何没能消除"禽暴",以及由"禽暴"触发的感慨,全部是在反复问答对话的展开中完成的。它以问答对话的方式构成全文,显然增强了文章的可信度和说服力,从而也就深化了作者对统治者的批判,对社会动乱的关切,对人民疾苦的同情的思想感情,提高了作品的表现力和社会意义。

第五节　议论文

陆龟蒙的议论文共八篇,另有《杂说》一组,共有行文和内容均各自独立的五个段落,所以也有人即将其题作《杂说五首》。如果这样处理的话,共有十三篇。所有这些文章谈论的问题,大概有以下几点:主张尊经重道,如《复友生论文书》,虽然谈了各种文体的特点,强调了"文辞"关系,要求讲究声律,但通篇立论的基础是尊经重道;又如《大儒评》认为荀子的弟子李斯"焚书坑儒",那么荀子这个"大儒","吾以为不如孟轲",显然是尊崇儒家之论。希望社会安定,天下太平。如《冶家子言》文中通过"冶家子"的一席话,反映了社会动荡,官府奢华,而"吾祖"铸田器,"吾父"铸工器,"吾"铸兵器,以适应社会之需;现在又面临社会巨变,"吾"不知将从事何业? 从而表现了人民安居乐业的愿望。追求自由萧散的生活。如《招野龙对》一文,由《左传》"豢龙氏"畜龙的传说,虚构"豢龙"与"野龙"的对话,以后者对前者的挖苦嘲讽,表达了作者鄙弃富贵、远离权贵,追求自由自主,散诞潇洒的生活的趣尚。对一些世俗民风的批判揭露。如《祀灶解》就民间祭祀灶神的诞妄进行揭露,认为没有所谓的"灶神"能够向"天帝"报告人的过错,给人以罪罚的事情,匡正世俗的谬误。又如《象耕鸟耘辩》一文,认为古籍记载大舜时的"象为之耕,鸟为之耘",只不过是世俗的传闻之辞,怪异之说,而不是什么"盛德感召"的结果。"尧舜与人同",与普通人没有两样,人们不应当相信这样怪异化的言论,"怪,非圣人之意也。"说理平正明白,入情入理。从总体上看,陆龟蒙的议论文,在现实意义和社会意义上没有他的记叙文强烈、深刻。所以历来传诵的名篇,大多在记叙文,而不在议论文。

陆龟蒙的议论文,在写作上还是有诸多的特点和特色,值得总结出来,供我们借鉴的。陆龟蒙作为一位尊经重道,尊崇儒家道统,熟悉《六经》,尤其精通《春秋》的人,他的议论文,无论就古代的还是现实中的人事、现象发表看法的时候,其立论的前提和基础,往往就是站在儒家思想的立场上为出发点的,因此它们的归宿处自然也就是儒家武库中的学说观点。如《祀灶解》中说,如果人"行君子之道"的话,灶神"其诬我乎?",如果"尽反君子之行",灶神"其私我乎?"把揭露世俗的虚伪性的主题,提高到这个角度来阐论,显然是站在儒家思想上立论的。《象耕鸟耘辩》文中反驳"象耕鸟耘"的历史传说,认为"斯异术也,何圣德欤?","怪,非圣人之意也。"其立论的思想基础应该就是《论语》"子不语怪、力、乱、神"。《杂说五首》(其一)批评"不教人以孝道,教人以术免也"的做法,不符合儒家的仁孝道德观;(其二)强调各种不同的"人"都要以"精诚"为前提才能获得成功,显然也是符合儒家的道德规范的论点。多以儒家思想立论,使自己的文章论辩有力,令人信服,可以说是陆龟蒙议论文的一个显著特点。

陆龟蒙的议论文,述古、考古、论古是它的基本内容,即使谈论的是在现实社会中还有表现或影响的现象,它也是从历史记载或历史传说发展而来的。如《祀灶解》中所谈的民间祭祀"灶神",就是从汉代方士以来,一直在社会生活中存在的现象;《杂说五首》(其二)中所谈论的"卜"的问题,更是由来已久,沿袭至今的。《大儒评》评论荀子是否能作为"大儒"看待,也是儒家学术史上的老问题,本文说明到了陆龟蒙的时代尚存争议。《冶家子言》是假托周王朝"冶家子"一家三代"铸田器"、"为工器"、"为兵器"的前后变化,感慨社会动荡,"武王闻之惧,于是包干戈,劝农事,冶家子复祖之旧。"表达希望社会安定,人民安居乐业的愿望。《招野龙对》一文更为特殊，它利用《左传》中"豢龙"的记述，虚构其与"野龙"的对话，可以说是作者借端发慨，表现其"江湖散人"野逸散诞的追求。其他各篇，大多是作者对古人古事展开评论，表达自己的看法和观点了。如《象耕鸟耘辩》、《寒泉子对楚惠王》、《说凤尾诺》、《杂说五首》（其一、二、四、五）等篇，都只能说是作者就有关历史记载和历史传说所作的辨正评说而已。其中，《说凤尾诺》一文，是为了回答"凤尾诺为何等物"的疑问而写的。陆龟蒙依据自己的历史知识，作出了阐述。此文曾经引起历代学人的关注。他们考名物，辨事实，基本目的都是为了弄清楚"凤尾诺"在历史上的实际情况。

陆龟蒙的议论文，属于驳论的篇章不少，它们往往对历史记载或传闻提出不同的意见，发表自己的看法。其中《祀灶解》、《象耕鸟耘辩》、《寒泉子对楚惠王》、《招野龙对》等篇最为明显。前两篇的"解"、"辩"，显然都是驳正传统的说法虚妄不实；后两篇的"对"也是各自对文中"问"的驳斥。它们在写作手法上，反问都运用得比较多，从而使辩驳更有力，更深入。如《祀灶解》的后半，"苟行君子之道……虽岁不祀灶，其诬我乎？""苟为小人之道，……虽一岁百祀灶，其私我乎？""天至高，灶至下，……下不忠，上不明，又果何以为天帝乎？"三个段落互相衔接，构成了连续的反问，驳斥方士所说的祭灶神的虚伪性和欺骗性，析疑解惑，非常有力。又如《象耕鸟耘辩》，为了充分辩析有关舜时"象耕鸟耘"的传说是谬误的，文章只在开头以"世谓"云云寥寥数语点出问题以后，即以"余曰"云云进行驳斥辨正，直至文章结束。只有中间"吾观耕者"一节，以"耕者"在劳作时的姿态说明"象耕"、"鸟耘"的情状是一种比喻，而不是真的"象为之耕，鸟为之耘"以外，其余都是以三二句或四五句构成一个又一个的反问的小节，并以此组合成文。这从文中先后用了四个"乎"，一个"也"，一个"欤"，一个"耶"字，就体认出来了。后两篇本属问对之文，在运用反问上也很有特色。《招野龙对》中"豢龙"在"招野龙"时，连用一"者"字，二个"乎"字的反问句式，显得很特别。"野龙"回答"豢龙"时，则是连用了三个"耶"字构成三个段落来连续反问。特别是后两个段落，都是在作出一系列的陈述之后，而出之以一个反问，显得对比强烈，特别有力，不容辩驳。《寒泉子对秦惠王》一文，问对双方反复多次地进行问答辩论，反问的方式也就运用得更多了。从文中错杂地用了六个"乎"字，一个"耶"字，一个"哉"字，就一清二楚。如果将没有用上述句末虚词，但实际上是反问的句子加进来，反问用得就更多了，如"春秋祀事，何面目见宗庙？"即是一例。除了上举几篇以驳论为主的议论文，大量运用反问句，从而构成行文上的特点和表达方式上的特色以外，陆龟蒙的议论文里，一般性的运用一问一答的方式，也是比较普遍的。如《冶家子言》、《说凤尾诺》二篇，就是显例。不再详说。

运用对比和排比，也是陆龟蒙的议论文比较明显的写作特色。如《大儒评》虽然全文以谈论荀子为主，但是在开篇云："世以孟轲氏、荀卿子为大儒，"将二人并提；文末则云："而荀卿得称大儒乎？吾以为不如孟轲。"显然，文中是以对比的方法来对荀子能不能算是"大儒"作出评价判断的。《祀灶解》中有关"祀灶"与否都不能给人带来祸福灾祥的看法，其中有两节就是通过"苟行君子之道，……虽岁不一祀灶，其诬我乎？""苟为小人之道，……虽一岁百祀灶，其私我乎？"的对比来表达的，非常明确直白，释疑解惑的效果可谓立竿见影。《招野龙对》中"野龙"拒绝"螯龙""从吾居而宴安"的劝告，那一大段是全文的主体，它就是以"吾"与"尔"两种完全不同的生活情状作对比来表达的。二者的对比如此强烈而鲜明，应当如何选择，就是非常清楚的事情了。《杂说五首》（其二、其五）两篇，都是几十字成篇的短章，但显然也是运用了对比方法的。排比方法，对于各种文体来说，都是一个很有效的表现方法。陆龟蒙的议论文也不例外。这里只举几例比较显著的例子。《招野龙对》中用一段排比句来描述"野龙"以及它的生活状态："赋吾之形，冠角而被鳞；赋吾之德，泉潜而天飞；赋吾之灵，嘘云而乘风；赋吾之职，抑骄而泽枯。观乎无极之外，息乎大荒之墟。"比起用散句的表现力要好得多。《冶家子言》中虽然没有像上文一样的排比段，但它将"吾祖"、"吾父"、"吾"三代人迤逦写来，尽管每层都是散句单行的句子，仍然可以看出它具有排比的气机和作用。《祀灶解》运用排比，与《冶家子言》有异曲同工之妙。文中除了极少数以三字句、四字句构成的排比句式以外，最主要的特色体现在以"苟行君子之道"和"苟为小人之道"开头的两节，它既构成上文所说的对比，也构成了排比段落，使本来散句单行的散文具有了排比的体式,更容易引人注意,发人深省,产生了较好的艺术效果。《象耕鸟耘辩》也是一篇完全散句单行的散文,作者并没有运用以句子络绎而下的排比方法,而是在解说"象耕"、"鸟耘"的行文中,注意将它们构成描述不同情形的排比段,在散文的体势中获得了排比的气机,艺术上别饶韵致。"吾观耕者,……故曰象耕。""耘者去莠,……故曰鸟耘。"显然就是如此。还有下文作者在进一步作推论时说:"试禹之绩,大成而后荐之于天,……非得于象耕乎?"紧接着又说:"去四凶,……非得于鸟耘乎?"也是在散文的行文中构成了具有排比作用的小段落。陆龟蒙的议论文,与他的记叙文一样,篇幅一般都不长,在文学史上被称为小品文。它们短则几十个字,长的也不过三、二百字(《复友生论文书》一篇除外),文体上都属于完全散文化的"古文"。他能够在文中如上述所举例的那样运用排比,可见他深厚的艺术功力,高超的艺术表现方法。直到今天,还能够为我们提供有益的艺术借鉴。

第六章　陆龟蒙的赋

陆龟蒙的赋,现存只有十六篇,数量不多,其散佚的作品应当不少。《崇文总目》(卷五)、《新唐书·艺文志》(二)、《宋史·艺文志》(七)或著录"《陆龟蒙赋》六卷",或在其名下云:"《赋》六卷。"他的赋能独立成编,说明其作品的数量较大,也有较高的思想和艺术成就。五代时王定保《唐摭言》(卷十)说陆龟蒙"常体江、谢赋事,名振江左。"南宋范成大迻录《谈苑》说:"龟蒙善为赋,绝妙。"①可见唐、宋时期人们对陆龟蒙的赋是有较高的评价的。

陆龟蒙现存的赋,只有《幽居赋》篇幅较长,其他都是中、短篇章,甚至是寥寥数语。其中,有八篇赋有小序,占其现存赋的一半。说明陆龟蒙善于运用小序这种形式来说明问题,或抒发情感。从题材上看,陆龟蒙的十六篇赋中,又刚好有八篇属于咏物赋:《后虱赋》、《杞菊赋》、《苔赋》、《蚕赋》、《榹李花赋》、《书带草赋》、《秋虫赋》、《麈尾赋》。但从内容上看,因为陆龟蒙强调作品比兴寄托的意蕴,所以其中大多数作品在写作上的重点并不在体物上,而是借物兴感,寓物抒怀,表达作者的思想情怀。只有《榹李花赋》和《秋虫赋》两篇在体物上的比重较大,在物色上的描写刻画,比喻形容比较充分。鉴于这种情况,我们拟从思想内容和艺术特色两个方面,对陆龟蒙的赋作一番论列。

叙写隐居生活和困顿潦倒的生活情状,抒发安贫乐道、闲雅恬适的情怀,在陆龟蒙的赋里,占有突出的位置。这与他是一位江湖隐士是完

---

① 范成大:《吴郡志》卷二十一,江苏古籍出版社1999年版。

全吻合的，很客观真实地反映了他的生平际遇。如《田舍赋》，开头一节即叙写了一幅"田舍"的画面。

> 江上有田，田中有庐。屋以菰蒋，扉以籧篨。笆篱捷微，方窦虚疏。檐卑欹而立伛偻，户偏侧而行趑趄。蜗旋顶隆，龟拆旁途。夕吹入面，朝阳曝肤。左有牛栖，右有鸡居。将行瞪遮，未起啼驱。宜从野逸，反若囚拘。

它所描写的"田舍"的情状，在唐代的苏州地区是有真实性的，家家户户的农舍应该就是这种状况，可以据此画出一幅"农舍图"。赋的下文，以"天随子愀然而吁"一句引出大段的议论，阐述他有关"农之仕"、"商之仕"、"工之仕"都要不得的意见，因为这样都是"禄以代耕"，结果则是"仕不愧禄而揣政，咸率人以奉己"，"所以国靡凶荒之储，家乏完坚之器，人阙有无之备，莫不由是。"于是，作者坚定地走家居"田舍"，隐居乡村的生活："有牛角角，有田棋棋。不值恶岁，未尝孔饥。"隐居在乡村里，可以靠种田维持基本生活。还要注意的是，赋中还真实地反映了两个问题，从而升华了赋在思想上的表现深度。一是作赋之年大旱，难以维持基本生活，"今则阳亢而骄，苗渴而萎。十穗百粒，获夫涕洟。馇于是，粥于是，信夫鼎铭之我欺。"作者为之悲愤伤心。二是由议论"仕"导致国弱民贫，进而引出对当时官府残酷剥削老百姓的谴责，对人民的同情，以及对社会动乱的关切，"加以上多而下寡，不胜剥丧之苦，转徙盗聚而充炽焉。呜呼！吾丁此时，何以逭之？"于此，我们可以体会到，陆龟蒙此赋是有很高的思想意义和深刻的社会意义的。

陆龟蒙的《幽居赋》，在题材上与《田舍赋》是相同的，都是叙写他的隐居乡村的生活。《幽居赋》是陆龟蒙存世最长的一篇赋，赋前的"序"也很长，说明是作者精心结撰的作品。此赋是作者晚年对自己一生的总结。"初张蓬矢，尝遄志于四方。"早年有志于社会事功，但最终一无所成，就走上了一条隐逸江湖的生活道路，"但有山林之志"，"退惟衡泌，聊以栖迟。"赋中虽然也有一些怨艾之情，"既抱幽忧之疾，复为低下之居。"但从总体上看，此赋所表现的乃是乐于"幽居"，过贫俭而清高、穷困而儒雅的生活。如在"序"中，除了上引几句话，还说："止则葭墙艾席,行则葛屦柴车。""切观留咏,惟尚清风。今古攸同,圣贤何远。""自理茶租,闲披钓褐。"赋中类似的隽语更多,如,"贱不容忧,贫惟可贺。""何悲尺蠖之屈,未损丈夫之志。""进不参于多士,退宜追乎逸人。""眷恋于芳辰美景","留连于明月清风。""彼瀌落而无容,且萧条而高寄。""叹钟鼎之沉光,向渔樵而骋力。""徐夸下舍,陶爱吾庐。""才将命兮分坎窞,性与时兮甘龃龉。""思任诞于穷檐,何辞井臼?不求容于侧径,何患荆榛?"这些语句散见于赋中,它们都是抒发"幽居"情怀的名言。它们都可以说明陆龟蒙作此赋,就是表达自己乐于寂寞而清雅的隐逸生活。

《田舍赋》"序"中云:"阖关不通人事,且欲吟咏情性。"这句话概括出了作者写作此赋的目的。换一个角度看问题,它也指出了此赋在构思写作上的特色,即以抒发"幽居"的情怀为核心,而不是将笔墨集中于对"幽居"的客观环境的描写刻画、比喻形容。这一点,如果与谢灵运《山居赋》作比较的话,可谓各出机杼,所以各有千秋,各具特色。大谢的赋很长,但他就是对"山居"一年四季,各种各样的山林植物、生物的客观记录,铺叙排比,颇有大赋的体势。陆龟蒙的赋也较长,但显然不是大赋的骨骼体式,仍然是小赋的气机。赋中只在开头用几句话说一下自己"幽居"之所在,"泰伯句吴,通侯旧里。地接虎丘,门临鹤市",另外在赋的中间部分有一节具体描述"幽居"的情状:

> 得不分碕岸而饰荒台,辍金钱而贸佳树。莼丝兮欲流千里,草带兮初围十步。颓垣抱碧,无非海发山衣;暗座飘香,尽是松肪桂蠹。加以篱边种菊,后堂生萱。覆井之新桐乍引,临窗之旧竹犹存。花妨过帽,柳碍移门。梦去而云遮绝洞,樵归而水绕孤村。遇境逍遥,就鱼鸟之性乐;开襟散诞,见羲皇之道尊。

这样的"幽居"环境,与作者高逸闲散、风流儒雅的隐士情趣相得益彰。整篇赋可说是围绕着它,反复地、多方面地"吟咏情性"。诸如忘怀功名,远离世俗;乐于过贫俭的生活,耽于赏清美的景物;诗书相伴,茶酒雅兴,都从不同的角度在赋中被充分地表现出来。这样的"幽居",与作者《甫里先生传》里所描述的生活情状和隐逸情怀,也可以互看,使我们更进一步地加深对"天随子"、"江湖散人"散诞的趣尚的理解。尽管赋和序里都说到贫病、幽忧之类的话,但如果将此赋的创作旨意归纳为"惟卧病故幽居"、"幽居自废与村甿何异",[1]我们认为,恐怕并不符合作者的创作动机。

陆龟蒙表现自己隐逸情趣的赋,无疑是以《杞菊赋》(并序)最有名。此赋短小,共十四句,每句四字,计五十六字。赋的开头四句,描写杞菊繁茂的生长情形,"惟杞惟菊,包寒互绿。或颖或苕,烟披雨沐。"然后就转而说自己衣食贫俭,没有粱肉,而以杞菊充食,"我衣败绨,我饭脱粟。羞惭齿牙,苟且粱肉。蔓延骈罗,其生实多。尔杞未棘,尔菊未莎。"最后以两个相同的句子感慨系之,"其如予何?其如予何?"在安于贫俭中又有一点不得已的无奈。如果仅读赋文,其文其意即大概如此。我们必须将赋与小序联系起来看,才能更好地了解此赋思想境界的高度和深度。小序开头叙写,作者说自己住宅前后的空地多,"著图书所,前后皆树以杞菊。"特别强调在自己读书著述之所的前后种植了杞菊,这就将高雅的文人情趣与杞菊联系了起来。随后叙写自己从春天杞菊鲜嫩时,直到夏天杞菊"枝叶老硬,气味苦涩",一直在啜食杞菊。这样的叙写,已经将作者食杞菊的文人安贫的趣尚表现了出来。随后,小序中以"人或叹曰"与"生笑曰"的对话方式,更明确而坚定地表达了自己不仰食权贵豪门,宁愿"闭关不出,率空肠贮古圣贤道德言语",饮食贫俭,但"忍饥诵经",却提高了自己学习、继承古代圣贤思想道德的精神境界,而对于那些"屠沽儿有酒食"的庸俗低劣的情状,表示了鄙夷不屑的憎恶之情。至此,我们就可以简要地说,陆龟蒙这篇《杞菊赋》的主旨,在于提倡安贫和乐道的隐逸情怀,这两个方面紧密地结合在一起,融汇成一个整体,不可割裂,达到了古代文人所追求的隐逸生活的新高度、新境界。其突出的特征就在于,物质生活上虽然贫俭窘迫,但是仍然一定要坚持儒家思想,使自己成为一个有高尚的道德情操的人。

陆龟蒙的《杞菊赋》,对宋、元、明、清的文人产生过较大的影响。首先阐扬陆龟蒙这篇赋的趣尚的人,就是北宋中期大诗人苏轼。苏轼作

---

[1] 清姚氏大叠山房刻、秦曼卿校并跋:《笠泽丛书》正集评语,上海图书馆藏。

《后杞菊赋》(并序),在序中大力表彰陆龟蒙因为"不遇",生活"穷约","至于饥饿嚼啮草木",同时也说自己虽然"仕宦十有九年",但是"家日益贫",所以效仿陆龟蒙,"循古城废圃,求杞菊食之,扪腹而笑",表现了乐于过清贫生活的情趣。其赋,也是以对话方式成文,表现了等贫富、均美陋的无差别思想。"人生一世,如屈伸肘。何者为贫?何者为富?何者为美?何者为陋?"可以说,苏轼主要是以庄子的思想来看待、理解陆龟蒙的《杞菊赋》,他在"安贫"上是继承了陆龟蒙赋的基本意旨的,但没有表现出陆龟蒙"乐道"的儒家思想。苏轼还有一篇《唐陆鲁望砚铭》,也提到了陆龟蒙甘于食杞菊,"噫!先生隐唐馀,甘杞菊,老樵渔。"铭文中也没有正面发扬陆龟蒙赋中"乐道"的一面。当然,我们也可以说"安贫"之中即有"乐道"的因素,但是从表述上说,苏轼毕竟没有突出地表现这一面。由于苏轼的崇高地位,他揄扬陆龟蒙《杞菊赋》中"安贫"的思想,很快就产生了很大的反响。首先是其弟苏辙,在闲居期间乐于过清贫的生活,也学陆龟蒙种植杞菊以供饮馔。其《寓居六咏》(其一)云:"手植天随菊,晨添苜蓿盘。……素食旧所愧,长斋今未阑。"随后,如张耒、释道潜、唐庚等,他们都是与苏轼关系很密切的朋友、门生,也都与苏轼一样,以食用杞菊来表现自己或是赞扬朋友的贫士生活。张耒《食杞》诗中云:"江皋春气足,佳杞番新苗。老柄饱霜露,馀滋发柯条。……老臞天随翁,空斧无脂膏。饭成资尔荐,长对颜家瓢。"释道潜《李荣期秀才杞菊赋》诗云:"草木助盘餐,纷纷固多品。精英唯竹萌,香软独楮菌。杞菊于其间,甘清有馀韵。达人忘口体,道德自滋润。天随与东坡,风味实相近。"不仅赞扬了食杞菊而甘于清贫的精神,而且还指出了这种精神发自陆龟蒙,而为苏轼所继承发扬。自己的友人也是效法他们,"开轩植杞菊,澹泊守定分。"以杞菊表现其甘于清贫的思想情操和精神风貌。唐庚在《食笋行》中云:"君不见天随先生贫食杞,又不见关中客卿肥刺齿。丰俭不齐皆有礼,彼此相忘聊尔耳。"显然也是肯定"天随先生贫食杞"的甘贫清雅的精神。从此以后,文学史上在歌吟、赞美陆龟蒙散诞高雅的隐逸时,敬慕其食杞菊的清贫生活,以及由此所表现出来的贫士精神,就成为一个重要的组成部分。历代文人对此津津乐道,施诸诗、词、文,不胜枚举。"食杞菊"俨然成了贫士生活的写照和精神的象征,成为陶渊明之后又一个隐士的典范。

陆龟蒙的隐逸生活,到了晚年,可谓贫病交加,潦倒困顿。他的赋中,表现自己的人生失意,遭遇不偶,甚至是自我哀怜,伤心绝望的感情也是很突出的。如咏物赋《秋虫赋》,泛咏各种"秋虫"的鸣声,赋的开头云:"败壁秋立,昆虫夜鸣。蚕者角者,旁行却行。一不知其诡状,空太息于繁声。"对于它们的鸣声,作者的感受是"音呜咽而难平",这些让我们感觉到它似乎对后来欧阳修《秋声赋》在写作上有所启发。如果具体体会"秋虫"的鸣声,当然有悲伤愁苦、激愤慷慨等等情状的不同,但是它们都偏于凄切哀伤还是比较一致的。这种情调,与壮士高人悲叹不幸的情感,是很容易产生共鸣的,所以,赋的最后说:"朱云没后,方知直气无前;冯衍归来,始叹高才不遇。"虽是感慨历史人物的不幸,不妨也认为其中包含着作者对自己人生际遇的悲叹。陆龟蒙叙写这种情感最有名、最重要的赋,当然是《自怜赋》(并序)。阅读小序,可知该赋是作者"抱病三年于衡泌之下"后所作,大概是作者去世前不久的作品。① 序中重点是说明自己贫病交加,所以"自怜","既贫且疾,能无忧乎？忧既盈矣,能无伤乎？人既伤矣,能不夺寿乎？是不蒙五福,偏被六极者也。谁其怜之？作《自怜赋》。"赋的旨意,已在序文里点明了,而赋文则集中在描写刻画、比喻形容贫病交加的形象,如"首蓬松以半散,支棘脊而枯疏","行则左人而右杖,卧则夕拥而晨袪"云云,倍见其衰老病残的情状,令人不忍。但作者至死不改其关心国家大事,坚持儒家道统,同情天下苍生的思想,赋中云:"布衣之说,无由自通乎天子。""布衣之说,无由自通乎宰执。""苟吾君吾相不闻天下之名言,则苍生何由弛械而去絷？""大舜禹兮张孔姬,吾其庶几。托斯文之赴诉,冀君子之攸宜。苟家聋户塞之弗瘳,老死空山兮已而。"在"自怜"的时候,发出这样的呼声,显然可见陆龟蒙即使到了不久于人世的晚年,又是一位长期隐居的"江湖散人",却仍然怀抱着关心社会现实,关切民生的强烈感情,这就大大地提高了他的"自怜"的思想意义和精神品格,也就升华了此赋的思想境界。

---

① 傅璇琮主编:《唐五代文学编年史·晚唐卷》(唐僖宗广明二年),辽海出版社1998年版。

陆龟蒙的赋里，有一篇很特殊的作品，这就是《求志赋》（并序）。虽然萧统在《文选》第十四、十五、十六卷里，将班固《幽通赋》、张衡《思玄赋》、《归田赋》、潘岳《闲居赋》诸篇，归纳为"志"一类的思想内容，但说到底它们还主要是就作者的人生遭际感怀抒情。而陆龟蒙《求志赋》与之则完全不同，他真正是以赋言"志"的，表述自己的学说思想。这个"志"的内核，是指我国古代传统的哲学思想，即经学思想，属于人们认识世界、理解世界的世界观和方法论。以表达这样的思想作赋，确实是很独特的。陆龟蒙《求志赋》的序文说："孔子曰：'吾志在《春秋》。'予以求圣人之志，莫尚乎《春秋》。得文通陆先生所纂之书，伏而诵之，作《求志赋》。"陆龟蒙直接说他的"求志"，就是继承孔子"志在《春秋》"的思想，就是要在《春秋》里探寻、学习、继承"圣人之志"。同时，他又明确地指出了自己学习《春秋》，是以诵读、接受中唐的《春秋》学者陆淳（谥文通先生）所著《春秋集传纂例》一书为指归。这就将自己"志在《春秋》"，远承孔子的思想渊源，近学陆淳所建立的《春秋》学派的学说旨趣，表述得十分清晰明确了。赋文就是对以上所说的旨意进行叙写。其重点，则是将陆淳《春秋》学思想作了深入的揭示，所以阐述得更为详尽，形容得更为具体生动。赋中云："乐夫子之《春秋》，病三家之若雠。得啖、赵之与损益，然后知微旨之可求。乃服膺而诵之，见圣人之远猷。"这几句话概括地说明了陆淳《春秋》学的主要特色。他不满《春秋》"三传（《左氏传》、《公羊传》、《谷梁传》）"，而要直接在《春秋》经文中探索阐释《春秋》的思想，这就是所谓的"舍传求经"[1]的《春秋》学思想。他的这一新的《春秋》学思想师承了他的两位老师啖助、赵匡，从而形成中晚唐新的《春秋》学派，对宋代以后的《春秋》学产生了很大的影响。此赋不仅是了解陆龟蒙学说思想的重要文献，而且是了解中晚唐《春秋》学派传承关系较早较权威的文献，在《春秋》学史上具有一定的意义。

同情劳动人民的疾苦，批判统治者残酷地剥削劳动人民，谴责统治者的奢侈，在陆龟蒙的赋里也有突出的表现。这一点，对于赋的表现题材可说是一个很有意义的突破和提高。《蚕赋》（并序）是这方面的代表

---

[1]《四库全书总目》卷二十六《春秋集传纂例提要》，中华书局1965年版。

作。序文云:"荀卿子有《蚕赋》,杨泉亦为之。皆言蚕有功于世,不斥其祸于民也。余激而为之,极言其不可,能无意乎?诗人《硕鼠》之刺,于是乎在。"荀子、杨泉称述"蚕有功于世"并不错,由蚕成茧,茧缫丝,丝织成绸,对人类社会的功用很大。陆龟蒙此赋的视角则完全与之不同。显然,他想到的是广大劳动大众并没有享用到华美精致的丝绸,它们都被少数的权豪势要所占有了。所以他"激而为之","能无意乎?"其实就是另有旨意,这个旨意就是"诗人《硕鼠》之刺",借用《诗经》的典故,深刻而辛辣地揭露、批判、谴责统治者的巧取豪夺,穷奢极欲,而造成劳动人民衣不遮体,饥寒交迫,穷困而死。赋很短,全文如下:

> 古民之衣,或羽或皮。无得无丧,其游熙熙。艺麻绩纻,官初喜窥。十夺四五,民心乃离。逮蚕之生,茧厚丝美。机杼经纬,龙鸾葩卉。官涎益馋,尽取而已。呜呼!既豢而烹,蚕实病此。伐桑灭蚕,民不冻死。

阅读赋文就很清楚,陆龟蒙只是借荀子、杨泉的赋发感慨,而不是真的将矛头指向蚕;他所指斥的是那些看到"茧厚丝美"、经过"机杼经纬",织成"龙鸾葩卉"的精美丝绸,就贪得无厌的权势者,"官涎益馋,尽取而已。"他们的穷奢极欲,当然造成普通人民的饥寒交迫。在陆龟蒙看来,权势者的欲望是没有办法制止的,劳动者的穷困当然也就无法解决了。激愤之下,他就说:"伐桑灭蚕,民不冻死。"干脆砍掉桑树,消灭了蚕,老百姓都去过"古民"的生活,反而不至于被冻死。这是无可奈何,又极其愤怒的沉痛之词。陆龟蒙批判统治者的豪奢生活,同情人民疾苦的思想,常常会在赋里有所触发而产生,如《春寒赋》,由统治者的声色享乐,联想到"朝耕犊战,暮泊蚕僵。民病如此,君何勿伤?"痛斥其不顾人民生活贫穷困苦。《田舍赋》也由自己的退隐归田,生活艰窘,进而深入地揭露了统治者剥削人民,造成人民流离失所,社会动荡的事实,"上多而下寡,不胜剥丧之苦,转徙盗聚而充炽焉。"虽然此类作品的重点不是批判统治者,反映民生疾苦,但是它们涉笔所及,却是有着深刻的思想意义和社会意义的,值得我们注意。

善于针砭时俗,表现出强烈的爱憎感情,也是陆龟蒙赋的重要内

容。其代表作是《后虱赋》(并序)。此赋是有感于李商隐《虱赋》,作翻案文章。李商隐《虱赋》很短,全文如下:

> 亦气而孕,亦卵而成,晨鹥露鹤,不如其生。汝职惟啮,而不善啮。回臭而多,跖香而绝。

虽是咏物赋,却全然不对吟咏对象虱子作具体生动的描写刻画、比喻形容,而只是简单地点出它也是秉气而生。赋的重心在后四句,即抓住虱子咬人来写。但在李商隐看来,虱子实是"不善啮"。贫穷而贤能的颜回,有很多虱子会去咬他,而靠暴力偷盗的盗跖,却因为富有而没有虱子去咬他。显然作者是借题发挥,以虱子作比喻,辛辣地讽刺那些欺侮贫穷而畏惧豪强的人,痛斥社会上的这种丑恶现象。而陆龟蒙则另有感慨,他要针砭社会上的另一种丑行,反而对虱子大加赞赏,而指出那些小人连虱子都不如。陆龟蒙《后虱赋》的小序云:

> 余读玉溪生《虱赋》,有就颜避跖之叹,似未知虱,赋以矫之。

明确地说他作《后虱赋》,就是要矫正李商隐《虱赋》中感叹虱子"就颜避跖"之说,即虱子只咬贫穷的人,而不咬富有的人。对虱子持一种嘲讽、批判的态度。陆龟蒙抓住虱子在一定的环境中不"变颜色"的习性来写,赞扬虱子始终如一的秉性。《后虱赋》全文如下:

> 衣缁守白,发华守黑。不为物迁,是有常德。小人趋时,必变颜色。弃瘠逐腴,乃虱之贼。

如果虱子在人的身上,人穿的是黑衣服,但虱子仍然保持其白色;如果虱子在人的头上,人的黑发变成白发以后,而虱子还是保持其黑色,它不因为环境有所改变而改变,所以,虱子是具有始终不"变颜色"的德行的,应当给予称赞。社会上的"小人"连虱子也不如,他们趋时逐利,阿谀奉承,必然随时改变颜色态度,犹如变色龙。虱子并不挑肥拣瘦,它所要的就是吸血而已。所以,不变色是虱子的正常情形。清人徐树谷、徐炯对此有很好的阐释,他们说:"鲁望偶有感于趋时之辈,朝卫暮霍,惟疏鬣奎蹄之间望走,以为广宫安室者,故作《后虱赋》以矫之。盖虱惟去身就头,故白变为黑。苟常在衣中,则衣虽黑而虱仍白矣。惟去头就身,故黑化为白。苟常在发中,则发虽白而虱仍黑矣。彼趋时变色,弃瘠涵腴者,岂非恒德之贼乎!意各有存,辞遂相反,非真谓义山不知虱也。"①于此可见,陆龟蒙对于社会上那些追逐名利的小人,朝三暮四,随时改变自己的身段和态度的变色龙们,是极为鄙夷不屑的,讽刺他们还不如虱子"有常德",激愤之情,溢于言表。

陆龟蒙的《苔赋》(并序)也是一篇翻案之作。作为咏物之作,他不满南朝梁代诗人江淹的《苔赋》,虽然描写刻画客观的物态,穷形尽妍,但没有什么激风励俗的社会作用,所以重作了这篇同名赋。小序云:"文通尝著《青苔赋》,尽苔之状则有之,惩劝之道,雅未闻也。如此则化下风上之旨废,因复为之,以嗣其声云。"陆龟蒙的《苔赋》,确如序文所说,也对"苔"从名物到形色进行了叙写,体物很明白简洁,但其重点则在于以"苔"作为兴寄的寓托物,一方面展开叙写"卫霍天姻,金张世族"的豪贵之家,豪华的住宅可与皇宫相媲美,极尽奢侈享乐之事,但到头来"失宠以亡家",门庭萧条凄凉,到处都长满了碧绿的青苔,显现出了一派残破颓败的景象,不能不令人唏嘘不已。另一方面,又叙写"林塘疏薄,衡泌萧条"的隐士,住在简陋的茅屋里,有妻子儿女相伴,以读书习画为乐;时而参加农事劳动,生活非常萧散自由。尽管面对的是"沟通坏堑,路隔危桥。雨霁而鱼惊沫聚,霜干则鹤刷翎飘"的山野景象,过的是"窗欹瘿枕,树挂风瓢"的简朴生活,"青苔"也时时就在眼前,但它所显现的却是散诞潇洒、闲适清雅的生活情趣。同样是"青苔",豪贵之人和隐逸之士在面对它的时候,却是前者悲哀,后者逸乐两种完全不同的境况和情状,正如赋末所附的歌谣所云:"苔之生兮自若,人有哀兮有乐。"这就可以让我们体会到,此赋的作意,在于借"苔"抒慨,感叹富贵无常,而贫贱晏乐;讽刺追求豪奢生活的权贵,而赞赏"遗形而放志",过清贫生活的隐士。咏物赋而具有针砭时俗,激励清风的思想意义,是符合陆龟蒙作为一名"江湖散人"的情趣的。这也就是陆龟蒙在此赋的小序里所说的"惩劝之道"的基本意思吧。

陆龟蒙这种针砭时俗的精神,在他在《麈尾赋》里也有所表现。此

---

① 引自刘学锴、余恕诚:《李商隐文编年校注》,中华书局2002年版。

赋虚构谢安、桓温、王珣、郗鉴四人在一起清谈论道，而支遁加入进来，挥麈讲论《逍遥》大义，令诸人折服的故事。文中提倡高士的清雅闲逸的襟怀，而对阴暗肮脏的士风进行了严厉的斥责，"世路崎衺，藏诡掩瑕。阳矜庄而静嘿，暗奔竞而喧哗。贞襟柴棘，奥旨泥沙。"小人之心难测，作者作了尖刻的嘲讽和强烈的批判。

陆龟蒙还有几篇赋，其思想和社会意义要显得薄弱一些。如《书带草赋》，就"书带草"细长形如书带的本题之意，称美其与书籍为伴，为文人墨客所喜爱的趣尚，"我则惟亲志士，每聚流萤，""倘遇翰林主人之一顾，庶长保乎青青。"全赋就是表达这种文士的情怀。《中酒赋》因醉酒而表现了两极的情绪。一方面痛恨"中酒"，因此，"有臧卓擒灵之伍，我愿先登；有殪狄放杜之君，臣能执御。聿当拔酒树，平曲封，搉仲槛，碎尧钟。先刊美禄，次削真龙。"另一方面，又舍弃不了饮酒的雅兴，"不然，吾将受教于圣贤，敢忘欢伯？"总之，此赋也就是借酒表达雅士兴致而已。《采药赋》(并序)并不是写隐士深山采药，也与小序所说不相合，"药，白芷也。香草美人，得此比之君子，定情属思，聊为赋云。"赋中并没有效法《离骚》香草美人以比君子的象征比兴写法，而主要就是表现才子佳人的丽情绮思而已。

以上，我们对陆龟蒙的赋作了比较详细的评介，主要是因为长期以来人们对陆龟蒙的诗歌、散文关注较多，而对其赋则很少关注的缘故。其实，就其题材取向和思想意义而言，陆龟蒙的赋不输于任何一位唐代的其他赋家，可谓是唐代作赋的高手之一。陆龟蒙的赋，在写作上也是很有特色的。如他现存的十六篇赋，有一半是赋与小序并行，这不仅让我们看到了二者在构思和结构安排上互相补充，互为深化的特点，而且还往往向我们对作赋的主旨作了提示，以便我们更好地了解并理解作者作赋的旨意，披文以入情。又如陆龟蒙善于描写刻画，比喻形容，赋作中有不少精彩的段落，我们在上文的评述中曾引述了几段文字，为省篇幅，此处从略了。再如陆龟蒙的赋里名言警句很多，前代论者往往很激赏，这也是他的赋的一个成就。"朋比薰炉，留连绣帐。"(《春寒赋》)"窗欹癭枕，树挂风瓢。"(《苔赋》)"飘飘拂拂，悄悄怅怅。""铢铢减瘵，斛斛量愁。""恨锁疏烟，衿披远水。"(《微凉赋》)"有臧卓擒灵之伍，我愿先登;有殪狄放杜之君,臣能执御。"(《中酒赋》)"眷恋于芳辰美景","留连于清风明月。"(《幽居赋》)"先寒束缩,后燠敷舒"(《自怜赋》)等等,都是显例。再如在体式和句式上,陆龟蒙的赋也是多种多样的。如他的《后虱赋》、《蚕赋》、《杞菊赋》所用的四言句式,是诗体赋的形式。他有多篇赋在体式上属于律赋,句式上以四六句式为主,但也善于杂用其他多种句式,使得气机流畅,体势明快。如《幽居赋》、《采药赋》、《书带草赋》、《秋虫赋》等篇,浏览一下,即可知在四六句式以外,六四、七四、四七等句式也不乏其例。诵读起来,非常畅达。清人浦铣称赞为"精工雕锼,不遗馀力。"①是有道理的。其实,陆龟蒙的赋,在体式、句式上的特点远不止此。我们认为,它还有一个明显的特点,就是大量散文化的句式入赋,使其赋在体势上更自由流动,表达内容上更准确明白。《自怜赋》云:"苟吾君吾相不闻天下之名言,则苍生何由弛械而去絷?《传》云:'垂之空言,不若存之于事业。'"《田舍赋》:"所以国靡凶荒之储,家乏完坚之器,人阙有无之备,莫不由是。加以上多而下寡,不胜剥丧之苦,转徙盗聚而充炽焉。呜呼!吾丁此时,何以遄之?"不用再多举例,仅此二例,似乎就可以说明陆龟蒙在赋的创作上,确实是注意到将散文的体式、句法运用于赋体中的,增加了赋在表达方式上的多样化,使赋更有表现力。陆龟蒙的赋在艺术上是很有成就的,值得我们进一步地研究、探讨。

---

① 浦铣:《历代赋话》附《复小斋赋话》下卷,上海古籍出版社 2007 年校证本。

第七章　陆龟蒙的学术思想

陆龟蒙是晚唐的诗文大家,同时也是一位思想家。他的学术思想,既具有那个社会时代思想界的主流意识,同时也有他个人的鲜明特色。陆龟蒙对当时尊经重道的思想,有着明确的继承与发扬,但也有一些他自己的探索与创获;尤其是他的学术思想还与他的生平遭际有着很大的关系,表现出一定的创造性,值得给予重视。本章分五节,对陆龟蒙的学术思想作一简要的概说。

第一节　尊《六经》与经史之分

陆龟蒙自幼攻读《六经》,对《六经》有深入的了解与研究。五代时孙光宪《北梦琐言》(卷六)《陆龟蒙追赠》条云:"龟蒙幼精六籍,弱冠攻文。"《新唐书》(卷一百九十六)《陆龟蒙传》也说:"龟蒙少高放,通《六经》大义,尤明《春秋》。"这样的评述,可以说都是从陆龟蒙的自述概括而来。陆龟蒙在《复友生论文书》中说:

> 况仆少不攻文章,止读古圣人书。……我自小读《六经》、孟轲、扬雄之文,颇有熟者。

《甫里先生传》又说:

> 先生性野逸,无羁检。好读古圣人书,探六籍,识大义。就中乐《春秋》,抉摘微旨。

在小品文《蟹志》中还说：

> 呜呼！（蟹）穗而朝其魁，不近于义耶？舍沮洳而之江海，自微而务著，不近于智耶？今之学者，始得百家小说，而不知孟轲、荀、扬氏之道；或知之又不汲汲于圣人之言，求大中之要，何也？百家小说，沮洳也；孟轲、荀、扬氏，圣人之渎也；六籍者，圣人之海也。苟不能舍沮洳而求渎，由渎以至于海，是人之智反出于水虫下，能不悲夫！吾是以志其蟹。

以上几条材料，可以说明，陆龟蒙不断地反复强调，志学必须尊崇《六经》，尊经明道才是正确的志学之路。《蟹志》一文，先是大段记叙蟹"执一穗以朝其魁，然后从其所之，""指江而奔"，又"自江复趋于海"的生活习性，然后进行设警，发挥义理，说了我们上引的一段话，意在强调"志学"要尊经，只有尊经，才好像是在海洋中遨游，获得丰富的知识，深刻的思想，成为有学问、有思想的人。正如清人平步青在《霞外攟屑》（卷七上）所说的那样："人读此志，以为志蟹，犹志学云耳。"

正因为陆龟蒙自幼精读《六经》，通晓其旨意，加之他又有探索的精神，所以，他对《六经》在思想学说上的功能和作用，有着一番自己的独到见解。这就是他开创了有关《六经》有经有史的"经、史之分"的观点，在思想史上产生过比较深远的影响。他的这一理论阐述，主要就见载于其《复友生论文书》一文中。其中一大段云：

> 我自小读《六经》、孟轲、扬雄之书，颇有熟者。求文之指趣规矩，无出于此。及子、史则曰：子近经，经语古而微。书语直而浅。所言子近经，近何经？史近书，近何书？《书》则记言之史也。史近《春秋》，《春秋》则记事之史也。六籍中独《诗》、《书》、《易象》与鲁《春秋》经圣人之手耳。《礼》、《乐》二记虽载圣人之法，近出二戴，未能通一纯实，故时有龃龉不安者，盖汉代诸儒争撰而献之，求购金耳。记言记事，参错前后，曰经曰史，未可定其体也。案经解则悉谓之经，区而别之，则《诗》、《易》为经。《书》与《春秋》实史耳。学者不当混而言之。且经解之篇句名出于戴圣耳。王辅嗣因之以《易》为经。杜元凯因之以《春秋》为经。孔子曰："学《诗》乎？学

《礼》乎？《易》之为书也，原始要终，知我以《春秋》，罪我以《春秋》。"未尝称经，称经非圣人旨也。盖出于周公。谥法，经纬天地曰文故也。有经书必有纬书。圣人既作经，亦当作纬。譬犹织也，经而不纬可成幅乎？纬者且非圣人之书，则经亦后人名之耳，非圣人之旨明矣。苟以六籍谓之经，习而称之可也。指司马迁、班固之书谓之史，何不思之甚乎！六籍之内，有经有史，何必下及子长、孟坚，然后谓之史乎？孔子曰："吾犹及史之阙文也。"又曰："质胜文则野，文胜质则史。"又曰："董狐，古之良史也。"此则笔之曲直，体之是非，圣人悉论而辨之矣！岂须班、马而后言史哉！以《诗》、《易》为经，以《书》、《春秋》为史，足矣，无待于外也。

陆龟蒙对儒家的《六经》，即《诗经》、《尚书》、《易》、《春秋》、《礼记》、《乐记》六部书，进行了仔细的辨析，认为古人本来无所谓经的说法；至于史的说法，则不必下移至《史记》、《汉书》，先秦早就有史的名称了。如果一定要在《六经》中区分经、史的话，他的结论就是"以《诗》、《易》为经，以《书》、《春秋》为史，足矣。"这种对《六经》区分为经、史这样的两大类，实际上是对《六经》作为历史文献的性质的一种认识。这在学术研究上是有创新意义的，它提出了一个新颖的观点，在我国古代的经学史、史学史上都是具有学术意义的。清代《古文渊鉴》（正集卷四十）选录陆龟蒙《复友生论文书》，并加评语曰："穿贯源流，博综理趣，殆从穷经味道中来，故绝无揣摩影响之语。英曰：班固《汉书》以《六经》为《六艺》，此谓六籍内兼经、史。《左氏传》亦称左史，岂始于班、马哉！"认为陆龟蒙是在深入探究《六经》旨意的基础上，提出了他的《六经》中"有经有史"的观点，是一种创获，有着理论上创新的意义。

陆龟蒙关于《六经》之中"有经有史"的说法，引起了后代学者的注意和重视。宋代王应麟认为他的这一说法，也是有所沿袭而发展来的。《困学纪闻》（卷八）《经说》中云：

《文中子·王道篇》言："圣人述史三焉，《书》、《诗》、《春秋》，三者同出于一。"陆龟蒙《复友生论文书》谓："六籍之中，有经有史。《礼》、《诗》、《易》为经，《书》、《春秋》实史耳。"

所引文字与我们现在通行本有异同,况且王应麟是节引陆龟蒙原文。尤要注意的是,他的引文中将"《礼》"放在"为经"之中,是版本异文问题。北宋《唐文粹》录陆龟蒙此文,是没有"《礼》"的。关键是我们要认识到,陆龟蒙关于《六经》之中"有经有史"的说法,应该是受到了文中子王通的启发和影响的。这是不错的。在陆龟蒙对儒家道统的认识里,他是很推崇文中子王通的。但王通没有陆龟蒙说的如此清晰明确。所以,影响后世,仍然是以陆龟蒙的说法最为显著。明何良俊就认为陆龟蒙开创了《六经》"有经有史"的说法,并在此基础上加以推衍拓展。他在《四友斋丛说》(卷五)云:

> 史之与经,上古元无所分。如《尚书》之《尧典》,即陶唐氏之史也;其《舜典》,即有虞氏之史也;《大禹》、《皋陶谟》、《益稷》、《禹贡》,即有夏氏之史也;《汤誓》、《伊训》、《太甲》、《说命》、《盘庚》,即有殷氏之史也;《泰誓》、《牧誓》、《武成》、《金縢》、《洛诰》、《君牙》、《君奭》诸篇,即有周氏之史也。孔子修书,取之为经,则谓之经。及太史公作《史记》,取之以为五帝三王纪,则又谓之史,何尝有定名耶?陆鲁望曰:"《书》则记言之史,《春秋》则记事之史也。记言记事,前后参差,曰经曰史,未可定其体也。案经解则悉谓之经。区而别之,则《诗》、《易》为经,《书》与《春秋》实史耳。"及孔子删定《六经》之后,天下不复有经矣。

陆龟蒙说《六经》之中,"有经有史",何良俊则详言经其实就是史,更进一步地说,在孔子删定《六经》之后,"不复有经",那么,《六经》不就都是史了吗?所以,何良俊阐扬陆龟蒙的说法,从《六经》中"有经有史"推衍为"不复有经",这就直接启发了清人袁枚、章学诚等人"《六经》皆史"的说法。章学诚《文史通义》(卷一)首篇《易教上》开篇第一句话就是"《六经》,皆史也。"而倒溯过来,我们也就可以理解陆龟蒙首倡《六经》"有经有史"在古代思想学说上的意义和影响了。

第二节 儒家道统论

儒家作为我国古代思想史上最悠久,影响也最为深远的传统的主流思想,虽然历代都有巨大而深刻的变化,但一脉相承的衣钵还是存在的。如果没有这一条主流线索,它也就不可能成为影响乃至主导一代又一代社会意识形态的思想体系了。这种上下一线的传承关系构成了儒家思想发展史,它在儒家思想的话语中称之为"道统"。较早较清晰地勾勒出儒家道统论的人,当推中唐韩愈。他在《原道》一文中说:"尧以是传之舜,舜以是传之禹,禹以是传之汤,汤以是传之文、武、周公,文、武、周公传之孔子,孔子传之孟轲,轲之死,不得其传焉。荀与扬也,择焉而不精,语焉而不详。"

韩愈所提出的这一儒家道统论,在当时可谓是空前的。他将儒家之"道"视为要在社会治理中得以实施的理念,以及实施后出现的理想的社会状态,所以,他就从尧、舜、禹、汤一路往下,构建起了儒家的道德体系。陆龟蒙的儒家道统论,可以说是继承韩愈而来。虽然他没有像韩愈这样一次性地就作出如此完整的表述,但是,他的有关表述结合起来,也还是相当全面地表明了他的观点。在某些方面,他对韩愈的说法还有些细化和深化。《奉和因赠至一百四十言》诗云:

> 孔圣铸颜事,垂之千载馀。
> 其间王道乖,化作荆榛墟。
> 天必授贤哲,为时攻蔦除。
> 轲雄骨已朽,百氏徒趑趄。
> 近者韩文公,首为开辟锄。
> 夫子又继起,阴霾终廓如。
> 蒐得万古遗,裁成十编书。

这首诗是陆龟蒙与皮日休、崔璐的唱和诗,载于《松陵集》(卷二),是咸通十一年的作品。在陆龟蒙的作品里,这是较早谈儒家道统问题。他列出了从孔子到颜渊,再到孟轲、扬雄,直至韩愈、皮日休的一条儒家道统的发展脉络。将韩愈纳入在儒家道统里,陆龟蒙可谓是较早的人。皮日休与陆龟蒙有相同的看法。参皮日休《请韩文公配飨太学书》一文。此处陆龟蒙将皮日休列入,一方面是抬誉,另一方面也要看到皮日休是大力揄扬儒家道统的人,列入也未尝不可。陆龟蒙《村夜》(其一)诗云:

> 无名升甲乙,有志扶荀孟。
> 守道希今贤,为文通古圣。

《村夜》(其二)又云:

> 平生守仁义,所疾唯狙诈。
> 上诵周孔书,沈湎至酣藉。
> 岂无致君术,尧舜驰上下。

如果我们再将这两段诗中所提到的尧、舜、周、孔、孟、荀等,与前面所引诗统观,大体上与韩愈所说的儒家道统并没有多少差别了。但是,有一点是应该指出的,韩愈对荀子和扬雄都有所不满,说他们"择焉而不精,语焉而不详"。而陆龟蒙则对扬雄很推崇,从无贬抑之词,我们将在本章第四节《敬佩扬雄的思想》探讨这一问题。不过,对于荀子,陆龟蒙赞同韩愈的意见,而且说得更为具体。如他在《复友生论文书》里说:"我自小读《六经》、孟轲、扬雄之书,颇有熟者,"在孟、扬之间不提荀子,可能不是无意间的忽略,而是有意识地略去不论。这从他的《大儒评》一文可以看出端倪。文中说:"世以孟轲氏、荀卿子为大儒。观其书,不悖孔子之道,非儒而何?然李斯尝学于荀卿,入秦干始皇,帝并天下,用为左丞相。一旦诱诸生聚而坑之,……(李斯)反焚灭《诗》、《书》,坑杀儒士,为不仁也甚矣。不知不仁,孰谓况贤?知而传之以道,是昧观德也。虽斯具五刑,而荀卿得称大儒乎?吾以为不如孟轲。"可见,陆龟蒙对荀子很不满,提出了尖锐的批评,认为他虽是"大儒",但不如孟子,将他在儒家道统中等而下之了。

还有一点也是必须提及的,就是陆龟蒙在韩愈提出的儒家道统体系中,在扬雄之后,韩愈之前,添加了隋末的大儒王通。从现存他谈到这一问题的文章写作年代看,他比皮日休的言论要迟,应是受到了皮日休的影响。陆龟蒙《送豆卢处士谒宗丞相序》云：

> 龟蒙读扬雄所为书,知《太玄》准《易》,《法言》准《论语》。晚得文中子王先生《中说》,又知其书与《法言》相类。……文中子生于隋代,知圣人之道不行,归河、汾间,修先王之业,九年而功就,谓之王氏《六经》。门徒弟子有若钜鹿魏公、清河房公、京兆杜公、代郡李公,咸北面称师,受王佐之道。隋亡,文中子没,门人归于唐,尽发文中子所授之道,左右其治。太宗每叹曰:"魏征教吾功业如此,恨不使封德彝见之。"逮今十八圣,举其君必曰太宗,举其相必曰房、魏。上下之心,耻不及贞观,则生人受赐足矣。岂非文中子之道始塞而终通乎?

这段话大意有两点:一是将文中子王通视作扬雄之后又一儒家代表人物。结合上文所谈的有关陆龟蒙道统论的看法,显然,王通是扬雄之后、韩愈之前的大儒。二是称颂王通的儒家理念传授给门弟子,通过门弟子在唐初的社会政治实践而获成功,实现了天下太平。这符合儒家历来的传之"空言"不如付诸实事的观念。陆龟蒙这篇文章作于晚年的乾符六年。文中说"晚得文中子王先生《中说》",我们认为:陆龟蒙大约是在咸通十一年与皮日休在松陵唱和期间,拜读了《皮子文薮》以后,从该书中认识到王通及其《中说》在儒家道统中的重要性。陆龟蒙曾说:"蒐得万古遗,裁成十编书。""十编书"就是指皮日休的十卷《皮子文薮》而言。我们读一下皮日休《皮子文薮》(卷四)《文中子碑》,就会发现陆龟蒙对王通的说法,与皮日休相一致。再读该书卷九《请韩文公配飨太学书》,文中云:"夫孟子、荀卿翼传孔道,以至于文中子。……文中之道,旷百祀而得室授者,惟昌黎文公焉。"可以看出,陆龟蒙儒家道统论中的文中子王通,是深受皮日休的启发和影响的。这也再一次说明,皮、陆交契不是简单地表现在文学创作上,而是有着深刻的思想根源和学术背景的。

第三节　尊崇《春秋》

陆龟蒙自幼精读儒家《六经》,其中,对《春秋》的研究探讨尤为深入,晓明其大义。这在本章第一节开头所引陆龟蒙《甫里先生传》和《新唐书·陆龟蒙传》中,已经说得十分清楚了。所以,陆龟蒙在学术思想上尊崇《春秋》是一个十分突出的特点。

陆龟蒙尊崇《春秋》,是中唐以来《春秋》学盛行,成为当时思想界一个主流学派的具体表现。这个学派的代表人物是啖助、赵匡、陆质（淳）,其代表性著作是陆质的《春秋啖赵集传纂例》。这个学派形成过程中有着师徒传授的密切关系,而其聚合地就是润州丹阳（今江苏镇江市下辖县级丹阳市）。① 这在地缘上和人事上都与陆龟蒙也有着很密切的关系。陆龟蒙少年时期曾在溧阳县（今江苏省溧阳市）生活过一段时间,到了青年时期,在咸通四年,又在润州度过一段岁月,当然去过丹阳,还留下了《丹阳道中寄友生》、《荆溪早景题杜秀才水亭》等诗。这些生活经历,极有可能使陆龟蒙早年就了解了啖助、赵匡、陆质传授《春秋》学的学说活动。况且,陆质又是吴郡（苏州）人,更是陆龟蒙的同乡前辈。陆龟蒙尊崇《春秋》,直接继承的就是陆质的学术观点。陆龟蒙为此写了专文,作出了明确的阐述。这就是陆龟蒙的《求志赋》（并序）。序文云:

> 孔子曰:"吾志在《春秋》。"予以求圣人之志,莫尚乎《春秋》。得文通陆先生所纂之书,伏而诵之,作《求志赋》。

这段话,既强调了陆龟蒙自己尊崇《春秋》是远祖孔子之意,将其正当性、合理性、崇高性提到了无以复加的程度。同时也明白表述了自己近承陆质《春秋》学的关系。"文通陆先生"就是指陆质,谥文通先生。"所纂之书"当即指陆质的《春秋啖赵集传纂例》。

我们应当再补充说明的一点是,陆龟蒙尊崇《春秋》,还与他仰慕文

---

① 参查屏球:《唐学与唐诗——中晚唐诗风的一种文化考察》第一章《〈春秋〉学派与中唐学风新变过程》第二节《啖、赵、陆学派的形成与传学过程考论》,商务印书馆2000年版。

中子王通的理论,以及他自己整理、研究中唐又一《春秋》学的著作,即韩滉《春秋通例》,有着重大的关系。陆龟蒙《甫里先生传》云:

> 好读古圣人书,探六籍,识大义。就中乐《春秋》,抉摘微旨。见文中子王仲淹所为书,云"三《传》作而《春秋》散",深以为然。贞元中,韩晋公尝著《春秋通例》,刻之于石。(原注:今在润州文宣王庙)意以是学为己任,而颠倒、漫漶、翳塞,无一通者,殆将百年,人不敢指斥疵颣。先生恐疑误后学,乃书摭而辨之。

"文中子王仲淹所为书",即指王通《中说》。王通是陆龟蒙儒家道统论里的一个重要人物,对王通尊《春秋》之论,陆龟蒙深以为然,大加称赞。"韩晋公",即韩滉,曾封晋国公,世称韩晋公。曾任浙西观察使,在润州(今江苏省镇江市)做地方长官,所以他有关《春秋》学的著作《春秋通例》在此被刻石,保存在润州文宣王庙,即地方的学宫中。陆龟蒙显然也对他的《春秋》学的理论深表赞同,才会对他的石刻遗著进行整理,作出辨正。以上几条,都是陆龟蒙自述的《春秋》学的渊源承传的资料。有鉴于此,我们当然可以肯定地说,陆龟蒙尊崇《春秋》,从思想渊源上说,就是继承了王通、韩滉,直至陆质的《春秋》学理论。这个理论体系精要之处在哪里呢?上引一段话里,陆龟蒙所引述的王通"三《传》作而《春秋》散"这一句话,已经点出核心之处了,那就是主张直接研究、探讨《春秋》,而不要以《左氏传》、《谷梁传》、《公羊传》所谓的"三《传》"来释《春秋》经。王通的这一理论主张,开启了中晚唐《春秋》学的主导思想特点,得到了啖助、赵匡以至陆质的发扬,也是陆龟蒙服膺这一思想体系的精要所在,正如陆龟蒙在《求志赋》中所说:

> 呜呼!师道之不存,安能尽识乎疑义?乐夫子之《春秋》,病三家之若仇。得啖、赵疏凿之与损益,然后知微旨之可求。乃服膺而诵之,见圣人之远猷。……况先生之指规,屹波涛而畔岸。虽懵昧而不开,亦思之而过半。范武子曰:"君子之于《春秋》也,没身而已矣。"吾谓斯言之不诞。

可见,陆质的《春秋》学,是在转益、吸纳啖助、赵匡之说的基础上形成的,其理论上的最大特色,就是直接取用《春秋》,而不再以三《传》释《春秋》。如果是以三《传》释《春秋》，那是三《传》之说而不是《春秋》了。对此，陆龟蒙在《复友生论文书》里说得很清楚：

> 引《左氏传》语，征左氏叙事，悉谓之《春秋》，可乎？《春秋》，大典也，举凡例而褒贬之，非周公之法所及者，酌在夫子之心，故游、夏不能措一辞。若区区于叙事，则鲁国之史官耳，孰谓之《春秋》哉！

《春秋》的褒贬之法，直书不隐的原则，都是"酌在夫子之心"，连孔子的得意弟子子游、子夏都没有办法进行解说，何况他人？所以，《左传》是《左传》，它不是《春秋》。推而广之，《春秋》三《传》当然不能代替《春秋》。陆龟蒙已经将遗弃三《传》，直接以《春秋》探求古圣人之旨意，作为自己的理论自觉了。他能够以《春秋》之法来观察、解释现实生活中的社会现象。如他的《记稻鼠》一文，记叙乾符六年吴兴（今浙江湖州市）大旱，稻子结穗很少，而"群鼠夜出，啮而僵之"。旱灾加鼠害，庄稼歉收，而"官督户责"，横征暴敛，"赋索愈急"，使人民在凶荒之年，又受官府重赋之害，人民只好"流浪转徙，聚而为盗"。陆龟蒙说他将这种情况如实地记叙出来，毫无隐讳，直书其事，就是学习《春秋》的笔法。所以，文章最后说："《春秋》：螽蝝生，大有年，皆书。是圣人于丰凶不隐之验也。余学《春秋》，又亲蒙其灾，于是乎记。"陆龟蒙以他的这篇文章，让我们很真切地看到了他尊崇《春秋》的学术思想的实际情形。

第四节　敬佩扬雄的思想

陆龟蒙十分敬慕扬雄，他早年就学习、钻研过扬雄的代表性著作《太玄》。其《寄友》诗云：

> 敬亭寒夜溪声里，同听先生讲《太玄》。

"敬亭"，敬亭山，在宣州（今安徽省宣城市）。我们在本书上编第二章第二节《大中后期的宣州之游》里，推测陆龟蒙在不足二十岁时，有一次游历宣州的经历。此诗中所写，就是后来寄怀友人，回忆当年在宣州期间与友人一道"听先生讲《太玄》"的情形。尽管我们不知道这位"先生"是谁,但陆龟蒙早年就随师学习、研究过扬雄的《太玄》,应当是可以肯定的事情。我们通过后来陆龟蒙与皮日休唱和诗里所透露出来的一些信息,可知陆龟蒙对扬雄很敬慕,对扬雄的著作深有研究,乃至于皮日休说他愿意随之受教了。皮日休《屣步访鲁望不遇》诗云:

> 拟受《太玄》今不遇,可怜遗恨似侯芭。

这里皮日休所说的话,似不应理解为纯为朋友之间的客套话,溢美之词。他表示愿意像扬雄的门生侯芭从扬雄问学一样,来从陆龟蒙学习《太玄》,亲受其炙。我们在本章第二节《儒家道统论》里已经评述过,陆龟蒙认为扬雄是儒家道统体系里的一个重要人物,也曾谈到过他自言"读扬雄所为书","我自小读《六经》、孟轲、扬雄之书,颇有熟者。"从以上种种因素看,陆龟蒙从很年轻的时候,就很敬重、仰慕扬雄,对其学问颇为倾倒,视其为儒家学说传承发展中的代表人物之一。

但是,随着陆龟蒙人生际遇的变化,他选择了一条隐逸江湖的生活道路,而且他的隐逸生活是比较贫困潦倒,艰窘不幸的。在这样一个历程中,我们发现,在陆龟蒙的作品中,并没有很显著很明确的从儒家理论上阐述扬雄思想的诗文,而所有的则主要是作为一个失志文人的价值取向和精神寄托,这就是失意的牢骚和固穷守贫的精神。当然,这在思想渊源和行事举止上,也是完全符合孔子所提倡的"君子固穷"的儒家思想传统的。陆龟蒙对于扬雄的这种选取,一般都不是学理上的阐述,而是情感上的表达,所以,他大多是通过以言怀抒情为长的诗歌形式表现出来。"方推《洪范》畴,更念《太玄》首"(《读〈襄阳耆旧传〉,因作诗五百言寄皮袭美》),叹息时运不济,固持穷困之志。"但喜醉还醒,岂知玄尚白"(《奉和袭美二游诗·任诗》),表达不求仕,不贪富,只求诗酒人生的意愿。"沈约便图籍,扬雄重酒肴"(《奉和袭美新秋言怀三十韵次韵》),意思是说扬雄在贫困中著《太玄》,甘于澹泊,作者追求与扬雄在精神上的契合。"陈王轻暖如相遗,免致衰荷效《广骚》"(《袭美将以绿罽为赠,因成四韵》),其中含有穷困艰难而引发牢骚的含意。"鹢鹅惨于冰,陆立怀所适。斯人道仍闷,不得不鸣呃"(《杂讽九首·鹢鹅惨于冰》),用扬雄《太玄·次二》语,喻志士不遇的悲哀叹息。"骏骨正牵盐,《玄》文终覆酱。嗟今多赤舌,见善唯蔽谤"(《纪事》),感叹扬雄穷困著书而不为世用,反遭人嘲笑诽谤。"莫问盐车骏,谁看酱瓿《玄》。黄金如可化,相近买云泉"(《袭美见题郊居十首因次韵》其八),更是叹息扬雄在穷愁潦倒中悉心撰著《太玄》,却为世人所弃。"欲穷《玄》,凤未白;欲怀仙,鲸尚隔"(《奉酬苦雨见寄》),慨叹自己学习《太玄》未能达到极致,也就是表达穷愁潦倒之意。以上这些诗篇里的摘句,虽然它们在表达上的侧重点各自有所不同,但是其中心点还是很清楚的,那就是在表现扬雄的穷困潦倒、失意不幸中,寄托了作者对自己遭遇的深切慨叹。这一点,陆龟蒙在晚年的一篇文章中,可以说作了总结性的表达。《送豆卢处士谒宗丞相序》:

  道之始塞而终通,子云轧轧不足当也。何者?子云仕于西汉末,属莽、贤用事时,皆进符命取宠。雄独默默,以穷愁著书,病不得免。人希至其门,止一侯巴从之受《太玄》、《法言》而已。

通读文章即可以看清楚,"道"的"始塞"而又未能"终通"的,是扬雄,陆龟蒙自己的时运又何尝不是如此呢?

  陆龟蒙对扬雄的吟咏,主要集中在异代同悲的遭际境遇上,但是也还涉及其他一些方面。如表现社会动乱,"红蚕缘枯桑,青茧大如瓮"(《杂讽九首·红蚕缘枯桑》);愤慨谗言害人,"赤舌可烧城,谗邪易为伍。诗人病之甚,敢俾投豺虎。"甚至还有的是赞扬扬雄的文才,如"《玄》堪教凤集,书好换鹅群"(《次张广文见酬和诗韵》),或者是称赞扬雄的学问,表现出陆龟蒙"以学问为诗"的追求,如《奉和暇日独处见寄》:"三千馀岁上下古,八十一家文字奇"(原注:司马迁书上下纪三千馀岁,《太玄》有八十一家,率多奇字)。再如《酬袭美见寄海蟹》:"自是扬雄知郭索,且非何胤敢餦餭"(原注:《太玄经》:"蟹之郭索。")。如此等等,不一而足。

  最后,我们要简单点明一下的是,唐人在谈论儒家道统体系的时候,在他们的心目中,扬雄往往是占有一定的位置的,视他为一位重要的大儒,但在诗、文作品中,就其价值取向上来说,则又往往如同陆龟蒙一样,主要将其视作一个才士不遇的典型。这就是唐人认知中的扬雄。

第五节　对佛禅和仙道的看法

唐代实行比较开放的思想文化政策,对儒、佛、道三家思想,一般情况下,并不特别地排斥某一家。当然,儒家思想还是占据着主导和核心地位的。正是由于这样的思想文化背景,人们可以同时研习儒、佛、道三家思想,在社会生活实践中,这三家思想也会交互出现在一个人的身上。陆龟蒙的情况正是如此。陆龟蒙自幼熟读《六经》、孟轲、扬雄的著述,尤为精通《春秋》,所受的是很典型的儒家传统思想的教育,一辈子服膺儒家道统。但是,他对于佛、道思想,尤其是道家思想,还是有着相当程度的接受的。

陆龟蒙对佛家思想的接受似乎比较肤浅,而且集中表现在松陵唱和时期与皮日休的唱和之作里。我们注意到,这些诗篇,差不多都是皮日休原唱,陆龟蒙酬答,如《和开元寺客省早景即事次韵》、《同袭美游北禅院》、《和咏开元寺佛钵》、《和夏景无事因怀章、来二上人二首次韵》、《和宿报恩寺水阁》、《和访寂上人不遇》、《和腊后送内大德从勗游天台》等等。还可以再列举一些诗篇。它们一般就是叙写游览寺院、寻访僧人的活动,由此也抒发一些禅悦情怀,如,"灵香散尽禅家接,谁共殷源《小品》同。""今日有情消未得,欲将名理问思光。""早晚却还宗炳社,夜深风雪对禅床。""应缘南国尽南宗,欲访灵溪路暗通"等等,这些都说不上对于佛禅有多么虔敬。相反,我们却读到了一些陆龟蒙对佛教徒大造寺院楼台亭阁,广占良田山水的不满和批评。如《奉和袭美太湖诗二十首·孤园寺》:

> 浮屠从西来,事者极梁武。
> 岩幽与水曲,结构无遗土。
> 穷山林干尽,竭海珠玑聚。
> 况即侍从臣,敢爱烟波坞。

> 幡条玉龙扣,殿角金虬舞。
> 释子厌楼台,生人露风雨。

诗虽然就梁武帝萧衍佞佛而言,但实际上表现了陆龟蒙对于佛教徒广建寺庙楼台,拥有庄园良田的不满;而对普通的劳动大众无屋可居,过着贫穷艰难的生活,则表达了同情之心。于此,我们可以看到,陆龟蒙对佛教是比较疏离的,对于佛禅思想接受的程度也比较浅。

陆龟蒙对于道教以及神仙家思想则表现得比较醉心。早在青年时代,他游历京口时期,应该就前往茅山,有过一段学道的经历。他的《句曲山朝真词二首》(并序)说:"岁三月十八日,句曲山道士朝真于大茅峰上,学神仙有至自千万里者。余距华阳洞天程止信宿,尘约不能遂去。"虽说他未能赶上此次道家"朝真"的大日子,但他祈向学道的意愿还是表白得很清楚的。他的《寄茅山何道士》诗云:"况是曾同宿,相违便隔年。"回忆了自己曾在茅山学道,与何道士同住一室的情形,应视作是他学道茅山的自我表白。后来,到了松陵唱和时期,与他写作寺院、僧人的诗篇基本上是酬答皮日休不同,有关道教的重要诗篇,往往则是由他原唱。最能够说明这一点的是两首七律。《上元日道室焚修寄袭美》诗云:

> 将排凤节分阶易,欲校龙书下笔难。
> 唯有世尘中小兆,夜来心拜七星坛。

在农历正月十五日这个道教的节日"上元日",陆龟蒙在自己专门的"道室"里"焚修",即焚香斋戒,以接神灵,可谓对道教是很虔诚的了。《四月十五日道室书事寄袭美》:

> 乌饭新炊芼臛香,道家斋日以为常。
> 月苗杯举存三洞,云蕊函开叩九章。
> 一掬阳泉堪作雨,数铢秋石欲成霜。
> 可中值著雷平信,为觅闲眠苦竹床。

道家以每月十五日为"斋日",而以正月十五日、七月十五日、十月十五日为最隆重,分别称之为上元、中元、下元,合称为"三元斋"。此诗所写虽是一般的正常斋日,但作者对斋戒之事的认真,情感的专注投入,则可谓是对道教的虔诚笃信了。

更应当论及的是,陆龟蒙在松陵唱和时期对于道教以及神仙家的吟咏,往往与他此时期已决心隐居,托迹烟霞,浪迹江湖有着极大的关系。他也非常善于将道家、神仙家的特点与自己的隐逸结合起来,表达自己脱略世俗、潇洒疏放的生活。"过此即神宫,虚堂惬云性"(《奉和太湖诗二十首·三宿神景宫》)。"先生炼飞精,羽化成翩翩"(《奉和太湖诗二十首·以毛公泉献大谏清河公》)。"俗状既能遗,尘冠聊以卸。无情走声利,有志依闲暇"(《奉和太湖诗二十首·上真观》)。"仙因隐居信,禅是净名教"(《奉和袭美新秋言怀三十韵次韵》)。"频抛俗物心还爽,远忆幽期目剩瞑。见买偏舟束《真诰》,手披仙语任扬舲"(《寄怀华阳道士》)。此类诗句,在陆龟蒙的诗歌里还有不少。我们可以看到,它们将学道、学神仙家与隐逸江湖、脱离世俗相融合在一起,互为补充深化了。在生活方式和生活态度上,道家的轻举飘逸,与隐士的洒脱疏放是很接近的。陆龟蒙的上述诗篇,正可谓巧妙别致地表现了二者之间相互可以关联契合之处。

第八章　陆龟蒙的文学理论

陆龟蒙不仅是晚唐时期的诗、文大家,颇有建树的思想家,而且是一位富有创见的文学理论家。他继承前代的文学理论成果,尤其是儒家的"诗教"理论,进行发掘,作出了不少的创新发展;更为值得重视的是,他根据自己的身世遭遇、创作经历,还提出了若干新颖的理论观点,对后代的文学理论产生过一定的影响。本章将就其中比较重要的几个方面作出简要的论列。

第一节　全面、深刻的诗歌发展史论

陆龟蒙生活在晚唐时代。从《诗经》算起,中国古代诗歌史已有一千多年,有唐一代也有了二百多年的发展。中唐以来已有不少诗人如韩愈《荐士》、白居易《与元九书》、元稹《唐故工部员外郎杜君墓系铭序》等诗、文,已经对这样的一个诗歌发展史作过初步的总结。陆龟蒙是在与皮日休的唱和中,比较详细系统地提出了对于自《诗经》以来直至南北朝时期诗歌发展史的见解的。他的《袭美先辈以龟蒙所献五百言,既蒙见和,复示荣唱,至于千字,提奖之重,蔑有称实,再抒鄙怀,用伸酬谢》诗云:

粤若鲁圣出,正当周德衰。
……
歌凤时不偶,竟使空言垂。

首赞五十《易》，又删三百《诗》。
遂令篇籍光，可并日月姿。
……
及汉文景后，鸿生方铷揆。
簸扬尧舜后，反作三代吹。
飘飖四百载，左右为藩篱。
邺下曹父子，猎贤甚熊罴。
发论若霞驳，裁诗如锦摛。
徐王应刘辈，头角咸相衰。
或有妙绝赏，或为独步推。
或许润色美，或嫌诋诃痴。
倏以中利病，且非混醇醨。
雅当乎魏文，丽矣哉陈思。
不肯少选妄，恐贻后世嗤。
吾祖仗才力，革车蒙虎皮。
手持一白旄，直向文场麾。
轻若脱钳钛，豁如抽瘣廆。
精钢不足利，腰裹何劳追。
大可罩山岳，微堪析毫厘。
十体免负赘，百家咸起痿。
争入鬼神奥，不容天地私。
一篇迈华藻，万古无孑遗。
刻鹄尚未已，雕龙奋而为。
刘生吐英辩，上下穷高卑。
下臻宋与齐，上指轩从羲。
岂但标《八索》，殆将包两仪。
人谣洞野老，骚怨明湘累。
立本以致诘，驱宏来抵巇。
清如朔雪严，缓若春烟羸。
或欲开户牖，或将饰缨緌。

> 虽非猗天剑,亦是囊中锥。
> 皆由内史意,致得东莞词。
> 梁元尽索虏,后主终亡隋。
> 哀音但浮脆,岂望分雄雌。

陆龟蒙对先唐诗歌史的这一段论述,其实是对皮日休的回应和细化。皮日休在他的《陆鲁望昨以五百言见贻,过有褒美,内揣庸陋,弥增愧悚,因成一千言,上述吾唐文物之盛,次叙相得之欢,亦迭和之微旨也》诗中说:"三辰至精气,生自苍颉前。粤从有文字,精气铢于绵。所以扬墨后,文词纵横颠。元狩富材术,建安俨英贤。厥祀四百馀,作者如排穿。五马渡江日,群鱼食蒲年。大风荡天地,万阵黄须膻。纵有命世才,不如一空拳。后至陈隋世,得之拘而缳。太浮如潋滟,太细如蚍蚰。太乱如靡靡,太轻如芊芊。流之为酗醟,变之为游畋。百足虽云众,不救杀马蚿。君臣作降虏,北走如獂狿。所以文字妖,致其国朝迁。"这与上引陆龟蒙的诗在时序上是一致的,评价的对象也相同,其看法也大体上相近,说明皮、陆二人对先唐诗歌史的观点是接近的。陆龟蒙的这一大段议论,主要从辨析、称赞文学史上几宗重大的文论的角度,表现了他的文学史观,展示了一部诗歌史的基本发展线索。诗中以孔子删《诗》、曹丕《典论·论文》、陆机《文赋》、刘勰《文心雕龙》为四个重点,一方面指出了它们在文论上的建树、特色和意义,另一方面也将诗歌史的基本发展过程勾勒了出来,颇为新颖深刻。这段评述文字本身也说明了陆龟蒙对唐代以前的诗歌史,是进行过深入的学习和探究的。对此,他在本诗中也作过交代,"归来蠹编上,得以含情窥。抗韵吟比雅,覃思念桧摘。因知昭明前,剖石呈清琪。又嗟昭明后,败叶埋芳蕤。纵有月旦评,未能天下知。"他以昭明太子及《文选》为标示,对此前此后的文学史作出了优劣高下的价值判断。"昭明前"犹如石中之玉,"昭明后"则是"败叶"埋没了"芳蕤",实际上就是赞扬"昭明前"的文学遗产是优秀的,而批评"昭明后"则是低劣的。进一步地说,这是对《诗经》以来,经两汉、建安直至晋、宋诗歌的肯定,而对齐、梁以来的"宫体诗"则是否定的。

陆龟蒙对先唐诗歌史的评价标准和价值判断,如果我们要用他的

另一段话将其揭示出来,应当是不会相差太远的。他的《和过张祜处士丹阳故居诗》(并序)云:

> 张祜,字承吉。元和中,作宫体小诗,辞曲艳发,当时轻薄之流,能其才,合噪得誉。及老大,稍窥建安风格,诵《乐府录》,知作者本意。短篇大章,往往间出,谏讽怨谲,时与"六义"相左右。

在这段话里,陆龟蒙尖锐批评张祜早年"辞曲艳发",柔丽淫靡的"宫体小诗",实际上也是他对梁、陈宫体诗的一种贬抑和否定的态度。称赞"建安风格"、"乐府录",说这些作品具有"谏讽怨谲"的作用,而与《诗经》的"风雅比兴"的"'六义'相左右",声气互通,则是肯定建安诗歌、乐府诗符合"诗教"的基本规范。这一褒一贬,可以说就是陆龟蒙有关先唐诗歌史的价值取向的基本准则,反映的也是唐人在这一问题上的主导思想倾向。

对于二百年来的唐诗发展史,陆龟蒙也发表过他的看法。不过,他是皮日休在与其唱和的诗歌里,先对唐诗的发展史作出梳理、表述之后,才发表意见的。如果说上文所谈的先唐诗歌史是皮略陆详的话,而论唐代诗歌史则恰好相反,是皮详陆略。为了将这个问题说清楚,我们不妨先把皮日休的一段话抄录在下面,以资参考。皮日休《鲁望昨以五百言见贻,过有褒美,内揣庸陋,弥增愧悚,因成一千言,上述吾唐文物之盛,次叙相得之欢,亦迭和之微旨也》诗云:

> 吾唐革其弊,取士将科县。
> 文星下为人,洪秀密于缏。
> 大开紫宸扉,来者皆详延。
> 日晏朝不罢,龙姿欢辑辑。
> 于焉周道反,由是秦法悛。
> 射洪陈子昂,其声亦喧阗。
> 惜哉不得时,将奋犹拘挛。
> 玉垒李太白,铜堤孟浩然。
> 李宽包堪舆,孟澹凝漪涟。
> 埋骨采石圹,留神鹿门埏。

> 俾其羁旅死，实觉天地屦。
> 猗欤子美思，不尽如转辁。
> 纵为三十车，一字不可捐。
> 既作风雅主，遂司歌咏权。
> 谁知耒阳土，埋却真神仙。
> 当于李杜际，名辈或溯沿。
> 良御非异马，由弓非他弦。
> 其物无同异，其人有媸妍。
> 自开元至今，宗社纷如烟。
> 爽若沉瀣英，高如昆仑巅。
> 百家嚣浮说，诸子率寓篇。
> 筑之为京观，解之为牲牷。
> 各持天地维，率意东西牵。
> 竞抵元化首，争扼真宰咽。

皮日休这一大段诗，将唐代诗歌特别是从初唐到盛唐的诗歌发展作了极为精辟而深刻的概括。他强调初唐时陈子昂对唐诗发展的重要贡献，然后笔墨就集中评价开元之际唐诗高度的繁荣发展上。他认为李白、杜甫是这一时期的诗歌最高成就的突出代表，对他们十分敬佩，给予了极高的赞扬，而又非常同情他们不幸的身世遭遇。同时，他认为，孟浩然是可以与李、杜鼎足而立的重要诗人。他的这个观点，与其《郢州孟亭记》的说法是一致的，可以参照。对"自开元至今"的中晚唐诗歌，虽然没有就具体作家进行评述，但指出这一时期"宗匠"众多，特色各异，风格多样，异彩纷呈，作出了非常生动形象的初步勾勒。通过这一大段诗，可以看出，皮日休对到他的生活时代为止二百多年的唐诗发展，不仅有总体上的基本认识，还有深入细致、具体详尽的研究，对其纵向的发展脉络，横向的交叉联系，都谙熟于心。对每个时期的诗歌风貌和每位重要诗人的风格特色，也都有深刻的认识和精到的概括。这无疑可以说是最早的一篇"唐诗小史"。

陆龟蒙对皮日休有关唐诗发展史的论述极表赞同。他在《袭美先辈以龟蒙所献五百言，既蒙见和，复示荣唱，至于千字，提奖之重，蔑有称实,再抒鄙怀,用伸酬谢》诗中,一方面以比较简要的文字概略地描述了唐诗发展的基本线索,同时又对皮日休有关唐诗发展的评述给予了高度称赞。他在诗中说:

> 吾唐揖让初,陛列森谷夔。
> 作颂媲吉甫,直言过祖伊。
> 明皇践中日,墨客肩参差。
> 岳净秀擢削,海寒光陆离。
> 皆能取穴凤,尽拟乘云螭。
> 迩来二十祀,俊造相追随。

这一段就是陆龟蒙对于唐诗发展的概述。以形象化的比喻写出了唐诗发展中名家辈出,各有建树,繁荣兴盛,异彩纷呈的情形。他就皮日休对唐诗发展史的详述进行了概括性的赞扬,他在诗中又说:

> 鹿门先生才,大小无不怡。
> 就彼六籍内,说诗直解颐。
> 顾我迷未远,开怀溃其疑。
> 初看凿本源,渐乃疏旁支。
> 邃古派泛滥,皇朝光赫曦。
> 揣摩是非际,一一如襟期。
> 李杜气不易,孟陈节难移。
> 信知君子言,可并神明著。

陆龟蒙充分肯定皮日休对诗歌史的认识和评说,特别是他对唐代诗歌史的论析,"凿本源"、"疏旁支",对其之所以繁荣的原因,流派纷呈、百花齐放的局面,代表作家如李白、杜甫、陈子昂、孟浩然的巨大成就和突出贡献,都说得十分确切深刻。陆龟蒙对唐诗发展的基本看法,与皮日休基本一致,他才会如此高度地赞成皮日休的论述。生当晚唐的陆龟蒙,在与皮日休的诗歌唱和中,回顾、总结了唐诗的发展,提出了自己的基本看法,大体上勾勒出了唐诗的概貌,表现了比较卓越的见解,具有一定的文学史和诗歌史的意义,值得我们给予充分的肯定。

第二节　尊经明道、风雅美刺与提倡形式声韵之美

陆龟蒙的一生,在事功上一无成就,他把自己的精力投入到诗、文创作上,则取得了极大的成就。他曾在《甫里先生传》中说自己"少攻歌诗,欲与造物者争柄,遇事辄变化不一"。可见他学习诗歌创作是下过一番苦功夫的。再从陆龟蒙的自述看,他学诗的道路,在唐代的社会里应该说是既正统又正确的。他在《村夜二篇》(其一)诗中说:"诗从骚雅得,字向铅椠正。"《奉和袭美初夏游楞伽精舍次韵》诗又说:"近得《风》、《雅》情,聊将圣贤度。"都表明他在诗歌创作上,由《诗》、《骚》入门,继承风雅精神的基本做法,这可以说是我国古代的人们在诗歌创作上最合乎规范要求的道路。走上这一条诗歌创作道路,就其思想层面来说,它必然要求诗人接受儒家所谓古圣贤的思想精神。陆龟蒙也正是如此。我们在上一章讨论陆龟蒙的学术思想时,反复多次地强调过,他从小攻读儒家《六经》,尤明《春秋》大义。在读经和作文的关系上,他甚至说:"况仆少不攻文章,止读古圣人书。"[①]正足以说明他在思想上是主张尊经明道的。进一步在文道关系上,陆龟蒙遵循"文以明道"的原则。他在《村夜二篇》(其一)诗中说:"守道希昔贤,为文通古圣。"他要通过写诗作文来揄扬宣导"古圣"亦即儒家的思想。《村夜二篇》(其二)又说:"上诵周孔书,沈溟至酣藉。"再一次表达了相同的意见。

陆龟蒙生当晚唐的衰世,又未曾做官,主要在隐居中度过一生,但这并没有使他放弃用诗文来宣扬儒道的努力。他在《复友生论文书》里说:"读古圣人书,诵其言,思行其道而未得者也。"既然没有办法去躬行"古圣人"的思想,那么,通过诗文来宣扬"古圣人"思想,就是唯一而必然的选择了。所以,他又说:"我自小读《六经》、孟轲、扬雄之书,颇有熟者。求文之指趣规矩,无出于此。"他认为写文章就是在儒家思想中寻找"指趣规矩",当然就是"文以明道"。而这种"尊经重道"、"文以明道",就诗、文而言,往往直接体现的就是儒家的"诗教"说。"诗教"说的

---

① 陆龟蒙:《复友生论文书》,《甫里先生文集》卷十八,《四部丛刊》本。

核心,就是宣传儒道。所以,陆龟蒙的"文道"观,实际上与"诗教"说是相一致的。他在《苔赋》(并序)中的一段话,正可以印证这一点:

> 江文通尝著《青苔赋》,置苔之状则有,惩劝之道雅未闻也。如此,则化下风上之旨废。因复为之,以嗣其声云。

陆龟蒙站在儒家"诗教"的立场上,批评南朝梁代诗人江淹的《青苔赋》状物虽然工致贴切,但没有"惩劝之道",即没有惩戒不好的东西,褒扬美好的东西,废弃了儒家"诗教"的"化下风上之旨"。他再写一篇同样的《苔赋》,就是要纠正江淹的缺失,通过咏物来阐扬儒家"诗教"。儒家历来认为赋是"古诗之流",陆龟蒙要求以儒家"诗教"说作为作赋的指导原则,正是他在诗歌理论上主张"文以明道",坚持"诗教"说的表现。

陆龟蒙"文以明道"的观点,还突出地体现在他以"建安风格"为标准,对"宫体小诗"的批判上。他的《和过张祜处士丹阳故居》(并序)中说:

> 张祜,字承吉。元和中,作宫体小诗,辞曲艳发,当时轻薄之流能其才,合噪得誉。及老大,稍窥建安风格,诵《乐府录》,知作者本意。短章大篇,往往间出,谏讽怨谲,时与"六义"相左右。

这一段话,陆龟蒙批评"宫体小诗,辞曲艳发",而称赞"建安风格",这一贬一褒的立论原则,就是他说的"谏讽怨谲"、"六义"。显然,他是运用儒家"诗教"说来评述张祜早年和"老大"两个时期的诗歌创作的思想内容。这是对具体作家的评述,但是它是基于对诗歌史的基本认识的,而这个基本认识,又是建立在"文以明道"的前提之下,所以,他最终还是选择儒家论诗的不二法则"诗教"说为其立论的基础。这在中国古代诗论中,可谓是一条主导了两千馀年的诗学纲领。正因为如此,前人对陆龟蒙的这一段话很重视,给予了很高的评价。翁方纲说"此段论诗极有见"。① 赵执信说:"唐贤诗学,类有师承,非如后人第凭意见。窃尝求其深切著明者,莫如陆鲁望之叙张祜处士也,曰:'元和中,作宫体小诗,辞曲艳发。轻薄之流,合噪得誉。及老大,稍窥建安风格,诵《乐府录》,知

---

① 翁方纲:《石洲诗话》卷二,人民文学出版社1981年版。

作者本意。短章大篇，往往间出，谏讽怨谲，时与六义相左右。善题目佳境，言不可刊置别处，此为才子之最也。'观此，可知唐人之所尚，其本领亦略可窥矣。不此之循，而蔽于严羽呓语，何哉？"[1]他们所称道的，实际上都是指陆龟蒙论诗，抓住了"文以明道"和"诗教"说这个根本性的诗学纲领。

儒家"诗教"说，还有一个基本的原则，就是诗歌要能够起到既有赞扬美化，又有讽刺批判的作用的"美刺"说，它意味着对种种社会现象或现实政治问题有所美化和怨刺。陆龟蒙的诗歌理论，也秉承此说。由于陆龟蒙生当国运衰微的晚唐，加之他又是一位命运多舛、困顿潦倒、落拓江湖的隐士，所以，他对儒家"诗教"说中有关"美刺"这一传统观点的承袭，侧重于"刺"的方面。如他在《纪事》诗中说："感物动牢愁，愤时频肮脏。"诗人有感于国运危殆，政治衰颓，社会混乱，民生艰难，愤切时事之情十分强烈。这种"愤时"的"肮脏"情怀，激昂慷慨，痛切淋漓，其实就是对社会的一种批判精神。它似乎没有什么理论色彩，更多的是诗人的职志，但它无疑是符合儒家"诗教"的"美刺"说的。"美刺"这"刺"，既有对统治者的规讽劝谏，更多的是侧重于对谗佞小人的指斥、愤慨上。陆龟蒙对此有着明确的认识。他在上引《纪事》诗中还说："嗟今多赤舌，见善惟蔽谤。"痛斥社会上一些巧舌如簧、惹是生非，惯于造谣诽谤、混淆视听、危害社会的人。在《杂讽九首》（其四）中他又说："赤舌可烧城，谗佞易为伍。诗人疾之甚，取俾投豺虎。"对谗佞之人表现了极为强烈的愤慨之情。化用《诗经·小雅·巷伯》"取彼谮人，投畀豺虎"的句子，使其批判、谴责更富有深广的意蕴，诗人的爱憎态度非常鲜明，体现了儒家"诗教"的怨刺观。也就是说，上述的诸诗例，在思想上符合儒家"诗教"说里的"刺"的要求，在理论上则表明陆龟蒙对"美刺"说的坚持和肯定。揆之于陆龟蒙的《笠泽丛书》，其中有许多诗文，都可以说是以"美刺"说的立场、态度创作出来的。它们对当时国家的战乱、社会的动荡、人民生活的艰难、统治者的腐败无能，往往都是以一种揭露、谴责、愤慨的情怀，作出深切强烈的表达，具有较为深刻的现实性，

---

[1] 赵执信：《谈龙录》，人民文学出版社1981年版。

体现了儒家"诗教"干预社会、积极入世的进步意义。陆龟蒙在理论认识和创作实践上都坚持儒家"诗教"的"美刺"说,我们还可以列举他的《蚕赋》(并序)来加以说明:

> 荀卿子有《蚕赋》,杨泉亦为之,皆言蚕有功于后世,不斥其祸于民也。余激而赋之,极言其不可,能无意乎?诗人《硕鼠》之刺,于是乎在。

荀子、杨泉的《蚕赋》,"皆言蚕有功于世,"这是对所写对象的"美",即赞美其社会的功用;而陆龟蒙说他所作的《蚕赋》是"激而为之","斥其祸于民,"则是"刺",讥刺、谴责所写对象。他并指出这种"刺"是"诗人《硕鼠》之刺"的精神,就是儒家"诗教"说里"美刺"的"刺"的意蕴。值得注意的是,陆龟蒙运用"诗人《硕鼠》之刺"来阐释"刺",赋予了它批判、谴责统治者贪得无厌,强占民脂民膏,而劳动人民则贫穷困顿,衣食无着,即"斥其祸于民"的旨意。于是,他在赋中激愤地说:"伐桑灭蚕,民不冻死。"砍掉桑树,消灭了蚕的存在,老百姓反而不会被冻死。这样,就将谴责统治者的贪婪,与深切地同情民生疾苦统一了起来,比起一般意义上的"刺"更有社会意义和思想意义。所以,陆龟蒙的《蚕赋》是一篇体现了儒家"诗教"的"刺"的作品,而它的"序"则从理论认识上阐释了"刺"的含义。而它们二者的结合所体现出的思想内容,对传统的"美刺"说有一定的挖掘深化的理论意义。

以上,我们就陆龟蒙在文学创作上主张尊经明道,提倡风雅美刺作了一番论述。可以看出,他在这些方面与唐代文学家的主流看法是一致的。有时为了强调尊经明道对于诗文创作的绝对主导地位和支配作用,陆龟蒙说自己"少不攻文章,止读古圣人书。"①但这并不能就说陆龟蒙只重视尊经明道,而不讲求诗文创作中的语言表达和形式技巧问题。相反,陆龟蒙作为一个文学家,他强调尊经明道,并没有因此而轻视、忽略写作中的自身问题。应该说,他既重"道"也重"文",是一位"文""道"并重的"文道"观论者、文学家。他在《复友生论文书》中就此问题发表

---

① 陆龟蒙:《复友生论文书》,《甫里先生文集》卷十八,《四部丛刊》本。

过比较详尽的议论：

> 前所谓自小读《六经》，颇有熟者，求文之旨趣、规矩不出于此，妄矣。又一篇云：某文也，某辞也。文既与辞异，是文优而辞劣耳。《易》之《系辞》曰："齐大小者存乎卦，辩吉凶者存乎辞。"故卦有大小，辞有险易。又曰："观其《彖辞》，则思过半矣。"《易》之辞非文耶？《书》载帝庸作歌，皋陶赓歌。又歌《五子之歌》，皆辞也。《书》之辞非文耶？属辞比事，《春秋》教也。《春秋》之辞非文矣？《礼》有朝聘之辞，娶夫人之辞，《乐》有登荐之辞。《礼》、《乐》之辞非文矣？《法言》曰：杨、墨塞路，孟子辞而辟之，廓如也。孟子之辞非文耶？《太玄》之辞也，沈以穷乎下，浮以际乎上，扬雄之辞非文耶？是知文者辞之总，辞者文之用。"天之将丧斯文也，天之将丧斯文也。"不当称辞。古人之辞，多不当称文。文、辞一也，但所适有宜耳，何异途云之哉！

这一大段话，无非是说《六经》、孟子、扬雄的文章，是属于"辞"，但又何尝不是"文"呢？"文"是各种各样的文章的总称，而"辞"则是言词表达，文体形式上的具体运用。各家之"辞"是各有自己的特色的。它们的多种多样，纷纭复杂，也就构成了"文"的丰富性。陆龟蒙强调各家之"辞"都属于"文"，实际上是认为"辞"的丰富多样性是合理的，各家的"辞"就应该有自己的特色，这样才能造成"文"的百花齐放的绮丽奇观。

在中国古代文学，特别是古代诗歌中，讲究声韵和谐协调之美，是文学家们对诗歌创作的一个基本要求和规范。道学家的尊道，往往比较贬低、排斥诗歌的声韵之美。文学家虽然尊道，但是却不忽略甚至是非常追求诗歌的声韵之美的。陆龟蒙正是这样的一位文学家。他在《复友生论文书》又说：

> 夫声成文谓之音。五音克谐，然后中律度。故《舜典》曰："诗言志，歌永言。声依永，律和声。"声之不和病也。去其病则和，和则动天地、感鬼神，反不得谓之文乎？

陆龟蒙明确强调诗歌创作要讲究形式上的声韵和谐之美，"声之不和病也。"如果诗歌没有具备形式格律、声韵和谐之美，那么，它是存在着毛病和不足的。无论诗歌的题材内容、思想意义有着多么重大的、正面的意义,形式上的声韵之美还是仍然要着意追求的。只有在作品的思想内容和形式技巧上都达到了很高的境界,两者相得益彰,才能创造出名篇佳作。

第三节　重视反映民生疾苦的乐府民歌诗论

陆龟蒙在诗文创作上,反映民生疾苦,是其中的一个重要方面。尤其是《笠泽丛书》里的作品,诗歌和杂体小品文,都有很多同情在战乱和灾荒背景下农民疾苦的篇章,情怀激烈,艺术力量也很强烈。在理论认识上,陆龟蒙早在松陵唱和时期,就对古代儒家"诗教"中"采诗"、"陈诗"的说法颇为赞同。如他在《读〈襄阳耆旧传〉,因作诗五百言寄皮袭美》诗中说:"陈诗采风俗,学古穷篆籀。"又在《奉酬袭美先辈吴中苦雨一百韵见寄》诗中说:"歌谣非大雅,捃摭为小说。上可补薰莐,傍堪跐芽蘖。方当卖罾罩,尽以易纸札。"这些都表明了陆龟蒙对民间歌谣的充分肯定。而在古代儒家"诗教"的理论范畴里,正是这些民间歌谣,真实地反映了各地的风俗民情,表现了人民大众的生活状况和愿望要求,而重视民间歌谣,就是为了了解基层社会和重视反映民生疾苦的现实主义传统。《礼记·王制篇》说:"命太师陈诗以观民风。"《孔丛子·巡狩篇》说:"古者天子命史采诗谣,以观民风。"到了班固《汉书·艺文志》云:"故古有采诗之官,王者所以观风俗,知得失,自考正也。"作出了比较权威的归纳和解说。陆龟蒙上引诗句的含义,与此是一脉相承的,它的精神实质就是表现了对民歌的重视,以及对民生疾苦的关切。

在陆龟蒙的《笠泽丛书》里,他对乐府民歌以及其关注现实、同情民生疾苦的现实主义精神的重视,就更加突出了。如由五首诗组成的《五歌》,是其中比较重要的乐府民歌体的作品。它们有的反映民生疾苦,有的叙写诗人自己的日常生活,也有的写农家生活,甚至还有的就是描写刻画农村风物,一句话,所写的都是朴实真切的乡村情事。其内容上的多样性,体现了陆龟蒙对由古代乐府民歌所形成的"缘事而发"的基

本精神和基本特征,是把握得比较准确的。这组诗前面的"序",对此作出了理论上的说明:

> 古者"歌咏言"。《诗》云:"我歌且谣。"《传》曰:"劳者愿歌其事。"吾言之拙艰,不足称咏且谣,而歌其事者,非吾而谁?作《五歌》以自释意。

因为是"劳者愿歌其事",凡是劳动者的所做、所见、所闻、所感,无不可以施诸笔端,摄入篇章,其题材内容上的广泛性,反映社会生活的多样性,是势所必然的事情。观《五歌》正是如此。当然,必须明确指出,劳动人民的生活和情感,是"劳者愿歌其事"的主体和重点,也是最有价值和意义的部分。在这当中,对劳动人民的不幸遭遇和悲惨命运的同情,又是重中之重。陆龟蒙对此有着清醒的认识。他的《南泾渔父》诗深切同情"民皆死搜求"的悲惨现实,希望将这一真实情况上闻朝廷:"倘遇采诗官,斯文诚敢告。"即是一例。基于这种认识,陆龟蒙将做人民的代言人,反映人民的疾苦,作为自己义不容辞的责任,即使遭到一些人的鄙夷不屑,也毫不在乎。他在《村夜二篇》(其二)中说:"所悲劳者苦,敢用词为诧。只效刍牧言,谁防轻薄骂。"表现了陆龟蒙对劳动人民的深切同情。正因为如此,重视反映民生疾苦,是陆龟蒙有关乐府民歌诗论的重点所在。

第四节 "发愤著书"与"缓忧"、"自怡"、"自遣"说

陆龟蒙的一生,失意潦倒。隐逸江湖是他入仕不成,无法施展事功的愿望以后所走的一条生活道路。在江湖上隐居,当然有诗酒风流、飘逸潇洒的一面,但是不可否认,他也时时面对着艰窘和辛酸,激发出种种悲伤哀愁乃至悲切愤懑的情感。作为文人,而且作为一个"平生乐篇翰,至老安敢忘"[1],终生撰著不辍,非常希望通过诗、文创作来表现自己

---

[1] 陆龟蒙:《纪事》,《甫里先生文集》卷三,《四部丛刊》本。

的穷困潦倒的文人,他显然遵循的是所谓"发愤著书"的传统。而这些诗、文宣泄感情,则又让他从中得到了自我安慰、自我陶醉,暂时忘记了哀愁悲愤,达到了一种自我排遣、自我怡悦的作用。所以,通览陆龟蒙的诗、文,无论从他的创作实际来说,还是从他的理论归纳而言,我们都可以看到,他通过"发愤著书",而得来的是让自己"缓忧"、"自怡"、"自遣"的目的。将这二者十分紧密地联系结合在一起,可以说是陆龟蒙诗文创作活动的一个特色,也是他在诗、文理论上的一个建树,因为他使得本来早已有之的"发愤著书"和"自怡"的两个论点,巧妙地融成一体,成为诗人创作的一体两面了。

陆龟蒙有关"发愤著书"的说法,几乎没有什么展开的议论,一般都是在诗、文创作里因时、因事而有感而发,如《袭美先辈以龟蒙所献五百言,既蒙见和,复示荣唱,至于千字,提奖之重,蔑有称实,再抒鄙怀,用伸酬谢》诗云:"始嗟吾道穷,竟使空言垂。"《奉和袭美初夏游楞伽精舍次韵》:"宣尼名位达,未必《春秋》作。"《村夜二首》(其二):"长吟倚清瑟,孤愤生遥夜。"《自遣诗三十首》(并序):"每至夜分不睡,则百端兴怀搅人思,益纷乱无绪。"这样一些诗、文句子,显然都有"发愤著书"的意蕴。陆龟蒙还有《书〈李贺小传〉后》一文,则以李贺、孟郊以及李商隐倾注全部心力,到自然中去搜索诗料,"苦吟"备至,"抉摘刻削,露其情状",将客观事物逼真地表现了出来,纤屑毕现,但最终他们都穷愁潦倒度过一生,使人深为叹息。实际上,这也是以令人悲痛的实例,来阐释"发愤著书"的思想。

陆龟蒙有关"自怡"的祈向,较早出现在松陵唱和时期。此时,他与皮日休互相唱和,写有关茶、酒、渔、樵之事,写吴中山水风光、风俗民情,写他们游览山水、观赏林亭,叙他们的日常交往,无不都是追求所谓的"自怡"闲逸的情趣,使他们在清闲度日、诗酒风流中得到自我消遣、自我谐适、自足自乐的享受。虽然在这一时期,陆龟蒙没有像皮日休那样对"自怡"的创作论和文学观发表过明确的意见,但我们从他在松陵唱和时期绝大部分作品中看到了他追求自娱自乐的闲情逸趣。他的那些叙写"隐君子"之事,"无意"之事,闲中之事,率真地抒发自己的闲情,都是"自怡"心态的真切表露,这种追求"自怡"的创作态度,以及由此产生的作品,当然就表现出了明确而强烈的"自怡"的文学观。

但是,到了陆龟蒙的晚年,从他的创作来说,主要就是收录在《笠泽丛书》里的作品的创作时期,稍加注意,我们就可以发现,他明确地提出了"缓忧"说、"自怡"说、"自遣"说,而他在谈论这几个看法时,又都是与自己的"发愤著书",宣泄悲伤苦闷,乃至愤懑悲切的感情结合在一起的。首先,我们来看一下陆龟蒙的《笠泽丛书序》中的一段话:

> 内壹郁则外扬为声音,歌、诗、赋、颂、铭、记、传、序,往往杂发。不类不次,混而载之,得称为《丛书》,自当缓忧之一物,非敢露世家耳目,故凡所讳,中略无避焉。

"缓忧"的"缓",文渊阁《四库全书》本《笠泽丛书》作"谖",且前有"去"字,此据《四部丛刊》本《甫里先生文集》(卷十六)校改。"壹郁"即"悒郁",心情苦闷悲伤之意。"内壹郁则外扬为声音",不就是"发愤著书"吗?内心苦闷,需要表现,就通过文字形式的作品表达出来。《笠泽丛书》里的诗、文作品,就是将心中的悲愁愤懑,发而为文的结果。而这些作品产生出来后,作者又说它们"自当缓忧之一物",可以用它们来解忧舒愁。这与韩愈说他的"《南行诗》一卷,舒忧娱悲"①的意思十分接近。显然,它们就达到了调适心情的作用。"缓忧"与"自怡"、"自遣"不就是相同的意思吗?概括地说,作品的产生缘于作者要抒发心中的愤懑愁苦,而作品的产生过程及产生以后,则能让作者排解乃至暂时地忘记本来郁积于心中的悲苦穷愁之思。这大概就是"缓忧"说的基本意思吧。

我们再看陆龟蒙《甫里先生传》里的一段话:

> 先生平居以文章自怡,虽幽忧疾病中,落然无旬日生计,未尝暂辍。点窜涂抹者,纸札相压,投于筐箱中,历年不能净写一本。或好事者取去,后于他人家见,亦不复谓己作矣。

在"幽忧疾病中""未尝暂辍"自己的诗、文写作。在这样的生活境遇下写作的诗、文,表现自己的穷愁潦倒应该是一个主要的内容和基本的特征,而这个写作的过程和创作出来的作品,都让作者得到了一种"自

---

① 韩愈:《上兵部韩侍郎书》,马其昶:《韩昌黎文集校注》卷二,上海古籍出版社1986年版。

怡",宣泄感情,舒忧遣愁了。这样的感受,我们在陆龟蒙的《幽居赋》(并序)中得到了具体的印证:

> 阖关不通人事,且欲吟咏情性。曰燕居,则仲尼有之矣;曰卜居,则屈原有之矣;曰闲居,则潘岳有之矣;曰郊居,则沈约有之矣。既抱幽忧之疾,复为低下之居,乃作《幽居赋》。

"既抱幽忧之疾,复为低下之居,乃作《幽居赋》。"居住在低小简陋的房屋里,心中满怀悲伤愁苦的情感,于是就写了《幽居赋》,这不就是"发愤著书"吗？但是,我们还要注意开头一句话:"阖关不通人事,且欲吟咏情性。"陆龟蒙说他离群索居,关起门来,不与外人交接,写作诗、文,只是想要"吟咏情性",把自己的幽忧悲伤之情抒发出来,作为一种宣泄,来舒忧排遣,从而将"幽忧"消解,得到心灵上的自我抚慰。以上三段话,确实让我们看到了陆龟蒙的诗、文创作中,"发愤著书"是起因,而"缓忧"、"自怡"、"自遣"是目的的这样一种关系。这对前者可以说是保留了该命题的最初的含义,而对后者则添加了情感上转化消解的心理过程,从而达到了自我排遣的结果。正因为如此,我们就可以体会到,追求以诗、文来"缓忧"、"自怡"、"自遣"就成为陆龟蒙创作的一个重要特征和基本目的。他在穷困中度过一生,却又能够一直保持着写作诗文的热情,正缘于此。这样的一种客观情境与心理调适的创作思想,在陆龟蒙最晚的一篇论诗小品文中得到了集中的体现,这就是《自遣诗三十首》(并序):

> 《自遣诗》者,震泽别业之所作也。故疾未平,厌厌卧田舍中。农夫日以未耜事相聒,每至夜分不睡,则百端兴怀搅人思,益纷乱无绪。且诗者,持也。谓持其情性,使不暴去。因作四句诗,累至三十绝。绝各有意,既曰自遣,亦何必题为。

尽管陆龟蒙仍然指出了他的《自遣诗三十首》的创作情境,是他卧床田舍,从白天到黑夜都听着从事劳动的人民嘈杂的讲话声,搅得"百端兴怀"、"纷乱无绪",令人心烦,但是,他创作这些诗篇,一诗一意,各自独立,没有一个中心思想,但在情调趣尚上则是仅有一端,那就是自我遣兴罢了。这里的"自遣",与我们上文所说的"自怡"在意蕴上是很接近,颇为一致的,都着眼于以自己的诗作来对心中的忧思愁苦进行自我消解、自我愉悦。但是,前者是在以"幽忧疾病",或"幽忧之疾"的情感基础上,来"发愤著书",进而转化为自适自怡,自娱自乐,所以作品中的愤懑悲切的感情色彩始终比较强烈。而此处的"自遣"则大为不同,虽然诗人的心情比较忧伤,烦恼一如往常,但他在诗文创作过程中已经进行了过滤、消解,以儒家"诗教"中温柔敦厚、平和淡泊为情感基调来作诗了,"持其情性","使不暴去",就是说在吟咏性情上,要不过分,不极端,在平和淡泊的心态中写诗,也以诗中平和淡泊的情感来"自遣",在精神上遣兴娱情。陆龟蒙诗文理论中这一强调"自怡"、"自遣"的看法,虽然前有所承,如陶渊明《五柳先生传》说:"常著文章自娱",白居易大量创作"闲适诗",韩愈《送穷文》说自己以文章"自嬉",直到皮日休在松陵唱和《二游诗》序中说读书可以"优游自适",可能都间接或直接地启发、影响了陆龟蒙。但是他从舒忧解愁中获得"自怡",再到最终"持其情性"而"自遣",还是将"自怡"、"自遣"说向着"缘情"的方向深化、推进了一步,从而淡化了诗歌创作中的悲苦意识,而强化了娱情遣兴的趣尚,这就必然会使得诗歌创作在题材取向和价值追求上,越发向着社会化、日常化、生活化、个性化的方向发展,而使得诗歌"吟咏情性"的内含越来越注重自我情感的表达。从中、晚唐到宋代诗歌的发展变化,其基本特征正是这样的。因此,陆龟蒙从"缓忧",再到"自怡"、"自遣"说,在唐宋诗歌的嬗变及其诗歌理论发展史上,都是具有一定的作用和意义的。

第五节 提倡"题目佳境",追求逼真的艺术境界

陆龟蒙在诗歌创作上提倡一种所谓的"题目佳境",实际上也就是追求描写刻画客观事物非常逼真的艺术境界。他在《和过张祜处士丹阳故居诗》(并序)里说:

> (张祜诗歌)善题目佳境,言不可刊置别处,此为才子之最也。

中晚唐之交的著名诗人张祜,每到一地,喜爱游览湖山名胜,并且为之

题诗。这些诗都能够将笔下所写对象的独到之处表现出来,成为一种"唯一",而别处不可替代,也不会混淆,向来受到人们的重视和称赞。最早的可能要算李涉,他的《岳阳别张祜》诗云:"岳阳西南湖上寺,水阁松房遍文字。新钉张生一首诗,自馀吟著皆无味。"所称道的就是张祜的此类诗能够写出某一个地方、某一处景观独特的环境,将其景象真实客观地表现出来。对于张祜诗歌创作中的这一成就和特色,作出了富有理论色彩的概括总结的,最早则当推陆龟蒙上述这句话。它在后代的诗论史上,产生过不小的影响。胡震亨《唐音癸签》(卷七):"张承吉祜五言律诗,善题目佳境,不可刊置他处。"赵执信《谈龙录》云:"观此,可以知唐人之所尚,其本领亦略可窥矣。"翁方纲《石洲诗话》(卷二):"所谓'不可刊置别处',非如今日八股体,曲曲钩贯之谓也,乃言每一篇各有安身立命处耳。"相比之下,还是袁枚对陆龟蒙这一理论的评价最高,阐述也更为仔细深入。他在《随园诗话》(卷一)云:

> 陆鲁望《过张承吉丹阳故居》,言"祜善题目佳境,言不可刊置别处,此为才子之最也。"余深爱此言。自古文章所以流传至今者,皆即情即景,如化工肖物,着手成春,故能取不尽而用不竭。不然,一切语古人都已说尽,何以唐、宋、元、明,才子辈出,能各自成家而光景常新耶?即如一客之招、一夕之宴,开口便有一定分寸,贴切此人此事,丝毫不容假借,方是"题目佳境"。

袁枚的这段话,尽管是以"性灵"说为基调的,但与陆龟蒙的原意并不相悖,都是强调作诗要逼真肖物。陆龟蒙的这段话之所以能产生一定的影响,是因为它确实涉及了诗歌创作中的一个重要问题。其实,陆龟蒙的这一论点,在他的诗文里还有类似的表述,如《袭美以紫石砚见赠以诗迎之》云:"君能把赠闲吟客,遍写江南物象酬。"要"遍写江南物象"作为对皮日休赠送紫石砚给自己的回报,其中应该有每写一处要写出其特点的要求。《甫里先生传》又说:"少攻歌诗,欲与造物者争柄,遇事辄变化不一。"讲述自己在早年学习作诗的过程中,下苦功夫,追求的就是随物赋形,随地随时随事而异,将所写的景象和情事逼真客观地表现出来,只有这样,才能"变化不一",多种多样而异彩纷呈。可以看出,"题目佳境"是陆龟蒙诗歌创作的一贯追求,因此他才能作出这样经典性的总结概括。

第六节　提倡"抉摘刻削"与奇险变怪的诗风

　　陆龟蒙的一生,失意潦倒,穷困艰辛,与中唐的"韩门诗人"差不多。他对于诗歌创作的态度,也与"韩门诗人"非常接近,都主张和追求"苦吟"的精神。由于在诗歌创作上的"苦吟",刻苦为诗,对所写事物进行刻意搜求,因而也就产生了一种"抉摘刻削"的创作倾向,使得一部分诗文具有奇险变怪的风尚。这也是陆龟蒙诗文创作和理论阐述中的一个重要的问题,我们当然应该给予必要的关注。

　　陆龟蒙关于"苦吟"作诗的表述是有多处的,如《补沈恭子诗》云:"异才偶绝境,佳藻穷冥搜。"诗人遇到了非常独到的"绝境",就会竭尽心力地"穷冥搜",尽可能把它的特色写出来,这里面当然透着"苦吟"的精神。《奉酬早春病中书事》诗云:"只贪诗调苦,不计病容生。我亦休文瘦,君能叔宝清。"也是提倡刻苦为诗的"苦吟"精神。《秋夕文宴得成字》诗云:"飞觥壮若游燕市,觅句难于下赵城。"《开元寺楼看雨联句》:"接思强挥毫,窥词几焚砚。"《北禅院避暑联句》:"俱怀出尘想,共有吟诗癖。"在陆龟蒙的诗歌里,或他与皮日休等人的唱和诗里,还有一些类似的诗句。它们都有提倡"苦吟"作诗的含义。

　　在这种"苦吟"作诗态度之下,陆龟蒙对"韩门诗人"追求奇险变怪的诗风是提倡、发扬的。如《奉和太湖诗二十首·太湖石》诗云:"槎牙真不材,反作天下彦。所奇者嵌空,所尚者葱倩。"《和武丘寺前古杉三十韵》:"众木尽相遗,孤杉独任奇。""咏多灵府困,蒐苦化权卑。"虽然上举两个诗例是咏物之作,但其对奇诡瑰怪物象的刻画,与提倡奇伟怪异的诗歌创作风尚是相通的。在对于这种诗风进行理性概括,并作出较高的评价和由衷的赞叹方面,《纪事》诗表述得比较精到:"把笔强题诗,粗言瑰怪状。吴兴郑太守,文律颇清壮。凤尾与鲸牙,纷披落新唱。"赞扬友人诗篇的奇异诡怪、瑰丽清壮,其实就是对这种诗风的提倡和爱好。

陆龟蒙对于奇异诡怪诗风的阐扬，我们还要特别注意一下他的《怪松图赞》（并序）和《书〈李贺小传〉后》两篇文章。从它们所阐述的旨意，我们可以体会到，陆龟蒙认为这种奇险变怪的诗风，往往是有激而作的结果。《怪松图赞》（并序）云：

> （怪松）根盘于岩穴之内，轮囷偪侧而上。身大数围，而高不四五尺。磊硊然，戚缩然。干不暇枝，枝不暇叶，有若龙挐虎踞、壮士囚缚之状。……予曰："……是松也，虽稚气初拆，而正性不辱。及其壮也，力与石斗，乘阳之威，悲己之轧，拔而将升。卒不胜其压，拥勇郁遏，垒愤激讦。然后大丑彰于形质，天下指之为怪木。吁，岂异人乎哉？天之赋才之盛者，早不得用于世，则伏而不舒，薰蒸沈酣，日进其道；权挤势夺，卒不胜其陷。号呼欴挐，发越赴诉，然后大奇出于文彩，天下指为之为怪民。呜呼！木病而后怪，不怪不能图其真；文病而后奇，不奇不能骇于俗，非始不幸而终幸者耶？"

"怪松"是因为在生长过程中受到岩石的挤压而变成了怪异的形状，"怪民"则因为权势的排挤倾轧而表现出愤懑悲慨的情感，而这又用"大奇出于文彩"的诗文表达出来。"文病而后奇"，正是这些诗文有着鲜明强烈的"病"，即奇险变怪、瑰丽诡谲的风尚和趣味，才显得与众不同，惊世骇俗，受到人们的关注与重视。这里，不仅表现了陆龟蒙在诗文的审美上欣赏奇异诡怪的风尚，而且他还以松设譬，从"松"说到"人"，精到地指出了都是因为受到了外部力量的排斥、打击，才变得如此地"怪"。就诗、文而言，奇诡变怪之风，往往都是所谓的有激而作，作者心中有着一股被摧抑、受排挤的悲愤感，转化成为一种奇异瑰怪的风尚。陆龟蒙这种认为人才受到压抑，因而发愤写作，作品就会呈现出奇险变怪的风尚的说法，在他的《书〈李贺小传〉后》一文中得到了再一次的阐释。只不过这一次他是转换了一个角度来说的。他说的是诗人因为"暴天物"，"抉摘刻削，露其情状"，即过度地描写刻画客观事物，使之纤屑无遗地被揭示出来，简直犹如鬼斧神工，因而导致老天"致罚"，惩罚这样的诗人，使其落入贫穷潦倒的厄运。话里话外，仍然是称赞诗歌创作中追求生新变怪、瑰丽奇险的风尚。我们来读一下《书〈李贺小传〉后》里的原话：

> 吾闻淫畋渔者，谓之暴天物。天物不可暴，又可抉摘刻削，露其情状乎？使其萌卵至于槁死不能隐，天能不致罚耶？长吉夭，东野穷，玉溪生官不挂朝籍而死，正坐是哉！正坐是哉！

陆龟蒙以他擅长的小品文笔法，正话反说，以愤懑激讦之词，说李贺的寿命短，孟郊的穷困，李商隐的一生做不上官，都是因为他们的诗歌"暴天物"所造成的。这当中，既表现了陆龟蒙对他们不幸人生的深切同情，而且也是以这样的方式，对他们的诗歌"抉摘刻削，露其情状"的宗尚的高度肯定。他的基本意思是强调诗歌要能够将客观事物的真实形状情态，毫发无憾，纤屑毕至，曲尽其妙，真实切至地表现出来。陆龟蒙的说法，比较明显地吸取了中唐诗文大家韩愈的理论。"万类困陵暴"，①"及其为诗，刿目鉥心，刃迎缕解，钩章棘句，掐擢胃肾，神施鬼设，间见层出。"②韩愈的这些话，也是主张诗文创作要将所写的对象尽兴尽致、真切透彻、一览无馀地表现出来，在艺术手法和表现方法上则是追求描写刻画的笔力雄健、排奡挺拔，很自然地也就在诗风上宗尚奇险变怪了。这种祈向，在陆龟蒙《甫里先生传》中就作了正面的表述。他说："少攻歌诗，欲与造物者争柄，遇事辄变化不一。其体裁始则鞭轹波涛，穿穴险固，囚锁怪异，破碎阵敌。"不难看出，陆龟蒙非常激赏略无隐遁地描写、刻画客观事物的艺术追求。如果我们将他的"善于题目佳境"、"欲与造物者争柄"，以及"抉摘刻削，露其情状"这几种说法结合来看，可以论定这是陆龟蒙对创作的一贯追求。但后两个说法，则显然更多地与追求雄杰怪巧、奇险诡异的诗风结合起来了。这是因为陆龟蒙更多地接受了韩愈的影响的缘故。

如果我们单纯地从追求搜抉无隐地表现客观事物这一点上来说，陆龟蒙"抉摘刻削，露其情状"的理论，可谓上承韩愈，下开宋代欧阳修。

---

① 韩愈：《荐士》，钱仲联：《韩昌黎诗系年集释》卷五，上海古籍出版社1984年版。
② 韩愈：《贞曜先生墓志铭》，马其昶：《韩昌黎文集校注》卷六，上海古籍出版社1986年版。

欧阳修反复强调作诗要"变态百出"①,称赞"梅诗咏物无隐情"②,主张作诗"欲将两耳目所及,而与造化争毫纤"③,大力揄扬"退之笔力,无施不可","资谈笑,助谐谑,叙人情,状物态,一寓于诗,而曲尽其妙。"④这些说法,宗旨只有一个,就是大力提倡诗文创作要将客观事物真实地、纤毫毕备地表现出来。欧阳修的以上说法,在宋代的诗文创作和文学理论上都产生过深远的影响。正是因为如此,我们也就可以深切地认识到,处在晚唐的陆龟蒙,他上承韩愈,下开欧阳修,起到了很大的历史作用。陆龟蒙的诗歌创作和理论,都深刻地浸润了宋人,在诗歌史上所谓由"唐音"向"宋调"的转变过程中,产生了一定的影响,值得我们加以重视。

第七节 主张质朴自然,提倡"平淡"说

上节我们说到陆龟蒙的诗歌理论中有提倡奇险变怪的诗风的一面,本节我们则要谈一下他的诗论里主张质朴自然,追求"平淡"的另一面。质朴自然、高古天成,是儒家"诗教"提倡"辞达"的基本要求,陆龟蒙在这一点上有突出的表现。他的《二遗诗》云:

> 谁从毫末见参天,又到苍苍化石年。
> 万古清风吹作籁,一条寒溜滴成穿。
> 闲追金带徒劳恨,静格朱丝更可怜。
> 幸与野人俱散诞,不烦良匠更雕镂。

朋友赠送陆龟蒙两件珍奇古朴的物品:古松化石的枕材和琴荐,他以此诗致谢。诗中由喜爱古质朴实的珍稀物品,到欣赏自己"散诞"的品格,再到赞扬浑朴天成的美学风格,都表现出了诗人追求古朴自然的趣尚。

---

① 欧阳修:《书梅圣俞稿后》,《欧阳修全集》卷七十二,中华书局2001年版。
② 欧阳修:《盘车图》,《欧阳修全集》卷六,中华书局2001年版。
③ 欧阳修:《紫石屏歌》,《欧阳修全集》卷四,中华书局2001年版。
④ 欧阳修:《六一诗话》,人民文学出版社1962年版。

陆龟蒙在《杂讽九首》(其七)里也表达了这种祈向。诗中云:"天之发遏籁,大小随万窍。魁其炉冶姿,形质惟所召。鼗笙磬竽瑟,是必登清庙。"十分明白地表达了诗人对发之天籁、大小随宜,熔冶陶铸、形质随分,浑朴流畅、平实自然等古质朴茂的事物的爱尚。这种审美观,反映在诗歌创作上,就是追求质朴自然的艺术风格的宗尚。陆龟蒙在《江湖散人歌》里说:"手提孤篁曳寒茧,口诵太古沧浪词。"其人、其诗都表现出一种质朴简至的风尚。还有《丁隐君歌》(并序)中说笔下的丁隐君"貌古而意澹,好古文,乐闻歌诗",从他的意态到其诗文爱好,都崇尚古澹朴拙。这些都表明了陆龟蒙对质朴自然的诗风的欣赏。

正是缘于对质朴自然诗风的追求,陆龟蒙特别强调各种文体的实用性、真实性。他在《复友生论文书》里说:

> 江湖间,不过美泉则记之,耸节概则传之,触离会则序之,值巾罨则铭之。简散澹诞,无所讳避,又安知文之是欤非欤?

"记"、"传"、"序"、"铭",都是有鉴于所记录的内容而采用的载录方式,而不同的记载方式就构成了各种功用不同的文体。陆龟蒙在这里强调的是,尽管所叙写之情事不同,所用的文体各异,但它们都有一个最基本的要求,就是实用性,只要能够随心肆意地记事、抒情就可以了。这与追求质朴自然的诗风,在艺术宗尚上是一致的。正是在强调各种文体的实用性、追求艺术风格的质朴自然的基础上,陆龟蒙进而对各种文体中虚假不实的风气,给予了严厉的批评。他的《书铭》云:"其巧益甚,其说益繁。盟契质要,朝成夕反。诰誓制令,尾违首言。笺檄奏报,离方就圆。传录记注,丑仇美怜。铭诔碑表,虚功妄贤。歌诗赋颂,多思诐权。"在这样的诗文中,一片虚情假意,当然是与质朴自然的风尚背道而驰的,所以,主张质朴自然的陆龟蒙给予了尖锐的批评。

与主张质朴自然在艺术精神上相通相近的是,陆龟蒙提倡诗文创作上的"平淡"说。他对"平淡"说的表述,见于他《甫里先生传》里的一段话:

> 少攻歌诗,欲与造物者争柄,遇事辄变化不一,其体裁始则棱铄波涛,穿穴险固,囚锁怪异,破碎阵敌,卒造平澹而后已。

陆龟蒙将"平淡"作为自己对诗歌风格的最终追求和最高境界,这是一个很新颖的诗学观点。人们通常所说的陶渊明诗风"平淡",即自然平淡,也就是朱熹所说的"渊明诗平淡出于自然"①的意思。而从唐代到宋代,人们对于陶诗的推崇,最重要的地方也就是这种出于自然的"平淡"。依据上面所抄录的陆龟蒙的这一段话,可以看出,他的"平淡"说,从理论渊源上来看,似乎与陶诗的关系不大,而主要应当是受到韩愈等人的影响。陆龟蒙已经说得很清楚,他所追求的诗风的"平淡",是在经过了波澜壮阔、奇险怪异的诗风磨砺后,达到的一个艺术风格上的境界,这与韩愈《送无本师归范阳》诗中所说的"奸穷怪变得,往往造平淡"是一致的。陈迩冬解释诗的上句:"是说贾岛写诗:巧思(奸)、苦吟(穷)、不平凡(怪)、不因袭(变),获得成就";又解释下句:"是说贾岛诗无论怎样巧思、苦吟、奇特、变化,而结果常归于平淡。"②韩愈所说的这一种"平淡",是由雄奇险怪、戛戛独造变化而来的,正如清朱彝尊所说:"由奇怪入平淡,是诗家次第。"③它是韩愈力倡的基本诗法。陆龟蒙非常推崇韩愈,诗歌创作也深受韩诗的影响,其"平淡"说的理论,也是直接承袭韩愈而来。因此,他对于"平淡"的表述,与韩愈是完全一致的。韩愈、陆龟蒙提倡的"平淡"说,具有新奇、巧致的内质,更有平实、质朴的表征。清人余成教曾就此在陆龟蒙的诗歌里寻找其"平淡"说的内证。他说:

> 陆自撰《甫里先生传》云:"少攻歌诗,遇事辄变化,不一其体裁,卒造平澹而后已。"集中如"朝朝贳薪米,往往逢责诟。既被邻里轻,亦为妻子陋。""所贪既仁义,岂暇理生活。""懒外应无敌,贫中直是王。""只有经时策,全无养拙资。""身从乱后全家隐,日校人间一倍长。""一代交游非不贵,五湖风月合教贫。"皆能寓新奇于平淡。④

---

① 朱熹:《朱子语类》卷一百四十,中华书局1986年版。
② 陈迩冬:《韩愈诗选》,人民文学出版社1984年版。
③ 转引自钱仲联:《韩昌黎诗系年集释》卷七,上海古籍出版社1984年版。
④ 余成教:《石园诗话》卷二,郭绍虞编:《清诗话续编》,上海古籍出版社1983年版。

确实,特别是陆龟蒙《笠泽丛书》里的许多作品,写自己渔隐生涯中的艰窘生活,以及农民疾苦、农村景象、农事活动,不仅有现实性,而且显得十分朴实通俗,但又常常带有新奇、怪巧的韵致,正符合陆龟蒙自己所说的"平淡"。元好问曾说《笠泽丛书》里的作品,虽然有"识者尚恨其多愤激之词而少敦厚之义",部分篇章"标置太高,分别太甚,镂刻太苦,讥骂太过",但以其"卒造平澹而后已"来衡量的话,终究还是"信亦无愧云"①,是有道理的。陆龟蒙生活在晚唐时代,提倡"平淡"说,并在诗文创作中力行之,对于当时诗坛上情思淫靡,形式雕琢,所谓"郑卫之声鼎沸"②的风气,是一个有力的针砭和反拨,而对于宋代诗歌追求"平淡"美,则产生了直接而重大的影响。如梅尧臣"作诗无古今,唯造平淡难。"③欧阳修肯定梅尧臣"平淡"的诗风,作了比较详细而深入的论述,可参其《水谷夜行寄子美圣俞》、《梅圣俞墓志铭》以及《六一诗话》等诗文。梅尧臣主张"平淡"的诗风,欧阳修对其作了评述、称赞,其理论上的源头应当溯至韩愈,而陆龟蒙的"平淡"说,即是从韩愈至欧、梅关于"平淡"诗论的中间环节,所以陆龟蒙在"平淡"说由唐到宋的发展变化中,具有一定的历史作用,在诗歌发展史上是有意义的。而他那些被后人认为体现了"平淡"说的诗歌创作实践,也为宋代诗风建立起"平淡"的审美观起到了借鉴的作用,促进了宋代诗歌有关"平淡"的审美理想的发展,也是值得重视的。

第八节 尚"才"论与"以学问为诗"

在陆龟蒙与皮日休的松陵唱和活动结束时,皮日休所作的《松陵集序》中有一大段集中谈诗人的"才"以及"才之备"、"才之变"的问题,可以说从理论阐释的角度对文学史上的这个问题作了详尽、深入的讨论。

---

① 元好问:《校〈笠泽丛书〉后记》,《元好问全集》卷三十四,山西人民出版社1990年版。
② 黄滔:《答陈磻隐论诗书》,《全唐文》卷八百二十三,中华书局1983年版。
③ 梅尧臣:《读邵不疑学士诗卷、杜挺之忽来,因出示之,且伏高致,辄书一时之语以奉呈》,《梅尧臣集编年校注》卷二十六,上海古籍出版社2006年新1版。

而在松陵唱和的过程中,陆龟蒙和皮日休在他们的诗歌或诗序里,也反复多次地谈到了诗歌创作中有关"才"的问题。这里仅仅从陆龟蒙的方面,简单地谈一下尚"才"论,然后再涉及一下他的诗歌创作中"以学问为诗"的现象。

首先,陆龟蒙的诗歌里谈到"才"的问题,指的是作诗的才华而言。如他的《奉和江南书情二十韵,寄秘阁韦校书贻之、商洛宋先辈垂文二同年次韵》:"谢才偏许朓,阮放最怜咸。"这个"才"字明显偏指谢朓清新俊逸的诗才。又如他的《和过张祐处士丹阳故居诗》(并序)中更是多处谈到"才"字,"能其才,合噪得誉。""善题目佳境,言不可刊置别处,此为才子之最也。""天果不爱才,没而犹谴矣?"等等,大体上都是指张祐诗歌创作的才华而言。皮日休与陆龟蒙是完全一样的,这里就不再列举例子了。他们二人都有尚"才"、爱"才"、惜"才"、誉"才"的共同志趣。

其次,陆龟蒙还很欣赏风流儒雅之"才"。他的《渔具诗》(并序)中称道"鹿门子有高洒之才",通览整篇序文和十五首诗作,他将渔具置于渔父、隐士的文化性格中加以考察,联系渔具"出于诗、书、杂传及今之闻见可考而验之,不诬也"的文化积淀加以歌咏,体现了所谓的"高洒"之才,不仅是指潇洒飘逸、闲适清雅的隐士才情,而且还包括高超卓著的写作能力、博洽儒雅的学问之才。就后一方面而言,这种"才"是强调诗人要有学问的,特别是有"博物"的爱好。陆龟蒙《京口与友生话别》诗中说:"博物君能继,多才我尚惭。"主张"博物"而"多才",即有重视学问的意思。推开一步说,对于这种才性的肯定和激赏,实际上表现在陆龟蒙与皮日休唱和的大量诗篇里,无论是咏茶、酒、渔、樵,以及像《四明山九首》、《五贶诗》五首、《太湖诗二十首》等几组诗里,还是叙写日常生活、林园寺庙、花木草树的单篇短章中,我们都可以随时随地感受到陆龟蒙、皮日休这种才华性情。正如皮日休在《添渔具诗》(并序)里所说的,他高度赞赏陆龟蒙的《渔具诗》,就是称道陆龟蒙的这种"才","吟鲁望之诗,想其致,则江风海雨械械生齿牙间,真世外渔者之才也。"这实际上就是隐逸文人的才华。陆龟蒙在歌咏隐逸生活的时候,既有眼前的生活情景,同时又有浓厚的历史积淀和文化意蕴,从而显现出一种特别儒雅清新、高放洒脱的文学才华和学问见识。其基本特征就是将一般文人的"清才"与具有深厚学养的学人的"才学"结合起来了,表现在诗人的身上就是文人型与学者型的结合。

第三,陆龟蒙所崇尚的"才"的论调里,也有就是指学问、才识的。如他的《秋日遣怀十六韵寄道侣》诗云:"雅调宜观乐,清才称典签。"联系上下文看,"清才"固然是指水清木华般的诗歌创作的清逸之才,但其中似乎还包含着重视学问的意思。又如他的《奉和二游诗·徐诗》中说:"雄才旧百派,相近浮日川。"揣摩全诗,他所说的"雄才",不仅指诗文创作的才华,而且指学问淹博的才学。再如他的《袭美先辈以龟蒙所献五百言,既蒙见和,复示荣唱,至于千字,提奖之重,蔑有称实,再抒鄙怀,用伸酬谢》诗中说:"吾祖仗才力,革车蒙虎皮。手持一白旄,直向文场麾。"主要称赞陆机《文赋》善于评文而言,所以,这个"才力"实际上是指其才识、学问而言。诗中又说:"鹿门先生才,大小无不怡。就彼六籍内,说诗直解颐。"主要就皮日休总结、归纳诗歌发展史,表现出卓越的文学史识来谈其"才",显然,这个"才"字,即是对皮日休才识、才学的称道和激赏。

正因为陆龟蒙的尚"才"论里,有赞赏以才学、学问为诗的方面,我们在此就简要谈一下这个问题(皮日休也是如此,但不在本文论述之列),为的是与其尚"才"论作一点印证。简单地说,我们可以将陆龟蒙"以学问为诗"归纳为两点:广博性和通俗性。陆龟蒙"以学问为诗"的广博性,阅读他的诗歌作品,就可以看出,他不仅注重在传统的经、史、子、集里撷取文学资料,运用典故,而且大量地运用佛书、道书、地志、农书、方书等,使其典源既广,又丰富多样,冷僻艰深。陆龟蒙诗歌里用典的通俗性,也很广泛,而且也很容易体会出来。此处只举一个类型的例子。作为苏州人,陆龟蒙很喜爱用有关吴中通俗的说法来指称事物,如《渔具诗·罩》:"忽值朱衣起。"原注:"松江有朱衣鲋。"《樵人十咏·樵子》:"能谙白云养。"原注:"山家谓养柴地为养。"《袭美以鱼笺见寄因谢成篇》:"临风时辨白萍文。"原注:"鱼子曰白萍。"如此之类,不一而足。它们与运用有文字记载的书本中的典实以示学问不一样,这里所用的都是民间某一地方的人约定俗成的说法,是对某事、某物的专称、俗称。这也可以说显现了诗人一种特殊的学问。如果诗人不加上自注,我们很难知道它们的准确含义。我们也将它视作一种"以学问为诗",它将"以学问为诗"的做法拓展了,向着日常化、生活化方面推进了。这种做法,我们认为它对宋人以才学为诗,却又能够化俗为雅,开了风气之先,产生了一定的影响。

陆龟蒙年谱

陆龟蒙的生平,《新唐书》(卷一百九十六)《陆龟蒙传》、王定保《唐摭言》(卷十)、孙光宪《北梦琐言》等书,都有一些记叙。陆龟蒙自撰《甫里先生传》、《江湖散人传》,可使后人了解其后期的生活状况和精神气概。计有功《唐诗纪事》(卷六十四)、辛文房《唐才子传》(卷八)有关陆龟蒙的生平介绍,主要就是撮录以上资料而成。傅璇琮先生主编《唐才子传校笺》(卷八)《陆龟蒙》,是迄今对陆龟蒙的生平事迹考录最为详尽的成果。本文依据有关资料以及陆龟蒙的诗文作品,对其生平作一番勾稽,粗略地展现其一生的轮廓。

唐武宗会昌元年(841年)　陆龟蒙出生,一岁。

依据陆龟蒙《送豆卢处士谒宗丞相序》所述其早年与豆卢琢交游之事推测,其出生大约在这一年。

陆龟蒙是苏州(今江苏省苏州市)人。家世显赫,但至其祖父辈已衰落。远祖陆绩,仕于三国吴,《三国志·吴书》有传。晋代以来,陆氏为吴郡(苏州从东汉至隋的名称)四大名族(朱、张、顾、陆)之一。入唐以后,在初、盛唐时期,出过多名高官显宦。陆龟蒙七代祖陆元方,在武则天时曾两度为相。六代族祖陆象先,在睿宗时曾任宰相。嫡系六代祖陆景倩也是颇有时誉的官员。五代祖陆溥、四代祖陆康均曾做官。祖父陆正兴未有做官的记载。父亲陆宾虞中进士科,曾官浙东观察使从事、侍御史。

明代潘基庆辑《古逸书》云陆龟蒙"妻蒋氏,善属文,亦嗜酒",未知何据。陆龟蒙在诗文中多次提到"妻子"、"稚"、"稚子"、"伯男儿"、"予家大小之口二十",但都未明言名字,后人难知其详。

唐宣宗大中四年(850年) 十岁。

在溧阳(今江苏省溧阳市)。

依据陆龟蒙《书〈李贺小传〉后》文中"予为儿童时,在溧阳闻白头书佐言,孟东野贞元中以前秀才,家贫,受溧阳尉"云云,文中详记陆龟蒙自己当年所听到的"白头书佐"叙述的有关孟郊任溧阳尉时"苦吟"作诗的佚事,说明其年龄当不小于十岁。姑定之。

唐宣宗大中十一年、十二年之间(857—858年) 十七岁、十八岁。

在宣州(今安徽省宣城市)。

据陆龟蒙《送豆卢处士谒宗丞相序》文中所述其早年同游"小谢城"云云,可以推知大约在此二年间有一段漫游宣州的历程。《江城夜泊》、《寄友》两首七绝当作于此时。后来,陆龟蒙所作名篇《怀宛陵旧游》,应是对这段漫游生活的怀念。

唐宣宗大中十四年(860年) 二十岁。

在越州(今浙江省绍兴市)。此年十一月改元(唐懿宗咸通元年)。

据陆龟蒙《读〈襄阳耆旧传〉,因作诗五百言寄皮袭美》诗云:"持冠适瓯越,敢怨不得售。"此年陆龟蒙似往越州干谒。其父曾在越州任过浙东观察使从事。七绝《秘色越器》当作于此时。该诗为了解越瓷的重要史料。七绝《范蠡》亦当作于此时。

唐懿宗咸通二年(861年) 二十一岁。

此年有饶州(今江西省波阳县)之行。

《新唐书·陆龟蒙传》言其"尝至饶州","刺史蔡京率官属就见之"云云。以《资治通鉴》(卷二百五十)、《庐山记》等资料,比勘蔡京晚年的仕履,可知陆龟蒙饶州之行当在此年。陆龟蒙的著名小品文《马当山铭》,当作于此行途经今江西省彭泽县长江边的马当山之时。

唐懿宗咸通四年(863年) 二十三岁。

在京口(今江苏省镇江市)。

依据郁贤皓先生《唐刺史考全编》,以及晚唐池州人顾云《上池州卫郎中启》,卫某于此年任池州刺史。陆龟蒙有《润州江口送人谒池阳卫郎中》诗,可证其该年在京口。陆龟蒙此次的润州之游,历时可能较长,所作诗歌也较多,如《润人送人往长洲》、《京口》、《算山》、《庆封宅古井行》、《景阳宫井》等。

唐懿宗咸通六年(865年) 二十五岁。

在睦州(今浙江省建德市)

陆龟蒙《引泉》(题下原注:睦州龙兴观老君院作)诗云:"上嗣位六载,吾宗刺桐川。""上"指唐懿宗李漼,其登上皇位"六载",即是此年。"吾宗"指陆墉,时任睦州刺史。陆龟蒙尚有《新定陪太守一百五夜南馆玩月》诗,亦当作于此时。前诗中云:"是时春三月",后诗作于"一百五夜"即寒食节之夜,时间亦相吻合。

唐懿宗咸通七年(866年) 二十六岁。

此年有桐庐(今浙江省县名)之行。

《丁隐君歌》(并序)云:"余尝南浮桐江,……当咸通丙戌岁,逮今十四年矣。""咸通丙戌岁"即咸通七年。"桐江"即桐庐江,在桐庐县。陆龟蒙《严光钓台》、《钓车》、《桐江秋夜听琴》等诗,当作于此时。

唐懿宗咸通十年(869年) 二十九岁。

赴京拟参加咸通十一年进士科举。

陆龟蒙《纪梦游甘露寺》诗云:"昔卧嵩高云,云窗正寒夕。"可见陆龟蒙确实曾有京洛、嵩高之行。此行当在此年,为应进士科举。咸通十一年六月,陆龟蒙作《奉酬袭美先辈吴中苦雨一百韵见寄》诗,其中云:"踪迹尚吴门,梦魂先魏阙。寻闻天子诏,赫怒诛叛卒。""射策亦何为,春卿遂聊辍。伊余将贡技,未有耻可刷。"可证此年陆龟蒙当赴京应试,但因为朝廷忙于平定庞勋之乱,暂停贡举一年而无果。再据《旧唐书·

懿宗纪》,此年十二月方下诏停止咸通十一年的贡举。按惯例,唐代举子通常是在十月二十五日前须到达京城,向主试的礼部报到。故可推定陆龟蒙此年应试,应当已到京无疑。咸通十一年正、二月间所作《徐方平后闻赦因寄袭美》七律第五句云:"英材尽作龙蛇蛰",句下原注:"时停贡举。"亦可作陆龟蒙此年应贡举之佐证。

陆龟蒙此次赴京应贡举虽无果,但他应当利用此一机会,游览了长安、洛阳、邺城等不少地方,留下了大量的诗篇,如《汉宫词》、《宫人斜》、《开元杂题七首》、《连昌宫词二首》《邺宫词二首》等诗,当作于这一期间。

唐懿宗咸通十一年(870年) 三十岁。

与皮日休唱和,文学史上称为"皮陆唱和"。

陆龟蒙大约在咸通十年末、十一年初由京洛返回家乡苏州。此时,崔璞任苏州刺史,诗人皮日休为军事院判官。春天,陆龟蒙即与皮日休结识,由于声气互通,意气相投,随即开始了频繁的诗歌唱和活动。历时一年有馀,陆龟蒙作诗三百二十首,皮日休作诗三百一十九首。除了皮、陆以外,先后参加诗歌唱和活动的,还有张贲、崔璞、魏朴、颜萱、司马都、崔璐、郑璧、李縠、羊昭业等人,形成晚唐苏州诗人群体,文学史上称之为"松陵唱和"、"松陵诗派"。详细情况,可参看皮日休《松陵集序》。

唐懿宗咸通十二年(871年) 三十一岁。

暮春,"松陵唱和"因崔璞去职而终止。不久,陆龟蒙将唱和诗编辑成集,即《松陵集》。

据崔璞《蒙恩除替,将还京洛,偶叙所怀,因成六韵,呈军事院诸公、郡中一二秀才》诗中"遽蒙交郡印",原注:"到郡十二个月,除替未及三年。"可知崔氏于上年春到苏州任刺史,至迟在此年暮春罢职。皮、陆均作诗酬答崔璞。松陵唱和活动当亦就此结束。该年最迟至下年,陆龟蒙将所有唱和诗编辑成集,请皮日休命名并作序,皮日休命其名为《松陵集》并作序。

唐懿宗咸通十三年(872年)　三十二岁。

在湖州(今浙江省湖州市),做刺史张抟的佐吏。

《北梦琐言》、《新唐书·陆龟蒙传》、《唐诗纪事》都记载陆龟蒙从张抟于湖州之事。检郁贤皓先生《唐刺史考全编》,张抟任湖州刺州在此年。陆龟蒙为其从事当亦在此时。姑定之。

唐懿宗咸通十四年(873年)　三十三岁。

在湖州。

张抟当仍在湖州刺史任上,姑定陆龟蒙亦仍为其从事。

唐懿宗咸通十五年(874年)　三十四岁。

在湖州。据郁贤皓先生《唐刺史考全编》,此年七月,刘植被任命为湖州刺史。此前,刺史当仍为张抟。姑定陆龟蒙仍在湖州为其从事。推测之词,惜无资料佐证。

此年十一月改元(唐僖宗乾符元年)。

唐僖宗乾符二年(875年)　三十五岁。

在庐州(今安徽省合肥市)。

《北梦琐言》云陆龟蒙曾从张抟为庐州"郡卒"。据《旧唐书·僖宗纪》,乾符二年二月,"湖州刺史张抟为庐州刺史。"陆龟蒙从张抟于庐州,亦当在此时。

唐僖宗乾符三年(876年)　三十六岁。

回到家乡苏州,依张抟为从事。据《新唐书·陆龟蒙传》,张抟任苏州刺史,辟陆龟蒙为佐吏。又据郁贤皓先生《唐刺史考全编》,张抟于此年任苏州刺史。陆龟蒙为其佐吏亦当在此时。

作《榾李花赋》。题下原注:"乾符三年作。"可证。

唐僖宗乾符四年(877年)　三十七岁。

在湖州(今浙江省湖州市)。

据陆龟蒙《纪事》诗,郑仁规任湖州刺史,龟蒙当在其州府中为从事。据吴在庆《唐五代文史丛考》之《罗隐〈送雪川郑员外〉之郑员外及作年》考定,郑仁规于此年任湖州刺史。陆龟蒙为其佐吏,当在此时。

唐僖宗乾符五年(878年) 三十八岁。

大约此年春、夏在苏州。陆龟蒙在城中临顿里本有宅第。秋天,移居甫里(今江苏省苏州市所属甪直)。

据陆龟蒙《纪事》诗云:"去年十二月,身在霅溪上。"即指乾符四年十二月仍在湖州。诗中又云:"春归迨秋末,固自婴微恙。岁晏弗躬亲,何由免欺诳。今来观刈获,乃在松江并。"则是陆龟蒙于本年秋到松江之滨的甫里的明证。

除《纪事》诗以外,《孤雁》、《村夜二篇》、《田舍赋》、《战秋辞》、《祝牛宫辞》等诗文,大约也作于此年。《微凉赋》题下原注:"戊戌七月作。"则作于此年无疑。

唐僖宗乾符六年(879年) 三十九岁。

此年春,仍居甫里,纂集《笠泽丛书》,收录近年来自己所作诗文。《笠泽丛书序》:"自乾符六年春卧病于笠泽之滨,……不类不次,混而载之,得称为丛书。"

上年《纪事》诗自言"固自婴微恙",此时则云"卧病",并云:"体中不堪羸耗,时亦隐几强坐。"可见此时陆龟蒙已身染重病。此为致使陆龟蒙过早离世的重要原因。

此后不久,即在春间,陆龟蒙当自甫里前往湖州震泽别业(震泽今属江苏省苏州市)居住。《自遣诗三十首》(并序):"自遣诗者,震泽别业之所作也。"其第一首云:"五年重到旧山村","更感卞峰颜色好",久别重来,颇感喜悦。

在震泽,除了《自遣诗三十首》以外,七律《闲书》、《鸡鹑》,七绝《新沙》,杂言诗《五歌》、《丁隐君歌》,散文《记稻鼠》、《送小鸡山樵人序》等诗文,亦当作于此时。

唐僖宗广明元年（880年） 四十岁。

此年春仍在震泽，后返回苏州临顿里宅第；秋天，又至甫里。

据吴在庆《唐五代文史丛考》之《陆龟蒙再至震泽别业及离开之时间》考定，陆龟蒙自乾符六年春后至震泽别业，"至次年广明元年春方返回苏州故里。"姑从之。

再从陆龟蒙七绝《忆白菊》、七律《重忆白菊》，并联系其在松陵唱和时期所作的《幽居有白菊一丛，因而成咏，呈一二知己》诗审视，陆龟蒙离开震泽别业后，当回到苏州城内的临顿里宅第。

此年秋天，陆龟蒙因关注秋收之事，又重回甫里。五古《南泾渔父》、七律《伤越》、《小雪后书事》、散文《禽暴》等诗文，当作于此时。

唐僖宗中和二年（882年） 四十二岁。

陆龟蒙当卒于此年。

《唐摭言》云陆龟蒙"中和初，遘疾而终。"中和共有五年。广明二年七月方改元中和，是为中和元年。至中和五年三月，又改元光启，是为光启元年。故"中和初"当以中和元年、二年为宜。《唐才子传校笺》定作中和二年，姑从之。

《自怜赋》当是陆龟蒙去世前不久所作。

陆龟蒙去世后，友人作传、诔、奠文等悼念。存于今者，只有吴融所作《奠陆龟蒙文》。唐昭宗光化三年（900年），诗人韦庄上《乞追赐李贺、皇甫松等进士及第奏》，乞求朝廷追赐陆龟蒙、李贺、皇甫松等人进士及第，授予补阙、拾遗的官职。

主要参考文献

1. (清)曹寅等编:《全唐诗》,中华书局排印本,1979年版。
2. (清)董诰等编:《全唐文》,中华书局影印本,1983年版。
3. 陈尚君辑校:《全唐诗补编》,中华书局,1992年版。
4. 北京大学古文献研究所编:《全宋诗》,北京大学出版社,1998年版。
5. (唐)陆龟蒙著:《唐甫里先生文集》,《四部丛刊》本。
6. (唐)陆龟蒙著、何锡光校注:《陆龟蒙全集校注》,凤凰出版社,2014年版。
7. (唐)陆龟蒙著:《笠泽丛书》,影印文渊阁《四库全书》本。
8. (唐)陆龟蒙著:《笠泽丛书》,(清)姚氏大叠山房刻、秦曼卿校并跋,上海图书馆藏书。
9. (唐)陆龟蒙著:《重刊校正笠泽丛书》,(清)陆钟辉水云渔屋刻、吴骞校,上海图书馆藏书。
10. (唐)皮日休、陆龟蒙等著、王锡九校注:《松陵集校注》,中华书局,2018年版。
11. (唐)皮日休著、萧涤非、郑庆笃整理:《皮子文薮》,上海古籍出版社,1981年版。
12. (唐)杜甫著、(清)仇兆鳌详注:《杜诗详注》,中华书局,1979年版。
13. (唐)白居易著:《白居易集》,中华书局,1979年版。
14. (唐)元稹著:《元稹集》,中华书局,1982年版。

15. （唐）韩愈著、钱仲联集释：《韩昌黎诗系年集释》，上海古籍出版社，1984年版。

16. （唐）韩愈著、（清）马其昶校注：《韩昌黎文集校注》，上海古籍出版社，1986年版。

17. （唐）柳宗元著：《柳宗元集》，中华书局，1979年版。

18. （唐）张祜著、尹占华校注：《张祜诗集校注》，巴蜀书社，2007年版。

19. （唐）李贺著、吴企明笺注：《李长吉歌诗编年笺注》，中华书局，2012年版。

20. （唐）李商隐著、刘学锴、余恕诚撰：《李商隐诗歌集解》，中华书局，2004年第2版。

21. （唐）李商隐著、刘学锴、余恕诚校注：《李商隐文编年校注》，中华书局，2002年版。

22. （唐）李商隐著、（清）冯浩笺注：《玉溪生诗集笺注》，上海古籍出版社，1979年版。

23. （唐）温庭筠著、刘学锴校注：《温庭筠全集校注》，中华书局，2007年版。

24. （唐）罗隐著：《罗隐集》，中华书局，1983年版。

25. （唐）皎然著，张伯伟《全唐五代诗格汇考》：《诗议》，江苏古籍出版社，2002年版。

26. （唐）郑处诲撰：《明皇杂录》，《开元天宝遗事十种》，上海古籍出版社，1985年版。

27. （唐）李吉甫撰：《元和郡县图志》，上海古籍出版社，1983年版。

28. （五代）王定保撰：《唐摭言》，《唐五代笔记小说大观》，上海古籍出版社，2000年版。

29. （后晋）刘昫等撰：《旧唐书》，中华书局，1975年版。

30. （宋）欧阳修、宋祁撰：《新唐书》，中华书局，1975年版。

31. （宋）朱熹集注：《诗集传》，上海古籍出版社，1980年新1版。

32. （宋）洪兴祖撰：《楚辞补注》，中华书局，1983年版。

33. （汉）孔鲋撰：《孔丛子》，影印文渊阁《四库全书》本。

34.（汉）班固撰、（唐）颜师古注：《汉书》，中华书局，1962年版。

35.（晋）陈寿撰、（宋）裴松之注：《三国志》，中华书局，1959年版。

36.（晋）陆机著：《陆机集》，中华书局，1982年版。

37.（晋）陶渊明著、逯钦立校注：《陶渊明集》，中华书局，1979年版。

38.（南朝·宋）刘义庆撰、余嘉锡笺疏：《世说新语笺疏》，中华书局，1983年版。

39.（南朝·梁）江淹著、（明）胡之骥注：《江文通集汇注》，中华书局，1984年版。

40.（南朝·梁）萧统编、（唐）李善注：《文选》，中华书局影印本，1977年版。

41.（宋）孙光宪撰：《北梦琐言》，上海古籍出版社，1981年版。

42.（宋）王溥撰：《唐会要》，上海古籍出版社，1991年版。

43.（宋）司马光编著、（元）胡三省音注：《资治通鉴》，中华书局，1956年版。

44.（宋）姚铉编：《唐文粹》，《四部丛刊》本。

45.（宋）赵令畤撰：《侯鲭录》，中华书局，2002年版。

46.（宋）宋敏求撰：《春明退朝录》，中华书局，1980年版。

47.（宋）刘攽撰，何文焕辑《历代诗话》本：《中山诗话》，中华书局，1981年版。

48.（宋）欧阳修撰：《六一诗话》，人民文学出版社，1962年版。

49.（宋）马永易撰：《实宾录》，文渊阁《四库全书珍本》初集。

50.（宋）阮阅编：《诗话总龟》，人民文学出版社，1987年版。

51.（宋）梅尧臣著、朱东润校注：《梅尧臣集编年校注》，上海古籍出版社，2006年新1版。

52.（宋）欧阳修著：《欧阳修全集》，中华书局，2001年版。

53.（宋）苏轼著、（清）王文诰辑注：《苏轼诗集》，中华书局1982年版。

54.（宋）苏轼著：《苏轼文集》，中华书局，1986年版。

55.（宋）苏辙著：《苏辙集》，中华书局，1990年版。

56. （宋）张耒著：《张耒集》，中华书局，1990年版。

57. （宋）黄庭坚著、（宋）任渊、史容、史季温注：《黄庭坚诗集注》，中华书局，2003年版。

58. （宋）郭茂倩编撰：《乐府诗集》，中华书局，1979年版。

59. （宋）陈舜俞撰：《庐山记》，影印文渊阁《四库全书》本。

60. （宋）陆游著：《陆游集》，中华书局，1976年版。

61. （宋）陆游著、钱仲联校注：《剑南诗稿校注》，上海古籍出版社，1985年版。

62. （宋）杨万里著：《诚斋集》，《四部丛刊》本。

63. （宋）朱熹著：《晦庵先生朱文公文集》，《四部丛刊》本。

64. （宋）黎靖德编：《朱子语类》，中华书局，1986年版。

65. （宋）姜夔著、孙玄常笺注：《姜白石诗集笺注》，山西人民出版社，1986年版。

66. （宋）姜夔著、夏承焘笺校：《姜白石词编年笺校》，上海古籍出版社，1981年新1版。

67. （宋）郑思肖著：《郑思肖集》，上海古籍出版社，1991年版。

68. （宋）龚明之撰：《中吴纪闻》，上海古籍出版社，1986年版。

69. （宋）范成大撰：《吴郡志》，江苏古籍出版社，1999年版。

70. （宋）计有功撰：《唐诗纪事》，上海古籍出版社，1987年新1版。

71. （宋）陈振孙撰：《直斋书录解题》，上海古籍出版社，1987年版。

72. （宋）晁公武撰、孙猛校证：《郡斋读书志校证》，上海古籍出版社，1990年版。

73. （宋）尤袤撰：《全唐诗话》，何文焕辑《历代诗话》本，中华书局，1981年版。

74. （宋）洪迈撰：《容斋随笔》，中华书局，2005年版。

75. （宋）姚宽撰：《西溪丛语》，中华书局，1993年版。

76. （宋）罗大经撰：《鹤林玉露》，中华书局，1983年版。

77. （宋）周密撰：《齐东野语》，中华书局，1983年版。

78. （宋）谈钥纂修：《嘉泰吴兴志》，《续修四库全书》本。

79. （宋）严羽撰、郭绍虞校释：《沧浪诗话校释》，人民文学出版社，

1983年版。

80.（宋）刘克庄撰：《后村诗话》，中华书局，1983年版。

81.（宋）蔡正孙编撰：《诗林广记》，中华书局，1982年版。

82.（宋）王应麟撰、（清）翁元圻等注：《困学纪闻》，上海古籍出版社，2008年版。

83.（金）元好问著：《元好问全集》，山西古籍出版社，2004年版。

84.（金）元好问著、郭绍虞笺：《元好问论诗三十首小笺》，人民文学出版社，1978年版。

85.（元）脱脱等撰：《宋史》，中华书局，1985年新1版。

86.（元）辛文房撰、傅璇琮主编：《唐才子传校笺》，中华书局，1987年版。

87.（元）辛文房撰、傅璇琮主编：《唐才子传校笺（补正）》，中华书局，1995年版。

88.（元）蒋正子撰：《山房随笔》，何文焕辑《历代诗话》本，中华书局，1981年版。

89.陈衍辑撰：《元诗纪事》，上海古籍出版社，1987年版。

90.（元）马臻著：《霞外集》，顾嗣立编《元诗选》初集，中华书局，1987年版。

91.（元）陈孚著：《刚中观光稿》，顾嗣立《元诗选》二集，中华书局，1987年版。

92.（明）高启著：《高青丘集》，上海古籍出版社，1985年版。

93.（明）吴宽著：《匏庵家藏集》，《四部丛刊》本。

94.（明）俞宪编：《盛明百家诗》，明隆庆五年序刊本。

95.（明）张意著：《张臬副集》，《盛明百家诗》本，明隆庆五年序刊本。

96.（明）黄淳耀著：《陶庵全集》，影印文渊阁《四库全书》本。

97.（明）周履靖撰：《周履靖诗话》，吴文治主编《明诗话全编》本，江苏古籍出版社，1997年版。

98.（明）黄溥撰：《诗学权舆》，吴文治主编《明诗话全编》本，江苏古籍出版社，1997年版。

99. （明）胡应麟撰：《诗薮》，上海古籍出版社，1979年版。

100. （明）胡震亨撰：《唐音癸签》，上海古籍出版社，1981年版。

101. （明）陆时雍编撰：《唐诗镜》，影印文渊阁《四库全书》本。

102. （明）许学夷撰：《诗源辩体》，人民文学出版社，1987年版。

103. （明）王夫之编撰：《唐诗评选》，文化艺术出版社，1997年版。

104. （明）焦竑撰：《焦氏笔乘》，中华书局，2000年版。

105. （明）何良俊撰：《四友斋丛说》，中华书局，1960年版。

106. （明）潘基庆辑：《古逸书》，《四库全书存目丛书补编》本。

107. （清）沈德潜编撰：《唐诗别裁集》，中华书局影印本，1975年版。

108. （清）毛张健编撰：《唐诗馀编》，康熙刻本。

109. （清）胡以梅笺：《唐诗贯珠笺》，康熙五十四年素心堂刻本。

110. （清）叶燮撰：《原诗》，人民文学出版社，1979年版。

111. （清）王士禛撰：《带经堂诗话》，人民文学出版社，1963年版。

112. （清）翁方纲撰：《石洲诗话》，人民文学出版社，1981年版。

113. （清）赵执信撰：《谈龙录》，人民文学出版社，1981年版。

114. （清）宋育仁撰：《三唐诗品》，考隽堂刊本。

115. （清）袁枚著：《小仓山房文集》，《四部备要》本。

116. （清）袁枚撰：《随园诗话》，人民文学出版社，1982年第2版。

117. （清）钱大昕著：《潜研堂文集》，《四部丛刊》本。

118. （清）永瑢等主编：《四库全书总目》，中华书局，1965年版。

119. （清）玄烨选、徐学乾等编注：《古文渊鉴》，影印文渊阁《四库全书》本。

120. （清）章学诚撰、叶瑛校注：《文史通义校注》，中华书局，1985年版。

121. （清）朱鹤龄著：《愚庵小集》，影印本《清人别集丛刊》本，上海古籍出版社，1980年版。

122. （清）徐松撰、孟二冬补正：《登科记考补正》，北京燕山出版社，2003年版。

123. （清）贺裳撰：《载酒园诗话》，郭绍虞编《清诗话续编》本，上海古籍出版社,1983年版。

124. (清)余成教撰:《石园诗话》,郭绍虞编《清诗话续编》本,上海古籍出版社,1983年版。

125. (清)李重华撰:《贞一斋诗说》,丁福保编《清诗话》本,上海古籍出版社,1978年版。

126. (清)陆次云编撰:《五朝诗善鸣集(晚唐卷)》,康熙蓉江怀古堂刻本。

127. (清)浦铣撰、何新文、路成文校证:《历代赋话校证》,上海古籍出版社,2007年版。

128. (清)徐世昌辑:《晚晴簃诗汇》,中国书店影印本,1988年版。

129. (清)王闿运编撰:《王闿运手批唐诗选》,上海古籍出版社,1989年版。

130. (清)顾宗泰撰:《月满楼甄藻录》,《丛书集成续编》本。

131. (清)平步青撰:《霞外攟屑》,《续修四库全书》本。

132. 钱仲联主编:《清诗纪事》,江苏古籍出版社,1987年版。

133. 朱自清编撰:《宋五家诗抄》,上海古籍出版社,1981年版。

134. 刘学锴撰:《唐诗选注评鉴》,中州古籍出版社,2013年版。

135. 万曼撰:《唐集叙录》,中华书局,1980年版。

136. 刘永济编撰:《唐人绝句精华》,人民文学出版社,1981年版。

137. 郁贤皓撰:《唐刺史考全编》,安徽大学出版社,2000年版。

138. 傅璇琮著:《唐翰林学士传论(晚唐卷)》,辽海出版社,2007年版。

139. 傅璇琮主编:《唐五代文学编年史》,辽海出版社,1998年版。

140. 孔凡礼著:《范成大年谱》,齐鲁书社,1985年版。

141. 陈迩冬选注:《韩愈诗选》,人民文学出版社,1984年版。

142. 吴在庆著:《唐五代文史丛考》,江西人民出版社,1995年版。

143. 赵昌平著:《赵昌平自选集》,广西师范大学出版社,1997年版。

144. 查屏球著:《唐学与唐诗——中晚唐诗风的一种文化考察》,商务印书馆,2000年版。

145. 王锡九著:《皮陆诗歌研究》,安徽大学出版社,2004年版。

146. 李锋撰:《陆龟蒙生卒年考》,《古籍整理研究学刊》,1989年第3期。